KB181573

성공의 덫에서 벗어나기

1

공공상생연대 사회개혁총서 02

성공의 덫에서 벗어나기 1

: 상생과 연대로 나아가는 길을 찾아

1판 1쇄 | 2022년 11월 7일

엮은이 | 신광영, 윤홍식
지은이 | 권현지, 남종석, 신광영, 윤홍식, 이남주, 정세은, 정준호

펴낸이 | 정민용, 안중철
편집 | 심정용, 윤상훈, 이진실, 최미정

펴낸 곳 | 후마니타스(주)
등록 | 2002년 2월 19일 제2002-000481호
주소 | 서울 마포구 신촌로14안길 17, 2층 (노고산동)
전화 | 편집_02.739.9929/9930   영업_02.722.9960   팩스_0505.333.9960

블로그 | blog.naver.com/humabook
트위터, 페이스북, 인스타그램 | humanitasbook
이메일 | humanitasbooks@gmail.com

인쇄 | 천일문화사_031.955.8083   제본 | 일진제책사_031.908.1407

값 20,000원

ISBN 978-89-6437-421-4 94300
    978-89-6437-404-7 (세트)

02

공공상생연대
사회개혁총서

성공의
덫에서
벗어나기 1

상생과 연대로 나아가는
길을 찾아

신광영 · 윤홍식 엮음
권현지 · 남종석 · 신광영 · 윤홍식
이남주 · 정세은 · 정준호 지음

후마니타스

| 서문 |

신광영

이 책은 21세기 한국 사회의 대안적인 비전을 제시한다. 대안적인 비전을 모색하는 일은 현실에 대한 비판을 넘어 좀 더 적극적으로 변화의 방향을 제시하면서 현실의 변화를 모색하는 작업이다. 사회 현실에 대한 비판은 현재 문제를 해결하고 보다 나은 사회로 나아가기 위해 필요하다. 비판은 사회의 역동성과 변화의 가능성을 만들어 내는 출발점이다.

그러나 "대안 없는 비판"은 "비판을 위한 비판"으로 그칠 수 있다는 점에서 현실의 변화를 만들어 낼 계기가 되기 힘들다. 대안 없는 비판도 현실에 대한 성찰을 제공한다는 점에서는 나름대로 의미가 있지만, 실질적인 변화를 만들어 내지 못하기 때문에 소모적인 비판에 그치게 된다. 소모적인 비판이 난무하는 사회에서는 희망보다는 비난과 불만을 이야기한다. 대안 없는 비판의 끝은 집단적인 절망과 무력감이다.

2020년 4월 재단법인 공공상생연대기금은 대안 없는 비판을 넘어 비판적인 관점에서 실현 가능한 대안을 모색하는 한국 사회 개혁 연구 모임을 조직하였다. 이 모임의 작업은 현실에 대한 체계적인 분석, 한국의 현실에서 실현 가능한 대안의 모색 그리고 대안을 실현하기 위한 현실적인 전략의 모색을 포함하였다. 연구 결과는 한국 사회 개혁 비전 3부작으로 출간된다.

이 책은 한국 사회 개혁 비전 3부작 중 두 번째에 해당하는 책이다. 3부작 중 첫 번째는 한국 사회의 과거와 현재를 진단하였다. 현재 한국 사회가 보여 주는 성과와 한계를 종합적으로 분석했다. 두 번째에 해당하는 이 책은 보다 바람직한 사회로 나아가기 위한 미래 비전을 다루었다. 미래 비전은 우리가 몸담고 있는 현재 한국 사회의 현실에서 출발하지만, 보다 바람직하고 지속 가능한 대안적 비전을 모색한다. 세 번째 책은 대안적인 비전을 실현할 수 있는 다양한 모색을 다룬다. 개혁적인 정책들이 왜 실패했는가에 대한 분석과 개혁 정책들이 성공하기 위한 조건과 전략이 다루어진다.

여기에서 다루어진 한국 사회 대안적 비전은 21세기 현재 한국 사회가 직면한 여러 문제를 해결하기 위한 제도의 개혁과 개혁 정책을 중심으로 한다. 대안적인 비전은 여러 수준에서 다루어질 수 있다. 지금까지 대안적인 비전은 흔히 사회체제 수준이나 레짐 수준에서 많이 다루어져 왔다. 사회체제 수준에서의 대안적 비전은 자본주의나 사회주의와 같은 거시적인 사회경제 조직 원리를 다룬다. 레짐 수준에서는 자본주의 다양성론이나 복지국가 유형론처럼 산업자본주의 사회 내에 조직 원리를 달리하는 사회체제를 다룬다. 여기에서는 사회체제나 레짐 수준이 아니라 제도와 정책 수준에서의 대안적인 비전을 다룬다. 그러므로 대안적인 정책들은 주로 해당 정책을 담당하는 정부나 정당들의 역할을 전제로 하지만, 정책에 직간접적으로 관여하는 주체인 행위자들(기업, 노조, 시민사회단체, 미디어)의 역할을 포함한다.

이 책의 논의는 두 가지 기준에서 다루어졌다. 첫 번째 기준은 이 책을 읽는 독자인 일반 시민이다. 이 책은 연구자가 아니라 한국 사회문제에 관심을 갖고 있는 일반 시민을 대상으로 하였다. 시민들의 삶은 여러 사회제도와 맞물려 다양한 형태로 이루어진다. 한 개인은 고용주, 자영업자, 노동자, 실업자와 같은 경제활동 주체인 동시에 소비자, 운전자, 승객, 거주자, 신자, 학부모, 환자와 같은 다양한 사회적 주체로 살아간다. 또한 국제경제나 국제정치의 변화 속에 영향을 받는 한국인으로 살아간다. 이들에게 다양한 일상과 단편적인 언론 매체 기사들은 사회 변화의 큰 흐름을 이해하는 데 큰 도움을 주지 못한다. 오히려 한국 사회가 어디에서 와서 어디로 가고 있는지 알 수 없게 만들기도 한다. 이 책은 일반 시민들을 대상으로 한국 사회가 나아가야 할 길을 안내하는 안내서 역할을 한다.

두 번째 기준은 내용의 전문성이다. 대안적인 비전은 시민들의 구체적인 삶과 관련되어 있지만, 시민들이 경험하는 일상이 어떻게 만들어졌고 어떻게 변화하고 있는지는 전문적인 연구를 통해서만 이해 가능하다. 이런 연구는 우리의 현실이 어떤 문제를 지니고 있고 기존의 제도가 어떤 한계를 지니고 있는지, 그리고 어떻게 이런 문제나 한계를 극복할 수 있는지를 보여 준다. 대안의 의미는 소수의 연구자들 사이에서만 공유되는 생각이 아니라, 전문적이지만 시민들과 공유할 수 있는 방식으로 다루어진다.

단순하게 표현하자면, 대안적인 비전은 우리와 후손들이 살아야 할 바람직하고 실현 가능한 세상이 어떤 세상인지에 관한 것이다. 좀 더 구체적으로 이 책은 한국 사회 미래 비전을 경제, 노동, 복지, 보건, 정치, 국제정치 영역에서 제시한다. 21세기 한국인의 일과 삶에 중요하게 영향을 미치는 요소들이 중심으로 다루어졌다. 대안적인 비전이 추상적인 관념의 문제가 아니라 우리의 일상적인 삶과 관련된 문제라고 보았기 때문이다.

대안적인 미래 비전에 관한 논의는 학술적 연구와 개혁적 의지 또는 열망이 교차하는 영역이다. 비전의 내용은 개혁적 의지의 강도나 공유 정도에 따라 얼마든지 달라질 수 있다. 그러므로 여기에서 제시된 대안적인 비전에 관한 논의는 완결된 것이 아니라, 끊임없이 지속되고, 더 넓게 확산되고 또 계속 혁신되어야 한다.

1장

한국 사회 대안 비전
: 개념과 구조

신광영

1. 문제 제기

21세기 한국 사회의 대안은 무엇인가? 이를 논의하기 위해서는 대안이란 무엇인가에 관한 논의가 먼저 이루어질 필요가 있다. 역사적으로 대안에 관한 논의는 "이상적인 사회"라는 의미로 종교적인 담론에서부터 사회체제 담론에 이르기까지 다양하게 등장했다. 종교적인 담론에는 종교 공동체와 같이 세속적인 사람들과 구별된 종교적 가치관을 가지고 살아가는 집단에 관한 논의 혹은 현세가 아닌 죽음 이후의 세계를 의미하는 천국이나 천당에 관한 논의가 지배적이었다. 이는 고통과 죽음이 없는 행복한 삶이 가능한 피안의 세계를 지칭했다. 그런가 하면 비종교적인 대안 담론에서 대안은 현실에서 존재하지 않는 "이상 사회"를 의미한다. 또 불평등, 착취, 질병, 고통으로 점철된 현실과는 다른 어떤 세계에 대한 담론들은 그 시대 사람들의 좌절, 열망과 희망을 담고 있다. 현실에서 겪는 어려움이 없거나 현실의 문제를 극복할 수 있는, 더욱 바람직한 사회에 대한 열망과 모색은 인류 역사의 시작과 함께 이루어졌다.

대표적으로 B.C. 4세기 그리스 철학자 플라톤의 "공화국", 16세기 영국의 정치가 토머스 모어의 "유토피아," 17세기 영국의 노동자 출신 기업가 로버트 오웬의 "뉴하모니," 18세기 프랑스의 사상가 생시몽의 "산업주의"나 19세기 독일 출신 카를 마르크스의 "사회주의"에 관한 담론들은 공통적으로 대안 사회에 관한 열망과 상상을 담고 있다.[1] 오늘날에는 다양한 가치를 공유하는 사람들끼리 특정 지역을 단위로 대안적인 삶을 영위하는 집단들도 많다. 대표적으로 스페인의 몬드라곤[2]이나 미국 펜실베이니아의 아미쉬Armish 공동체(클락 2015)는 체계적인 사회 이론에 기반을 두고 있다기보다는 서로 가치관을 공유하고 신뢰하는 사람들을 중심으로 이루어진 것이 특징이다. 이들 집단은 사회 전체를 대상으로 한 것이 아니라는 점에서 배타적인 속성을 지닌다.

역사적으로 대안 담론은 체제system, 제도institutioin, 정책policy

1_이상 국가(사회)에 관해서는 주경철(2021)과 육영수(2022)를 볼 것.

2_몬드라곤에 관해서는 다음을 참고할 것. 김성오(2012), 혹은 그리사드·맥레오드(2016).

수준과 같이 서로 다른 층위에서 논의되었다. 체제 수준은 자본주의나 사회주의처럼 역사적으로 오랜 기간에 걸쳐서 지속되는 사회 체제에 관한 논의이다. 예들 들어, 현재의 자본주의나 자본주의의 대안으로 19세기에 등장해 20세기에 존재했던 '사회주의'가 그 예이다. 자본주의사회 경제체제와는 다른 원리에 의해서 조직된 사회주의는 20세기, 소련을 중심으로 하는 동유럽과 일부 제3세계에서 '국가사회주의' 체제로 등장했다. 지속 가능하지 않은 사회경제 체제로 20세기 말 해체된 사회주의는 일당 체제와 계획경제를 특징으로 했다. 국가사회주의는 인류 역사에서 최초로 목적의식을 가지고 시도된 최초의 자본주의 대안 체제였다(Corneo 2017).

제도 수준의 대안 담론은 대안적인 이념이나 원리를 달성하기 위해 제도 차원에서 대안에 대해 논의하는 것이다. 이것은 기존의 제도가 추구하는 이념이나 원리가 바람직하지 않거나 또는 이념이나 원리를 제대로 실현시킬 수 없다고 보기 때문에 등장하는 제도에 관한 논의이다. 자본주의 다양성론이나 복지국가 유형론은 동일한 자본주의 체제 내에서도 매우 다른 경제 제도와 복지 제도가 도입되어 기능하고 있음을 보여 준다. 각국의 헌법에는 그 사회가 추구하는 가치로 자유와 평등, 민주주의와 참여, 복지와 연대 등이 제시되어 있다. 그런 가치가 현실에서 실현된 정도는 나라마다 차이가 있지만, 대체로 제시된 가치나 목표와는 거리가 멀다. 그리고 이런 차이는 상당한 정도로 제도적 차이를 반영한다는 점에서 이런 가치나 목표를 실현 가능하게 할 제도 개혁에 대한 논의가 지속되고 있다.

정책 수준의 담론은 사회경제적 문제를 해결하기 위한 정책 수단에 관한 논의이다. 여기에는 실업, 질병, 보육, 주택, 빈곤, 연금 등 다양한 사회경제적 문제를 해결하기 위한 정책이 포함된다. 케인스주의 경제정책은 경제 침체와 대량 실업이라는 스태그플레이션에 대응하기 위해 국가의 포괄적이고 적극적인 시장 개입으로 경기순환에 대응하는 대안적인 경제정책이었다. 이는 1970년대 인플레이션과 고실업이 동시에 나타나는 스태그플레이션으로 한계를 드러냈고, 이후 밀턴 프리드먼Milton Friedman의 통화주의가 대두되었다. 통화 공급 제약을 통해 인플레이션을 막는다는 통화주의는 시장의 규제를 완화하고 국가의 시장 개입을 줄이고 통화 공급만으로 경제를 관리한다는 신자유주의 경제정책의 토대가 되었다. 오늘날에는 케인스주의와 신자유주의가 수명을 다하면서 경제정책이 방향을 찾지 못하고 있다. 즉 대안적인 경제정책이 제시되지 못하고 있다. 특정한 가치나 이론을 전제로 하는 정책들은 현실에서 의도한 효과를 발휘하지 못하기 때문에 새로운 논의들이 계속해서 등장했고, 이는 정책 논쟁의 형태로 지속되고 있다.

경제정책의 패러다임 전환은 경제 영역에만 그치지 않고 복지정책의 패러다임 전환도 포함한다. 특히 미국과 같이 반노동, 반복지, 반증세 논리가 지배해 온 사회에서 친노동, 친복지, 증세로 전환한 뉴딜 정책은 국가에 의한 경제 개입과 더불어 등장한 국가와 시장 간의 관계 변화를 보여 주었다.[3] 뉴딜 정책은 자유주의 경제정책으로 사망 위기에 처한 자본주의를 구출하기 위한 파격적 대안이었고, 그 이론적인 기반은 케인스가 제시한 경제학이었다. 수정 자본주의를 내세운 케인스의 경제학은 1930년대와 1940년대에 제시되었고, 파국을 맞은 자본주의 경제를 되살리기 위한 대안적인 정책으로 권력 집단에 의해서 인정되었다. 물론 그런 인정은 이견과 반대 속에서 이루어진 정치적 결정과 함께한다.

오늘날 대안 논의에서 체제 수준의 논의는 거의 이루어지지 않는다. 1980년대 말 동구권 국가사회주의 체제의 몰락으로 거대 담론이 사라지고 포스트모더니즘이 확산되면서, 거대 담론으로서의 대안적인 체제 논의는 거의 사라졌다. 여기에는 그런 대안 체제가 특정한 집단의 기획이나 구상에 의해서 실현될 수 없고, 인류 역사의 진화 과정에서 등장하는 역사적인 이슈이기 때문에, 체제에 대한 구체적인 논의가 이론적인 수준에서 불가능하다는 인식도 배경에 깔려 있다. 그렇지만 제도 수준이나 정책 수준에서 대안에 관한 논의는 분출하고 있다. 지난 반세기 동안 현실적인 사회경제 문제들이 다양하게 나타나고 있고 그 정도가 심각한 수준이기 때문에, 대안에 관한 논의가 전 세계적으로 다양한 수준에서 이루어지고 있다.[4]

3_뉴딜에 관한 압축적인 논의는 다음 두 권을 참조할 것. Rauchway(2008) 및 양동휴(2009).

4_이에 관한 논의는 다음을 참조할 것. 라이트(2012) 또는 이 책(『리얼 유토피아』)의 축약본인 라이트(2020)를 참조.

2. 대안의 조건

대안의 의미는 다양하지만, 대안이 되기 위해 지녀야 할 몇 가지 공통적인 조건이 있다. 물론 무엇이 대안인가에 대한 견해는 대안을 이야기하는 사람들에 따라서 다를 수 있다. 거시적인 구분으로 예를 들면, 경제정책과 관련해 시장주의적인 입장과 국가주의적인 입장이 제시하는 구체적인 대안은 전혀 다른 내용을 지닐 수 있다. 그러나 구체적인 대안의 내용을 논의하기 이전에, 추상적인 수준에서 대안에 관한 논의들은 다음과 같은 세 가지를 공통적으로 충족해야 한다.

1) 바람직함

어떤 입장을 취하건 간에, 대안적인 비전은 무엇보다도 현재보다는 더 바람직한 상태가 될 것이라는 점을 전제로 한다. 대안적인 비전을 통해 현재의 문제들이 해결되고, 현재보다 더 좋은 혹은 바람직한 상태가 되기를 기대할 수 있어야 한다. 현재 상태가 독재정치, 극심한 불평등, 만성적인 부정부패, 관료주의, 환경오염 등의 문제를 지니고 있다고 한다면, 그 대안은 민주정치, 완화된 불평등, 투명하고 공정한 행정, 주민 참여, 자연 친화적인 환경 등을 만들어 낼 수 있어야 한다.

그러나 현재 겪는 경제적·정치적·사회적인 문제들을 교정하는 수준을 넘어서 좀 더 더 높은 수준의 가치를 실현할 수 있는 대안적 비전도 있을 수 있다. 또한 현재가 상대적으로 양호한 경우일지라도 현재보다 더 나은 상태를 추구할 수도 있다. 바로 그것이 다른 사회로부터 부러움의 대상이 되는 사회들에서도 여전히 더 나은 사회를 모색하는 정책 대안과 대안 비전들이 지속적으로 논의되는 이유이다.

대안적인 비전은 규범적인 사고에 근거한 경우도 많다. 더 민주적이거나, 더 평등하거나, 더 효율적이거나 혹은 더 자연친화적이거나 등등 다양한 대안의 내용은 모두 가치를 내포하고 있다. 권위주의, 불평등, 비효율, 환경오염 등이 문제시되는 것은 그것이 보다 바람직한 가치인 민주주의, 평등, 효율, 생태적 지속 가능성 등과 배치되기 때문이다. 현실에서는 권위주의나 불평등에 대해서 그다지 심각하게 생각하지 않는 사람들도 있고, 그런 것이 불가피하다거나 오히려 필요하다고 생각하는 사람들도 있다. 개인의 신념, 가치, 이해관계에 따라서 생각이 다르기 때문이다. 다른 가치를 내세우는 경우에는 당연히 다른 상태를 바람직하다고 생각한다. 어떤 사람들은 권위주의적인 사회, 더 경쟁적인 사회, 기업이 더 자유로운 사회, 특정 종교가 더 지배적인 사회 등을 대안이라고 생각할 수도 있다. 그런 점에서 대안의 문제는 가치와 직접 관련되어 있다.

대안적인 비전에서 바람직하다고 생각하는 비전의 토대를 이루는 가치는 보다 보편적이고, 보다 평등하고, 보다 지속 가능한 가치이다. 특정한 사회집단의 이익이나 이해관계만을 반영하는 것이 아니라 일반 대중 더 나아가 인류의 행복을 증진할 수 있는 가치여야 한다. 모든 개인들이 자유로운 주체로서 자존감을 갖고 살 수 있어야 한다. 그리고 그것이 일시적으로 가능한 것이 아니라 지속적으로 유지될 수 있어야 한다.

어떤 가치를 실현하고자 하는 비전인 경우에도, 구체적인 수준에서 대안은 한 가지만 있는 것이 아니라 여러 가지가 있을 수 있다. 중요한 요소는 대안들의 집합을 상상하고 구체화할 수 있는 한 사회의 능력이다. 구체적으로 대안들을 모색하는 과정에서, 대안들을 탐구하는 집단과 이를 현실적으로 실현하는 주체(정치인, 정당, 사회단체 등)의 역량에 따라 여러 대안들 가운데 특정한 대안이 구체적인 대안으로 등장할 수 있다. 그것은 실현 가능성과 직접 관련된 문제이다.

2) 실현 가능성

대안은 그것이 실현 가능해야 한다. 현재보다 낫거나 현재와 다른 상태를 상상할 수는 있다. 그러나 그것이 현실적으로 실현 불가능하다면 실질적인 대안이 될 수 없다. 우리는 이를 유토피아라고 부른다(주강현 2012). 이 말은 5세기 전 영국의 토머스 모어Thomas More가 네덜란드에서 출간한 책 『유토피아』Utopia에서 유래한다(모어 2007). 그리스어 유토피아는 문자 그대로 "어디에도 없는ou 장소topos"를 의미하는, 세상에 없는 곳no place을 일컫는다. 또한 이는 그리스 말인 eutopia와 동일하게 발음되어 "좋은 사회"good place라는 말로도 사용된다. 토머스 모어는 『유토피아』에서 유토피아라는 가상의 섬에 건설된 이상 사회를 그린다. 이상 세계에 대한 갈망은 동서양을 막론하고 모든 사회에서 존재해 왔다. 4세기 진나라 시대 시인 도연명의 『도화원기』에서는 이상 세계인 무릉도원을 그린다. 16세기 조선 허균은 『홍길동전』에서 신분제도가 타파된 가상의 섬 "율도국"을 그렸다. 18세기 프랑스의 계몽주의 사상가 볼테르는 풍자소설 『캉디드』에서 신분, 권리, 믿음, 기회의 평등이 보장되는 이상향 엘도라도를 그렸다. 이상 사회에 대한 열망은 프랑스혁명 이후 19세기에 유럽을 휩쓴 사회주의에도 담겨 있고, 20세기 들어서도 이런 열망은 계속되어 영국의 소설가 제임스 힐턴은 『잃어버린 지평선』에서 영원한 행복을 누릴 수 있는 고립된 히말라야의 신비로운 유토피아 샹그릴라를 그렸다(볼테르 2016; 힐튼 2004).

유토피아는 현실에 없는 이상적인 사회이지만, 현재보다 더 나은 사회를 꿈꾸는 많은 사람들에게 상상력과 열망을 불어넣는 역할을 하기도 한다. 그래서 유토피아는 완벽하게 이상 사회는 아니지만, 보다 바람직한 사회를 만들려는 사람들에게 하나의 지향점을 제공하는 역할도 해왔다. 역사적으로 유토피아를 필요로 하는 시대에는 종교가 유토피아의 역할을 대신하기도 했다. 19세기 중엽 청나라 말기 홍수전의 태평천국의 난이나 조선 말기 동학혁명은 대안적인 사회를 제시하는 종교를 바탕으로 했다. 수탈과 착취가 심한 사회에서 민중들은 의지할 곳이 없었고, 새로운 종교는 이들의 분노와 저항을 대변하는 역할을 담당했다. 이런 사례 속 유토피아는 종교적인 원리가 지배하는 새로운 사회였다는 점에서 기존 제도와 질서의 해체를 전제로 한 것이었다.

오늘날 대안적인 비전은 이상적인 유토피아가 아니라 현실에서 '실현 가능한' 비전을 다룬다. 실현 가능한 대안인가의 여부는 대안을 실현할 수 있는 "정치사회적 상황"에 따라 결정된다. 정치사회적 상황은 여러 가지 정치적 조건 및 사회적 조건과 관련되어 있다. 구체적으로, 어떤 대안을 실현하기 위해서는 먼저 실현 가능한 대안을 제시할 역량이 있는 집단이 필요하고, 또한 다른 사람들을 설득할 대안이 구체적으로 제시되어야 한다. 흔히 이는 로드맵의 형태로 제시된다. 그리고 그것을 통해 사회적 지지를 얻고, 제시된 대안을 모색하는 집단들 사이의 연합을 이루거나 혹은 그것에 반대하는 세력과의 타협이나 조정과 같은 정치적 과정을 주도할 '정치적 역량'도 있어야 한다. 그러므로 대안의 실현 가능성에 영향을 미치는 요소에는 대안적인 비전을 구체적으로 실행할 조직이나 기구의 역량, 지도자들의 헌신과 열정도 포함된다. 또한 경제적으로 우호적인 조건도 필수적으로 요구된다. 경제 상황이 좋은 경우인가 혹은 나쁜 경우인가에 따라서 대안적인 비전의 호소력이나 필요성 혹은 절박함이 달라진다. 대체로 대안적인 비전에 관한 논의는 경제적인 상황이 나쁜 경우에 많이 이루어졌고, 이는 현실에 대한 불만과 대안에 대한 요구가 커지는 상황과 연계되어 있다.

오늘날 실현 가능성은 1차적으로 학술적인 차원에서, 현실에 대한 진단과 대안은 대체로 연구자들에 의해서 이루어진다. 무엇이 현실의 문제인가에 대한 논의에서부터 문제의 원인, 나아가 그런 문제를 해결할 수 있는 방법(정책이나 제도 차원)에 이르기까지 주된 논의는 주로 학술적인 장에서 이루어진다. 그리고 이 과정에서 여러 다른 진단과 해법은 논쟁이나 검증을 통해서 타당성 여부가 판단된다. 그러나 이 과정은 가치 개입적 접근과 가치중립적 접근을 동시에 필요로 한다. 가치 개입적 접근은 현실에 대한 진단에서 진단의 기준이나 문제라고 인식하는 근거에 관한 것이다. 그러나 진단의 타당성과 해법의 적합성은 가치중립적인 검증을 통해서 이루어져야 한다.

3) 지속 가능성

대안은 지속 가능성을 지녀야 한다. 일시적으로 현재보다 나은 상태를 만들어 냈지만 그것이 지속 가능하지 않다면, 그것은 사라질 대안이다. 지속 가능성은 두 가지 차원에서 다룰 수 있다.

첫째, 새로운 대안적 비전은 기존의 사회제도나 정책들 혹은 대안 속에 포함된 사회제도나 정책들과 기능적으로 '정합성'을 지녀야 한다. 어떤 기준에서는 대안적인 비전이 바람직한 속성을 제시하고 있고 실현 가능하지만, 중장기적으로 다른 정책들과 충돌하는 경우가 발생할 수 있다. 예를 들어, <u>보편적인 수당 제도가 불평등을 약화하고, 반대로 특정 집단을 대상으로 하는 정책이 빈곤과 불평등을 강화하는 효과가 있다.</u> 바로 코르피와 팔메가 "복지의 패러독스"라고 부른 현상이다(Korpi and Palme 1998). 이는 보편적 복지와 선별적 복지의 분배적 효과와 사회심리적 효과가 서로 다르기 때문이다. 보편적 복지는 복지 지출 비중이 높아 재분배 효과가 큰 반면, 선별적 복지는 복지 지출 비중이 낮아 재분배 효과가 작기 때문이다. 선별적 복지는 부자로부터 빈곤층으로 소득을 이전시키는 로빈 후드Robin Hood 모형이라 불리지만, 재분배 효과는 오히려 보편적 복지보다 낮아서 로빈 후드 패러독스라고도 불린다. 더 나아가 선별적 복지는 세금을 내는 사람과 복지 혜택을 받는 사람들을 분리해 세금을 내는 사람들의 조세 저항을 불러일으킨다는 점에서 복지 제도의 지속 가능성 여부가 정치적으로 쟁점이 되곤 했다. 그리고 소련식 국가사회주의 체제가 보여 준 것처럼, 일시적으로 지속 가능한 것처럼 보였던 제도들도 장기적으로는 정합성을 상실해 체제 자체가 붕괴되는 결과를 낳기도 했다. 정치 논리가 경제의 논리를 지배하면서 생겨난 경제체제의 모순은 해결되지 않은 채 체제 붕괴로 이어졌다.

둘째, 과거 중요한 관심의 대상이 아니었지만 이제는 중요한 이슈가 환경과 생태계와의 정합성이다. 기존의 많은 경제 제도와 사회제도는 기후변화와 생태계 파괴 문제를 중요하게 고려하지 않은 제도들이었다. 그러나 21세기 현대사회의 생태계 파괴는 인간과 사회의 존립 자체를 위태롭게 하는 위험한 수준에 도달했다. 산업 정책뿐만 아니라 노동정책이나 주거·소비와 관련된 복지 정책들도 생태적인 고려를 하지 않으면 안 되는 새로운 시대에 접어들었다. 지속 가능성은 이제 모든 정책의 핵심적인 조건이 되었다.

3. 대안의 논의 수준

대안적인 비전에 관한 논의에서 먼저 문제가 되는 것은 논의 수준이다. 대안의 구체적인 내용은 논의 수준에 따라서 크게 달라지기 때문이다. 대안에 관한 논의는 문명·경제체제·레짐·제도·정책 등의 수준에서 다루어질 수 있다. 현실에서 요구되는 대안적인 비전은 때로 포괄적인 수준일 수도 있고, 구체적인 정책 수준일 수도 있다. 여기에서는 대안적인 비전 논의에서 자주 요구되는 이슈를 중심으로 논의 수준을 다룬다.

1) 이론적 차원

정치철학이나 도덕철학에서 다루는 대안의 문제는 주로 형이상학적인 수준에서 다루어진다. 대표적으로, 1971년에 출간된 존 롤스John Rawls의 『정의론』은 철학적인 수준에서 공정으로서의 정의를 다룬다(Rawls 1971). 이 책은 칸트의 전통에 기초해 공리주의를 비판하면서 가설적인 수준에서 다수가 받아들일 수 있는 공정의 개념을 도출하고, 이것에 기초해 정의를 논의한다. 롤스는 정의의 제1원칙(자유의 원칙)과 제2원칙(차등의 원칙과 최소 수혜자의 최대 이익의 원칙maximin)을 제시했다. 이를 통해 롤스는, 모든 사람이 자신과 타인의 능력을 모르는 상태를 가정하는 무지의 베일 속, 누가 승자 또는 패자가 될지를 모르는 상태에서 모두가 받아들일 수 있는 분배 원리로, 패자가 가장 덜 불이익을 받는 것으로서의 최소극대화 maximin 개념을 도출했다. 이런 롤스의 정의론은 주로 경제적인 차원에서 공정한 분배에 관한 원칙으로 제시되어 분배에 관한 현대 정치철학의 한 흐름을 구축했다.

아마르티아 센Amartya Sen은 실질적인 차원에서 불평등을 논의한다. 그는 분배적인 차원에서 제공되는 물질적인 요소들은 실질적으로 그것을 사용할 수 없는 장애인이나 노약자에게는 효용이 없으며, 중요한 요소는 가치 있는 활동과 삶의 만족도를 높일 수 있는 역량capability의 증대가 삶의 만족도와 생활수준의 악화를 막을 수 있는 대안이라고 주장하였다(Sen 1992). 장기 실업자들은 경제적으로 소득이 하락할 뿐만 아니라, 심리적으로 위축되고 자존감을 상실해 사회적으로 고립된다. 또한 지니고 있는 여러 가지 역량조차도 점차 상실하게 된다. 센은 이런 역량을 키우고 발휘할 수 있는 기회가 중요하다고 보았다. 읽고 쓸 수 있는 역량, 교육을 통해 역량을 제고할 수 있는 기회 제공 등이 소득재분배를 넘어서 많은 개발도상국에서 필요한 대안이라는 것이다.

소득이 일을 통해서 생기는 경우 고용주에 의존할 수밖에 없다. 그것은 고용 기회에 의존해 이루어지는 소득이라는 점에서 노동 상품화의 결과이다. 이런 고용 의존성을 낮추거나 탈피하는 것을 목적으로 하는 것이 기본소득이다.[5] 기본소득은 고용과 관계없이 주

5_기본소득에 관한 국내의 논의는 정치철학적인 차원의 논의보다는 복지 정책과 관련해서 이루어지는 것이 특징이다. 이에 관한 논의는 백승호(2020), 양재진(2020) 참조.

어지는 소득이라는 점에서 실질적인 자유를 보장할 수 있다. 벨기에 경제학자 필리프 판 파레이스Philippe van Parijs와 그의 동료들은 개인이 일을 하거나 일을 하지 않을 선택을 할 수 있을 때에만 "진정한 자유"를 누릴 수 있다고 주장했다.[6] 진정한 자유는 외부적인 강제나 억압으로부터의 자유뿐만 아니라 자신이 하고 싶은 것을 할 기회를 포함해야 한다(van Parijis 1995, 21-24). 제약이나 강제에서 벗어나 허용되는 자유(부정적 자유)뿐만 아니라 무엇을 할 수 있는 기회(긍정적 자유의 실현 기회)가 보장되어야 한다. 파레이스는 하이에크Friedrich A. Hayek나 노직Robert Nozick류의 리버테리안libertarian이 부정적인 자유의 차원인 재산권의 자유만을 강조하는 것을 비판하고, 진정으로 자유로운 사회는 두 가지 자유, 즉 무엇으로부터의 자유freedom from what와 무엇을 할 자유freedom to what가 모두 보장되어야 한다고 주장한다. 더구나 최근에 가속화되는 자동화, 로봇과 AI를 이용한 생산 체제의 확산 등으로 일할 기회 자체가 줄어드는 상황에서, 기본소득론자들은 진정한 자유란 더 이상 일에 기반을 둔 소득이 아니라 시민적 권리에 기초한 기본소득에 의해서 보장되어야 한다고 주장한다(van Parijs and Vanderborght 2017). 기술, 지식과 알고리즘 설계 능력 보유자들에게 소득이 집중되고, 그렇지 못한 사람들은 일자리를 잃고, 소득 기회가 사라지면서 빈곤해지는 양극화가 진행되고 있는 현실에서, 자산 조사 없이 모든 개인들에게 무

6_이에 관해서는 Van Parijis(1995) Van Parijs and Vanderborgh (2017) 참조.

조건적으로 제공되는 개인소득이야말로 양극화를 막는 대안이라 본 것이다.

또한 파레이스는 환경문제가 중요해진 오늘날, 경제성장을 통한 일자리 창출도 바람직하지 않고 가능하지도 않은 상황에서 기본소득은 사회를 유지하기 위한 불가피한 선택이 될 수도 있다고 주장한다(Van Parijis 1995, 7). 적극적으로 실질적인 자유를 증진하려는 목적이든 소극적으로 사회 안정을 꾀하는 목적이든 모두 기본소득 제도가 해결책이라고 본다.

기존의 소유 불평등과 민주주의의 형해화에 대한 대안으로 등장한 또 다른 논의는, 제임스 미드James Meade가 제시하고 이후 존롤스가 발전시킨 "자산 소유 민주주의"이다.[7] 자산 소유 민주주의는 현대자본주의 사회에서 자산 소유의 불평등으로 인해 민주주의와 자유가 실질적인 의미를 잃는 상황에 대한 대안으로 나타났다. 이런 대안은 가능한 한 많은 인구가 일정한 자산을 평등하게 보유하는 사회경제 체제를 자산 소유 민주주의라고 불렀다. 사회에 참여하고 정치적으로 영향력을 행사하기 위해서는 시민들이 일정 정도의 자산을 보유하는 것이 필수적이라고 본 것이다. 자산이 많은

7_자산 소유 민주주의(property-owning democracy)에 관한 논의는 기본소득 논의와는 다른 차원의 논의로서 기본 자본(basic capital) 논의로 이루어진다. 이것은 불평등의 원천이 소유의 불평등에서 연유하기 때문에, 전체 국민들이 생산수단을 공평하게 소유하도록 하는 것을 내세운다. 기본소득이 생산된 산물에 대한 권리에 초점을 맞춘다면, 기본 자산은 생산에 사용될 수 있는 자산에 초점을 맞춘다. 기본 자산은 시장에 참여할 수 있는 기회의 평등을 강조한다. 보다 자세한 논의는 Thomas(2016) 참조.

사람들이 정치적으로 더 많은 영향력을 행사하는 것이 현실이기 때문에 자산이 없는 사람들은 정치적으로도 배제된다는 것이 주된 이유다. "재산, 소득과 자산의 소유와 통제의 불평등이 기본적인 자유의 가치를 훼손할 수 있다"(Rawls 2001). 이런 경우, 기회의 평등은 실현하기 어렵고 민주주의도 유지되기 힘들다는 것이다.

자산 소유 민주주의는 복지 자본주의와도 다르고 기본소득 논의와도 다르다. 복지 자본주의와 기본소득은 공통적으로 재분배에 초점을 맞춘다. 재분배 방법에 있어서는 차이를 보일 뿐, 재분배를 통해서 빈곤이나 사회적으로 배제된 집단의 문제를 다룬다는 점은 같다. 두 가지 접근은 국가가 세금을 통해서 확보한 예산을 현금이나 서비스 형태로 시민들에게 제공한다. 또한 복지 자본주의와 기본소득은 계급적으로 생산수단을 소유한 계급과 그렇지 못한 계급을 구분하는데, 그 결과 생산수단을 소유하지 못한 계급이 생산수단을 소유한 계급에 의존하게 되는 의존적 관계를 변화시키기 못한다. 이에 반해, 자산 소유 민주주의는 분배 이전에 불평등의 원천이 되는 소유의 불평등 문제에 초점을 맞춘다. 생산수단의 소유 불평등은 경제활동을 통해서 이루어지는 1차적 분배(임금과 이윤)가 만들어지는 근원적인 불평등이다. 1차적 분배에서 나타나는 불평등의 문제를 이후 재분배를 통해서 부분적으로 완화하는 것이 복지 자본주의와 기본소득의 접근이라면, 자산 소유 민주주의는 좀 더 근원적인 불평등 완화책이다. 이는 재분배 이전의 불평등 문제를 해결하는 데 기여할 수 있다는 점에서, 21세기에 들어서 논의되는 포스트-복지국가 시대에 맞는 또 하나의 대안이다.

2) 정치적 차원

대안을 논의하는 수준은 여러 가지 방식으로 다루어진다. 이론적인 수준에서 다루어지는 대안에 관한 논의들은 구조적 수준과 상황적 수준으로 구분될 수 있다. 구조적 수준은 사회를 장기 지속적인 관점에서 논의한다. 대표적으로 생산양식 수준의 논의들은 19세기와 20세기 초 사회 이론가들에 의해서 많이 다루어졌던 논의들이다. 카를 마르크스와 같이 거시 역사적인 수준에서 봉건주의, 자본주의, 사회주의 등의 역사 발전 단계를 설정하거나, 생시몽과 같이 산업 계급(일을 하는 계급으로 자본가, 경영자, 전문가, 노동자 모두 포함)이 일을 하지 않는 계급을 대체하는 새로운 산업사회를 새로운 대안으로 제시하기도 했다. 이런 논의 수준에서는 사적 소유, 노동의 결과물에 대한 통제, 노동과정 등과 관련된 새로운 사회경제 체제가 다루어진다.

국면적인 수준의 대안은 현재 상황에서 발생하는 사회문제를 해결하기 위한 정책적 접근을 중심으로 한다. 제2차 세계대전 후에 등장한 정책들은 대표적으로 실업 문제를 해결하기 위한 적극적 노동시장 정책이나 사회적 위험을 해결하기 위한 복지 정책들을 들 수 있다. 1930년대 대안적인 경제정책으로 등장한 케인스주의는 자유방임형 시장경제의 대안으로 간주되었다. 이후 1970년대 케인스주의를 비판하며 등장한 신자유주의는 정치적으로 보수주의와 자유방임형 시장경제를 다시 내세우며 2000년대 초반까지 유지되었다. 한편 1990년대 영국 노동당에서 제시한 "제3의 길" 역시 대표적으로 기존 영국 보수당 노선의 한계와 전통적인 사회민주주의 노선의 문제를 동시에 극복하기 위한 새로운 대안으로 제시되었다 (Giddens 2013).

국면적 수준의 정책적 대안은 제3의 길처럼 포괄적인 방식으로 제시되기도 하지만, 대체로 특정 영역의 문제를 해결하기 위한 독립적인 정책으로 나타난다. 아파트 가격 폭등 문제를 해결하기 위한 은행권의 주택 담보대출 규제나 부유세 혹은 거래세 같은 조세제도의 개혁, 주택 소유 제도의 개혁을 위한 정책 등이 대표적인 예라 할 수 있다. 또 다른 예는 아동 빈곤 문제의 해결이 더 바람직하다는 판단에서 나온 정책들로서, 아동 수당이나 바우처 제도, 국민 기초생활보장제도 등이 실현 가능한 정책 대안으로 도입되었다.

통상적으로 선거 경쟁은 국면적 수준의 정책적 경쟁을 포함하는 경우가 많다. 민주적인 선거 경쟁이 제도화될수록 공약의 형태로 제시되는 정당 후보들의 정책 경쟁이 더 중요해진다. 이념적인 선동이나 포퓰리즘 선거가 아니라 국민의 삶과 직결된 정책을 제시하고 평가받는 정책 선거가 자리를 잡으면서, 선거는 선동이 아니라 정책 경쟁을 중심으로 이루어지게 된다. 정책 경쟁은 대체로 큰 틀의 사회체제 변화를 꾀하기보다는 특정 부문에서의 정책을 통해 보다 나은 상태를 실현하기 위한 국면적 수준에서 이루어진다. 선거를 통한 정책 경쟁은 구조적 수준의 개혁이 아니라 국면적 수준의 정책 대응이라는 점에서 한계가 있지만, 정당의 발달 정도, 정책적 논의 수준과 사회적 지지 정도에 따라서 뉴딜 개혁과 같은 구조적 수준의 개혁도 어느 정도 가능하다. 그러므로 국면적 수준의 정책 논의도 그것이 지속적인 효과를 발휘할 수 있다면 역사적인 의미를 지닐 수 있다.

3) 시민사회 차원

대안의 모색은 시민사회 차원에서도 다양하게 이루어진다. 국가적인 수준에서 제도 변화를 수반하지 않은 시민사회 차원의 대안은 협동조합 운동, 공동체 운동, 종교 공동체 운동 등 다양한 형태로 나타난다. 이 형태는 사회체제 수준의 변화가 이루어지지 않은 상태에서도 소수의 사람들이나 집단에 의해 가능하다는 점에서 대단히 오랜 역사를 지닌다. 그리고 현재도 사회운동이나 일상생활의 차원 등 매우 다양한 형태로 대안의 모색이 이루어지고 있다.

대표적으로 생활협동조합 운동을 들 수 있다. 생활협동조합 운동은 공동으로 빈곤을 극복하고, 이윤을 중심으로 움직이는 경제적인 교류에서 벗어나, 공동 생산과 공동 소비와 같은 공동체 생활을 유지하는 것을 토대로 한다. 대표적인 예로 로버트 오웬Robert Owen의 공동체를 들 수 있다. 로버트 오웬은 19세기 초 스코틀랜드의 방직공장 마을인 뉴 래너크New Lanark와 미국 인디애나주의 뉴하모니 New Harmony에서 이런 공동체 이념을 실제로 구현했다. 이런 협동조합 운동은 오늘날 소비자 협동조합 운동이나 생산자 협동조합 운동으로 이어졌다. 소비자 협동조합 운동은 광고와 대중매체에 의해 소비가 주도되는 소비사회에서 벗어나 자신의 생활을 자신이 계획하고 주체적으로 소비하는 시민운동으로 확장되었다. 생산자 협동조합은 대표적으로 스페인 바스크 지역의 몬드라곤 협동조합 Mondragon Corporation을 들 수 있다. 가톨릭 신부 호세 마리아 아리스멘디아리에타José María Arizmendiarrieta는 1956년, 기술학교 졸업생 5명과 설립한 가전제품 생산 기업 파고르 전자Fagor Electrodomésticos를 모태로 삼아 연대와 참여를 모토로 하는 몬드라곤 협동조합을 조직했다(아리스멘디아리에타 2016). 이는 2018년 현재 7만 명이 넘는 생산자 조합으로 발전해 금융·제조업·소매업 등 다양한 분야에서 250개 이상의 기업을 포괄하는 거대한 협동조합이 되었다. 몬드라곤 협동조합에서 특징적인 점은, 최고 경영자의 임금이 협동조합 기업들 평균 임금의 5배를 넘지 못하도록 해 조합 내 임금 불평등을 통제하고 있다는 점이다.

공동체 마을도 또 하나의 시민사회 수준의 대안이다. 대표적인 예인 서울 마포구 성미산 마을 공동체는 주거와 생활공간으로 구성된 마을로, 공동육아, 대안 교육, 생활협동조합을 통한 공동 소비 등이 성미산 거주자들 사이에서 이루어지면서 도시 내 마을 공동체가 만들어졌다(윤태근 2011). 공동육아와 대안 학교는 보육과 교육 문제를 개인화되고 경쟁적인 형태에서 벗어나 협동과 참여를 통해 해결하려 한다는 점에서 대안적인 시도이다. 또한 성미산 마을 공동체는 물질적 이익을 둘러싼 경쟁과 갈등으로 점철된 도시가 아니라 거주자들 사이의 배려와 공생을 가치로 내세우는 생활공동체를 도모한다는 점에서, 지역사회 수준에서 대안적인 생활 공동체를 모색하는 대표적인 사례이다.

종교 공동체도 대안적인 삶을 추구하는 조직이다. 기존의 제도화된 종교나 종교인들과는 달리, 이들 공동체는 자기희생과 헌신을 실천하는 수도승이나 수도사와 같은 소수의 종교인들에 의해서 유지되는 특수한 집단이다. 대다수의 기성 종교 단체들은 시장 논리에 휩쓸려 양적인 성장을 추구하고, 세속적인 가치를 받아들이면서 세속화되었다. 반면 종교 공동체들은 물질적인 풍요를 누리고자 하는 것이 아니라 마음의 평화와 절제를 추구한다는 점에서 대안적인 가치를 추구한다. 그러나 이런 공동체는 일반인들이 공유할 수 없는 생활양식을 특징으로 한다는 점에서 사회적인 수준에서 받아들일 만한 대안으로 간주되기는 힘들다.

4) 정치와 시민사회 사이의 틈새

오늘날 사회경제 체제는 시장 자본주의 논리에 의해서 지배되는 사회이지만, 이윤, 경쟁, 효율, 승자 독식의 원리가 지배하지 않거나 못하는 여러 형태의 간극이 있다. 사회 여러 영역에는 일종의 비자본주의적 틈새가 존재한다. 현재도 시장화가 지속적으로 이루어지고는 있지만, 잘 인지되지 않음에도 불구하고 이런 틈새는 지속적으로 유지되고 있다. 또한 시장화에 반하는 변화도 꾸준히 확대되고 있어, 시장 자본주의 내에 존재하는 대안적인 틈새가 중요한 사회 변화의 영역으로 기능한다.

시장 자본주의사회에서 가장 대표적인 비자본주의 틈새 영역은 가족이다. 가족이라는 사회조직은 이윤, 경쟁과 효율성 등의 원리에 기반을 두고 있지 않다. 가족의 소득에 아무런 기여를 하지 않은 가족원도 소비할 수 있고, 가족 소득에 기여하는 가족원(생산자)과 소비자가 따로 구분되어 있어도 이를 공정하지 못하다거나 혹은 문제적이라고 생각하지도 않는다. 가족을 하나의 공동체로 유지시키는 것은 물질적 이해가 아니라 정서적인 사랑, 헌신과 공감이다. 그래서 경제적인 자원을 확보하는 사람은 기꺼이 노동의 산물을 다른 가족원과 함께 공유하는 것에 보람을 느끼며, 오히려 그것을 통해서 노동의 보람을 느끼기도 한다. 만약 이런 정서적 공감과 연대가 사라지면, 가족으로서의 기능은 사라지고 공정하지 못한 경제적 원리만 남게 된다. 그런 점에서 가족은 마르크스가 주장한 공산주의적인 원리가 가장 잘 관철된 조직이다. 마르크스는 고타 강령 비판(1875)에서 공산주의의 기본 원리는 "능력에 따라서 생산하고, 필요에 따라 소비하는 사회"라고 주장했다(마르크스 1988[1891], 159-194). 이런 원리가 일반적으로 적용되는 사회조직이 가족이다.

그러나 전통적인 형태의 가족은 가부장제 조직으로서 남성 가장을 중심으로 위계적으로 조직되어 있다는 점에서 비판의 대상이 되었다. 남성 가장 가구 모형이라고 불리는 전통적인 가족의 조직 원리는 남편과 아내, 부모와 자식 간의 위계적인 관계를 바탕으로 한다. 이런 가족은 남성을 임금노동을 담당하는 임금 취득자로, 여성을 가사와 양육을 중심으로 하는 가사노동 담당자로 규정했다. 이는 여성의 남성 의존성과 종속성을 지속시켜, 불평등한 젠더 관계를 가족 내에 고착시켰다. 그런 점에서 전통적인 가족은 연령과 성에 기반을 둔 사회적 불평등을 제도화한 사회조직이라고 비판받았다. 또한 부모와 자녀 사이의 관계는 부모의 권위와 자녀의 복종을 바탕으로 하는 권위주의를 특징으로 했다. 자녀는 부모의 소유물로서 자녀의 독립성과 자율성은 보장되지 않았고, 부모의 자녀 보호와 자녀의 복종은 하나의 가족 윤리로 간주되었다. 그러므로 가족은 사회정치적으로는 혈연을 중심으로 이루어진 폐쇄적이고(가족 이기주의) 억압적인 조직이지만(가부장제), 경제적으로는 내적으로 "사회주의적인 원리"가 관철되는 모순적인 조직이라 할 수 있다.

가족의 폐쇄성과는 대조적인 개방성이 기본 원리인 비자본주의 영역도 존재한다. 사적 이익이 지배하는 시장 자본주의 내에서 공공성(공공의 이익)을 지니는 영역이 비시장적인 틈새 영역에 속한다.[8] 사적 소유에 기반을 둔 시장은 소유 여부에 따라서 접근 혹은 구매 가능한 영역을 구분한다. 시장 원리는 지불 능력이 있는 사람만 권리를 갖는 것이 핵심이며, 소유의 양과 종류에 따라서 개인과 가족의 생활 기회가 달라진다. 그러므로 경제적인 불평등은 삶의 불평등으로 곧바로 이어진다. 그러나 공공 도서관은 경제적인 자원의 크기나 지불 능력과 관계없이 책을 읽고자 하는 사람들이 자유롭게 가서 책을 읽을 수 있는 공간이다. 돈으로 책을 사는 서점과는 달리 누구나 원하면 책을 읽을 수 있다는 점에서 공공 도서관은 공공성과 평등이라는 원리에 의해 조직된 공간이다. 많은 나라에서

8_이에 관한 논의는 라이트(2012, 제10장)를 참조.

공공 도서관뿐만 아니라 공공 미술관, 공공 박물관, 국립공원, 공공 체육 시설, 국공립학교, 공공 복지시설, 국공립 병원, 국공립 유치원이 운영되고 있고, 이들은 자본주의사회 내에서 비시장적인 공공성의 원리가 관철되는 틈새 영역들이다. 유럽의 경우 대학까지 국가가 비용을 지불하고 있는데, 이는 교육의 공공성이 제도화된 사례다. 한국에서는 많은 영역이 이미 상당 부분 시장화되어 있으며, 뒤늦게나마 공공성을 회복하려 한다. 예를 들어 의료의 경우에는, 사립 대학병원이나 민간 병원이 환자들을 치료하는 의료 서비스의 대부분을 담당한다. 그러나 이들 민간 병원이 의료 서비스를 제공하고 정부는 의료보험료를 징수해 이들 병원들에게 의료비를 지급하는 역할을 맡고 있어서, 의료는 절반 정도 시장화되었다고 할 수 있다. 이와는 달리 공공 의료 서비스는 국립의료원이나 보건소 등에 이루어지며, 현재 한국에서 대단히 제한적인 역할을 담당한다. 또한 아동 보육이나 탁아의 경우도, 국공립 어린이집이나 유치원보다 영리를 목적으로 하는 사립 어린이집이나 유치원이 더 큰 비중을 차지한다. 이는 보육 서비스의 공공성이 상당히 약한 수준이라는 것을 의미한다. 이런 상황에서 공공성의 영역을 늘리는 것은 일상생활 속에서 비시장적 원리가 작동하는 영역을 확대하는 것이다.

4. 대안적 비전의 구조

여기에서 다루어지는 한국 사회 대안적 비전에 관한 논의는 현재 한국 사회가 직면한 문제의 해결을 위한 제도와 정책의 개혁을 중심으로 이루어졌다. 사회체제나 레짐 수준이 아니라 현재의 사회 시스템 내에서 나타나는 여러 가지 문제를 제도 개혁과 정책을 통해 해결하고자 하는 수준의 대안이다. 그러므로 대안적인 정책들은 주로 해당 정책을 담당하는 정부나 정당들의 역할을 전제로 하지만, 정책에 직간접적으로 관여하는 주체인 자본과 노동의 역할도 포함한다.

구체적으로 여기에서 다루어지는 정책 영역은 경제·노동·복지·보건·정치·국제정치이다. 총체적인 개혁이 이루어지기 위해서는 국방·여성·교육·환경·주택·통일 등 다양한 영역에서 대안적인 비전이 제시될 필요가 있지만, 여기에서는 2020년 한국인의 일과 삶에 중요하게 영향을 미치는 요소들을 중심적으로 다루었다. 상당 부분의 대안적인 비전은 제1차 연구에서 이루어진 "한국 사회 진단"을 토대로 하고 있기 때문에 제1차 연구와 어느 정도 연속성을 지닌다. 그러나 여기에서는 제1차 연구에 포함되지 못한 영역들(국제정치와 보건)과 이슈들이 포함되었다는 점에서 좀 더 보완적인 논의를 포괄한다.

먼저, 경제 영역의 개혁 비전이 다루어진다. 경제 영역은 생산과 분배가 이루어지는 1차적인 영역이다. 한국 경제는 재벌 중심의 과도한 경제력 집중을 특징으로 한다. 국민총생산의 50%를 넘는 매출액을 보여 준 5대 재벌의 경우와 같이, 과도한 경제적 집중을 다루지 않고는 한국 경제의 미래를 기대할 수 없다는 점에서 재벌 집중에 대한 대안을 다룬다. 또한 산업구조 차원에서 한국 경제는 이미 서비스산업 중심 경제로 전환되었다. 그러나 서비스산업은 낮은 생산성과 저임금의 비중이 높은 산업이라는 점에서, 한국 경제가 지속 가능하기 위해서는 서비스산업의 혁신이 무엇보다 시급하게 요구된다. 이런 점을 고려해 서비스산업의 발전 방안이 중요한 대안으로 다루어졌다. 조세와 재정은 정부 정책이나 복지와 관련된 핵심적인 영역 중 하나이다. 특히 코로나-19로 인해 정부 재정의 역할은 더욱 중요해졌다. 가장 중요하고도 시급한 과제인 재정 개혁이 경제 영역의 또 하나의 개혁 과제로 다루어졌다.

노동 영역에서는 지난 20년 이상 수량적 유연화에 집중된 신자유주의적 유연화의 폐해를 극복하기 위한 대안적인 고용 체제의 모색이 요구된다. 노동시장의 유연화로 고용의 불확실성과 불안정성, 그리고 저임금을 특징으로 하는 불안정 노동이 크게 확산되어 사회 불평등과 근로 빈곤 문제가 심화되고 있다. 이런 문제를 해결하기 위해 고용 친화적 노동 체제의 구축이 대안으로 다루어졌다. 일하는 사람들이 배제되는 노동 체제에서 일하는 사람 중심의 노동 체제로의 변화는 장기적으로 노동 통합적 경제체제라는 대안적인 비전을 제시한다. 또한 산업사회에서 노동시장의 문제는 노사 관계를 통해서 이슈화되고 또한 해결의 실마리를 찾는다. 이는 구체적으로 사회적 대화(노사 2자 사회적 대화 혹은 노사정 3자 사회적 대화)를 바탕으로 이루어진다. 한국에서 사회적 대화는 아직까지 중앙 수준에서 제대로 작동되지 못하고 있지만, 지역 수준에는 광주형 일자리와 같은 사회적 대화를 통해 고용 문제의 해결이 시도되고 있다.

복지 영역에서는 소득재분배의 영역으로 소득 보장과 사회적 안전망이 다루어진다. 한국의 복지는 많은 변화가 있었지만 아직도 제3세계 수준을 벗어나지 못하고 있다. 설상가상으로 디지털 기반 플랫폼 노동의 등장으로 기존 복지 제도가 한계를 보이고 있다. 불안정 노동자들의 협상력 부재, 소득과 자산의 독점 문제를 해결하려면 소득 보장 강화가 필요하다. 이를 위해 먼저 소득 안전망 보장을 목적으로 하고 보편성·무조건성·충분성을 기본 원리로 하는 공유부 기본소득이 다루어진다. 그리고 2차적 분배로서 사회보험과 사회 서비스로 구성된 복지 체제가 대안으로 제시된다. 사회 서비스는 의료와 마찬가지로 시장화되어 있어 '공공 사회 서비스'의 확대가 새로운 과제가 되었다. 여기에서 또 하나의 중요한 복지 개혁 과제로 남아 있는 사회 서비스 개혁이 다루어진다.

보건 영역에서는 사익 추구적 보건의료 체계의 위기 속에서 보건의 공공성을 강화하기 위한 개혁 대안이 다루어진다. 의료비는 공적인 방식으로 조달되고 있지만, 절대 다수의 의료 서비스가 시장을 통해 제공되는 것이 한국 의료 체계의 특징이다. 이는 의료비 증가와 과잉 진료를 낳고 계층과 지역에 따른 건강 불평등을 악화시킨다. 이런 문제를 해결하기 위해 보건의료의 공공성 강화, 건강보험의 보장성 강화, 상병수당 제도 도입, 산재보험 제도의 개혁, 공공 보건의료 기관 확충, 1차 의료 기관 강화 등이 제시되었다.

마지막으로, 정치 영역의 개혁 비전이 다루어진다. 경제성장이 이루어졌음에도 불구하고 삶의 위험성이 더 커지는 현실이, 계급 구조의 변화를 반영하지 못하는 계급 정치의 부재에서 유래한다는 점을 다룬다. 계급 정치의 활성화가 이루어지기 위해서는 무엇보다도 노동조합의 조직률 제고를 통해 노동조합의 대표성이 강화되어야 한다. 또한 선거제도를 통한 정당정치가 국민의 요구를 중심으로 이루어질 수 있어야 한다. 다양한 의견이 반영되지 않는 정당 조직과 선거제도에서 비례대표 선거제도로의 전환이 필요하다. 이를 위해 국회가 아닌 시민 의회를 통한 개혁이 대안으로 제시되었다. 국제정치 영역의 대안에서는 세계화의 쇠퇴로 일어난 미중 무역 갈등과 코로나-19로 인해 가속화된 탈세계화로 인한 변화를 논의하고, 한국이 더욱 복잡한 상황에 놓이게 될 것을 예측한다. 그러나 이는 도전인 동시에 기회라는 점을 다룬다. 미국 중심의 세계 체제 하에서 형성된 기존 경제성장 모델의 유효성이 크게 떨어질 것이라는 점에서 도전이고, 또한 기존의 경제성장 모델이 낳은 불평등과 생태적 한계를 극복할 계기가 될 수 있다는 점에서 새로운 기회라는 전망을 다룬다.

2장

성공의 덫에서 벗어나기
: 정치·경제·복지의 통합적 관점에서 본 과제

윤홍식

1. 서론

역사적 전환점에서 들어선 것인가? 우리가 1차 연도 연구를 시작하면서 암묵적으로 전제한 가정들이 코로나-19 팬데믹으로 흔들리게 되었다. 코로나-19 팬데믹을 기점으로 인류 역사를 코로나 이전Before Corona, B.C.과 이후After Disease, A.D.로 구분할 수 있는지는 더 지켜보아야 한다. 하지만 적어도 코로나-19 팬데믹으로 인해 우리가 생각했던 변화가 더 가속화되고 있고, 이렇게 속도가 붙은 변화가 어떤 새로운 결과를 내올지 알 수 없는 상황이다. 다만 분명한 것은 포스트 코로나 시대에 논의가 확산되면서 국가의 중요성이 다시 부상하고 있다는 점이다. 코로나-19 팬데믹 사태는 국가가 외부의 적으로부터 시민을 지키는 것만으로는 시민의 안전을 보장할 수 없다는 것을 확인해 주었기 때문이다. 하지만 그 방식이 제2차 세계대전 이후 국민국가를 기초로 시민이 직면한 사회적 위험에 대응했던 '역사적 복지국가'의 복원을 의미하는지는 알 수 없다.[1] 1990년대부터 본격화된 디지털 기술 변화가 이미 1970년대 이전의 자본주의 세계 질서로의 복귀를 불가능하게 만들었기 때문이다. 그러나 문제는 우리가 리처드 볼드윈Richard Baldwin이 이야기한 세계화의 세 번째 분리 시대가 어떤 분배 체계와 조응하는지 짐작조차 하지 못하고 있다는 것이다(Baldwin 2019[2016], 19).[2]

새로운 질서에서 국가는 어떤 일을 해야 할까? 분명한 것은 두 가지이다. 하나는 분배의 문제에서 국가의 적극적인 역할이 요구된다는 것, 즉 분배 체계의 현대적 재구조화가 필요하다는 것이고, 다른 하나는 그 모습이 어떤 것인지 여전히 불확실하다는 것이다. 그야말로 불확실성의 시대에 접어들고 있다. 그리고 불확실성의 터널을 지나면, 코로나-19 이전까지 우리가 알고 있던 세계는 더 이상 존재하지 않을지도 모른다. 한국 사회도 코로나-19 팬데믹을 계기

1_ 역사적 복지국가란 시간적으로 1950년대부터 1970년대까지, 공간적으로 서구에 존재했던 분배 체계를 일컫는다(윤홍식 2019a).

2_ 볼드윈은 19세기 이래 세계화는 세 번의 분리가 있었는데 이 중 세 번째 분리는 노동자와 노동 서비스의 물리적 분리를 의미한다(Baldwin 2019[2016]).

로 단순히 경제가 성장한 개발도상국을 수준을 넘어 정치·경제·사회 전 영역에서 새로운 시대로 진입하는 길목에 있는 듯하다. 이런 예기치 못한 상황에서 우리는 한국 사회의 개혁적인 비전을 마련하기 위한 2차 연도 연구를 진행했다.

1차 연도(2019년) 연구를 통해 우리는 현재 한국 사회가 직면한 위기를 헤쳐 나가기 위해서는 정치·경제·복지 영역에서 각각의 대안을 내오는 방식이 아니라 통합적이고 총체적인 대안을 제시하는 것이 필요하다는 점을 확인했다. 특히, 지난번 논의를 통해 우리는 한국 사회가 직면한 문제가 단순히 한국 사회의 잘못된 정책의 결과가 아니라 오히려 한국 사회가 거둔 놀라운 성공의 결과라는 인식을 공유할 필요가 있다고 주장했다. 다시 말해, 현재 한국 사회가 직면한 심각한 사회경제적 문제는 한국이 실패했기 때문에 만들어진 문제가 아니라 역설적이게도 한국이 성공했기 때문에 나타난 문제라는 것이다. 이런 인식에 기초해 이번 연구는 한국 사회가 더 나은 사회로 나아가기 위해 필요한 과제를 복지-정치-경제의 상호보완적인 관점에서 제시할 목적으로 작성되었다.

기존의 연구들이 각각의 영역에서 직면한 문제에 대한 독립적인 대안을 논한 것과 달리, 본 논의에서는 정치경제와 무관한 복지는 없으며, 복지와 무관한 정치경제도 없다는 관점에서 한국 사회가 풀어야 할 정치·경제·복지의 과제를 상호보완적인 관점에서 제시하려고 한다. 예를 들어, 한국 사회보장제도의 광범위한 사각지대는 1997년 이후 한국 사회에서 이루어진 재벌 대기업 주도의 조립형, 수출 주도형 성장 전략과 밀접히 관련되어 있기 때문에, 사회보장제도의 사각지대를 완화하는 일은 단순히 정부 지출을 늘리는 문제로 해결될 수 없다. 즉, 한국의 산업구조와 성장 체제의 개혁 없이 사회보장제도의 보편성을 확보할 수 없다. 사회보장의 보편성을 확대하는 일은 반드시 산업구조의 개혁과 함께 논의되어야 한다. 또한 이런 개혁이 가능하기 위해서는 개혁을 지지할 정치 자원을 광범위하게 조직, 확대해야 한다. 산업구조와 사회보장제도의 개혁은 정치개혁을 전제하기 때문이다. 나아가 한국은 세계 자본주의의 규칙을 정하는 국가가 아니라 패권 국가가 수립한 질서를 수용하는 위치에 있기 때문에 한국의 산업구조·정치·복지 개혁은 한국 자본주의가 세계 자본주의에서 차지하는 위상에 따라 그 가능성의 한계가 분명하다. 그렇기에 한국 사회의 정치-경제-복지의 상호보완적인 과제는 그 '가능성의 한계' 내에서 제시될 필요가 있다.

이런 인식에 기초해 본 연구는 2019년도 연구의 연장선에서 경제·정치·복지 영역의 문제를 종합해 한국 사회의 개혁 과제를 통합적으로 제시하려고 했다. 먼저 2020년 초에 발생한 코로나-19 팬데믹이라는 변수가 한국 사회의 과제와 어떻게 관련되는지를 개략했다. 코로나-19 팬데믹이 기존의 경로를 완전히 뒤바꾸는 것은 아니지만, 이전까지 진행되던 변화를 가속화했고 사회적 위험을 증대시켰다는 점에서, 코로나-19 팬데믹 상황을 개략해 보는 것은 한국 사회의 개혁 비전을 수립하는 데 필수적이라고 할 수 있다. 특히 한국 사회의 이중 혁명(산업화와 민주화)이 미국이 만들어 놓은 패권 질서에 기초해 이룬 성취였다는 점을 고려하면 이언 브레머Ian Bremmer가 이야기한 '패권이 사라진' 자본주의 세계 체계가(Bremmer 2012,

9-10) 코로나-19 팬데믹을 거치며 분명해진 상황은 한국이 직면한 도전이 불확실하고 거대하다는 것을 확인해 준다. 다음으로 본론에 해당하는 '성공의 덫'으로부터의 탈출을 위한 정치·경제·복지의 과제를 통합적으로 제시했다. 여기서 핵심은 각 영역의 과제를 제시하는 것이 아니라 이런 과제가 어떻게 통합적으로 연계되어 있는지를 보여 주는 것이다. 이를 통해 본 연구는 한국 사회의 개혁 과제는 단지 몇 가지 개혁 정책과 프로그램을 실행하는 것을 넘어, 정치·경제·복지 체제의 동시적 개혁을 요구하고 있다고 주장할 것이다.

2. 코로나-19 팬데믹과 사회경제 개혁

2019년 정치·경제·복지를 중심으로 한국 사회의 과제를 논할 때는 예상하지 못했던 코로나-19 팬데믹이라는 전대미문의 재난이 인류를 덮쳤다. 자본주의국가가 도시를 봉쇄하고 생산·소비·유통을 중단시키면서 자본주의 경제는 작동을 멈추었고, 수많은 사람들이 고통을 받았다. 이제 우리는 우리가 원하든 원하지 않든 팬데믹의 영향을 간과할 수 없는 상황에 직면했다. 이런 인식에서 이 절에서는 한국 사회의 과제를 도출하기 위해 코로나-19 팬데믹의 중요한 특성을 개략했다.

1) 팬데믹의 경제적 영향

사회 개혁의 관점에서 코로나-19 팬데믹이 경제에 미친 영향은 크게 두 가지 측면에서 검토할 수 있을 것 같다. 하나는 1980년 이후 지속되었던 신자유주의 패러다임이 더 이상 지속될 수 없다는 사실을 확인한 것이다. 2020년 초에 발생한 코로나-19 팬데믹은 1929년 대공황 이후 가장 심각한 경제 위기를 동반하고 있다. 실제로 〈그림 1〉에서 보는 것처럼 2008년 금융 위기를 제외하면 1960년대 이후에 발생한 경제 위기 가운데 세계 GDP 성장률이 마이너스였던 적은 없다. 2008년 세계적인 금융 위기 당시에도 개발도상국은 플러스 성장을 기록했고, 선진국만이 마이너스 성장을 기록했다. 선진국과 개발도상국 대부분이 마이너스 성장을 기록한 위기는 2020년 코로나-19 팬데믹 위기가 처음이라고 할 수 있다. OECD (2020)의 추계에 따르면 개발도상국 가운데 플러스 성장을 기록한 국가는 중국이 유일했다. 세계경제의 성장률은 -4.2%, 유로 지역은 -7.5%, G20도 -3.8%를 기록했다.

하지만 경제적 측면에서 정말 우리가 주목해야 할 것은 1970년대 중반부터 시작된 성장률의 둔화(경제 침체)가 코로나-19 팬데믹으로 더 심각해졌다는 것이다. OECD가 2020년 4/4분기에 발표한 추계에 따르면, 2019년 4/4분기를 100으로 했을 때 세계경제가 2019년 4/4분기 수준으로 회복하는 시점은 2022년 4/4분기였다 (OECD 2020). 2019년 11월 추계한 2022년 4/4분기 GDP와 비교하면 전 세계 GDP가 무려 8%포인트나 감소한 것이다. 물론 경제

그림 1. 경제 위기와 세계 GDP 성장률: 1961~2020년

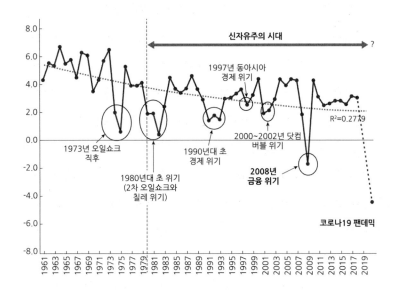

자료: The World Bank(2020)를 바탕으로 작성했음(검색일: 2020년 12월 11일). 2020년 성장률 추계
는 OECD(2020)를 참고했음(검색일: 2020년 12월 8일).

위기의 장기적 결과를 예측하기란 쉽지 않다. 경제 위기가 반드시
사회경제 개혁에 부정적인 것은 아니기 때문이다. 슘페터(Schum-
peter 2005[1908], 432)는 경제 위기야말로 자본주의를 재구성할 기
회이며, 이를 통해 자본주의는 이전과는 다른 모습으로 재구성될
수 있다고 했다. 코로나-19 팬데믹으로 인한 자본주의의 심각한 침
체가 새로운 경제 패러다임으로의 전환을 위한 출발점이 될 수도
있는 것이다.

실제로 경제 패러다임의 전환은 2008년 금융 위기를 겪으면서

시작됐다. IMF는 2010년대 들어서면서 지금까지 인플레이션과 재정 균형에 맞추었던 정책 기조를 고용 확대와 임금·소득 보장으로 전환했다. 정부의 역할을 인플레이션 통제와 재정 균형 유지에서 고용 유지·확대와 소득 보장으로 전환해야 한다고 주장하기 시작한 것이다.

IMF의 이런 변신은 1980년대부터 2008년 금융 위기까지 인플레이션 통제와 재정 균형 정책이 지속 성장(최소한 10년 이상 지속되는 성장)에 미친 영향을 실증적으로 분석한 결과에 기초했다는 점에서 의미가 컸다. 재분배 정책은 직접적으로 지속 성장과 관련이 없는 것으로 나타났지만, 〈그림 2〉에서 보는 것처럼 재분배 정책과 관련된 불평등은 지속 성장과 관련이 있는 것으로 나타났기 때문이다 (Ostry, Loungani, and Berg 2020[2019]; Ostry, Berg, and Tsangarides 2014). IMF는 1980년대 이후 세계경제가 저성장 국면을 지속한 중요한 이유 가운데 하나가 불평등이 확대되었기 때문이라는 실증적 결과를 제출했다. 소위 '워싱턴 컨센서스'라는 신자유주의 경제 기조를 폐기한 것이다. 그리고 2010년부터 시작된 이런 변화 과정에서 코로나-19 팬데믹이 전 세계를 강타했다. IMF, 세계은행, OECD, 유럽 중앙은행 등 지금까지 신자유주의 정책 기조를 이끌었던 국제기구들이 코로나-19 팬데믹에 대항해 정부가 적극적 재정 정책을 펼치라고 주장했다.

이것이 전문가들이 2020년 10월에 워싱턴에서 개최된 IMF와 세계은행의 정기 회합을 "공식적으로 긴축을 폐기한 주"라고 명명한 이유다(Giles 2020). 세계경제를 주도하는 국제기구들이 긴축 기

그림 2. 재분배, 소득 불평등 그리고 지속 성장

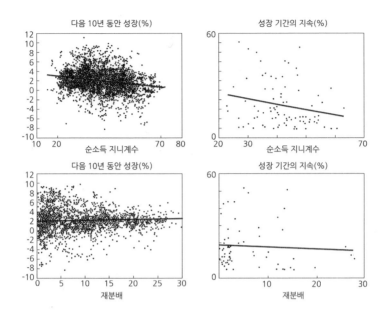

자료: Ostry and Tsangarides(2014).

조를 폐기한 데에는 앞서 언급한 것처럼 통화정책에 기초한 긴축정책이 성장에 부정적인 영향을 미쳤다는 인식이 중요한 역할을 했다. 2010년 토론토 G20 정상회담에서 2008년 금융 위기로 확대된 재정 적자를 줄이기 위해 긴축을 선언한 이래 세계경제가 장기 침체에 빠져들었다는 것이 확인되었기 때문이다. 더불어 2008년 금융 위기 이후 낮아진 금리도 정부가 확장적 재정 정책을 집행하는 데서 오는 재정적 부담을 줄였다. 2010년대 이후 정치적으로 긴축에 대한 지지가 감소한 것도 중요한 역할을 했다. 실제로 "모든 금융 위기는 유사하며, 그 핵심에는 부채 누적을 통한 과도한 외부 자본의 유입"에 있다며 재정 균형을 강조했던 세계은행의 수석 경제학자인 카르멘 라인하트Carmen Reinhart와 케네스 로고프Kenneth Rogoff 하버드 대학교 경제학과 교수도 자신들의 기조를 번복하며 모든 수단을 강구해 위기에 대응해야 한다고 주장했다(Giles 2020; PBS 2020; 로고프·라인하트 2010[2009]). 물론 코로나-19 팬데믹 상황이 제2차 세계대전 이후 전성기를 누렸던 케인스 시대로의 복귀를 의미하는 것이 아닐 수도 있다. 하지만 분명한 사실은, 코로나-19 팬데믹으로 인플레이션과 긴축이라는 빈곤과 불평등을 줄이는 국가의 역량을 제한하던 족쇄가 풀리면서, 경제와 복지 영역에서 국가의 적극적인 역할이 요구되도록 변화된 조건이 만들어졌다는 점이다.

또 하나 우리에게 중요한 요인은, 코로나-19 팬데믹이 느린 세계화(이코노미스트가 슬로벌라이제이션Slobalization이라고 표현했던)의 경향을 지속시키는 역할을 할 수 있다는 점이다. 실제로 코로나-19 팬데믹이 발생하기 이전부터 글로벌라이제이션globalization은 약화되고 있었다. 특히 한국의 수출 주도 성장 체제를 뒷받침하는 중국과 개발도상국의 무역 결합도trade intensity는 2007년 이후 지속적으로 낮아지고 있었다. 〈그림 3〉을 보면 세계 가치 사슬에서 중국의 비중은 2007년 17%에서 2017년 9%로 낮아졌고, 총 재화 생산에서 중간재의 수입 비중도 4.1%포인트나 낮아졌다. 한국의 거대 수출 시장인 중국이 점점 더 내수 지향적 경제로 변화하고 있는 것이다(Lund, Manyika, Woetzel, Bughin, Krishnan, Seong, and Muir 2019).

그림 3. 중국과 개발도상국의 무역 결합도의 변화

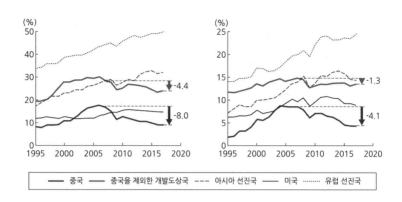

자료: Lund et al.(2019).

교역 증가율도 유사한 경향을 보이고 있다. 2000년부터 2018년까지 GDP 성장률과 2011년부터 2019년까지 최근 9년간 성장률을 비교해 보면 큰 차이가 없다. 그러나 교역 증가율은 유사한 기간 동안 1~2%포인트 낮아진 것으로 나타났다(WTO 2020).

코로나-19 팬데믹은 2000년대 후반부터 이렇게 약화되어 가는 글로벌라이제이션의 경향을 심화할 것으로 보인다. 한국과 같이 재벌 대기업이 핵심 소재와 부품을 수입해 최종재와 중국과 같은 개도국이 필요한 중간재·소재를 만드는 수출 주도형 성장 체제가 존속할 수 있는 글로벌 가치 사슬GVC이 지속 가능하지 않을 수도 있다는 것을 의미한다. 예단하기 어렵지만, 코로나-19 팬데믹 이후 글로벌라이제이션은 세계경제포럼에서 이야기한 것처럼 쇠퇴하는 것이 아니라 그 성격이 변화하는 것일 수도 있다. 재화의 교역이라는 차원에서 글로벌라이제이션은 퇴조하고 있을지 모르지만, 디지털 기술 변화로 거래와 물류비용이 절감되면서 국가 간 교역이 더 활성화될 수도 있고(Lund et al. 2019), 디지털 기술 변화의 확산은 물리적 재화와 용역을 중심으로 한 글로벌라이제이션보다 더 강력하고 새로운 방식으로 글로벌라이제이션의 모습을 재구조화하고 있는지도 모른다. 아마존, 구글, 유튜브 등은 이런 경향을 보여 주는 대표적 사례이다. 실제로 2005년부터 2017년까지 국가 간 대역폭bandwidth 이용자는 148배나 증가했으며, 온라인에 접속하는 전 세계 인구는 10년 전 20%에서 현재 45.8%로 급증했다(Lund et al. 2019). 그러나 생산 지역의 변화re-shoring, near-shoring와 에너지와 자원을 절감하는 성장이라는 '성장 성격'의 변화는 물론 선진국에서 시간이 갈수록 물질 자원의 소비량이 줄고 서비스에 대한 수요가 증가하는 것은 글로벌라이제이션을 약화시키는 중요한 요인들이 될 수도 있다(맥아피 2020[2020], 105; Lund et al. 2019).

2) 팬데믹의 정치적 영향

시민에 대한 사회보장이 반드시 민주주의와 병행하는 것은 아니다. 근대 복지국가의 근간인 사회보험제도가 권위주의 체제였던 비스마르크 시기의 독일에서 만들어졌다는 것은 이미 잘 알려진 사실이다. 1929년 대공황에 직면해 가장 성공적으로 실업에서 탈출한 국가 또한 민주주의 국가가 아닌 나치 독일의 제3제국, 스탈린의 소련, 무솔리니의 이탈리아였다(Schivelbusch 2006). 1930년 미국과 독일의 실업률은 각각 14.2%와 22.7%였지만, 1938년 미국의 실업률은 뉴딜 정책에도 불구하고 27.9%로 높아졌다. 반면 나치 독일의 실업률은 3.2%로 낮아졌고, 1939년에는 0.3%로 완전고용을 이루어 냈다.

1980년대부터 본격화된 신자유주의화도 민주주의와 복지국가의 또 다른 관계를 이야기해 준다. 권위주의가 사회보장을 확대할 수 있었던 것처럼, 반대로 민주주의도 복지국가를 축소할 수 있다는 것을 보여 주었기 때문이다. 이렇듯 민주주의는 복지국가 확대의 필수적 조건이 아닐 수도 있다. 그러나 1945년 제2차 세계대전 이후 본격적으로 확장된 복지국가가 민주주의에 기초한 계급 간 타협을 통해 완전고용과 사회보장의 확대를 동시에 추진할 수 있었다는 것도 역사적 사실이다. 다시 말해, 복지국가는 권위주의 체제와 민주주의 체제, 어떤 체제에서도 확대될 수 있다. 하지만 분명한 것은 복지국가의 장기적 확대는 역사적으로 보면 민주주의 체제하에서만 가능했다는 점이다. 이런 인식에 기초한다면 코로나-19 팬데믹이 민주주의에 미치는 영향은 복지국가의 전망에 중요한 요인이 될 수 있다.

우려되는 사실은 코로나-19 팬데믹 이전에 이미 민주주의는 지속적으로 약화되고 있었다는 것이다. 국제 인권 단체 프리덤하우스 Freedom House가 발표한 세계자유지수 2020Freedom in the World 2020에 따르면 전 세계 민주주의는 2005년을 기점으로 지속적으로 악화되고 있는 것으로 나타났다(Freedom House 2020). 〈그림 4〉에서

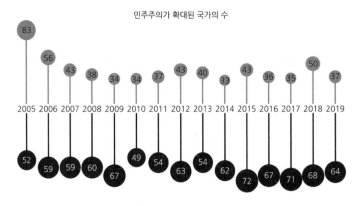

그림 4. 민주주의의 쇠퇴: 2005~19년

민주주의가 확대된 국가의 수

2005 2006 2007 2008 2009 2010 2011 2012 2013 2014 2015 2016 2017 2018 2019

민주주의가 위축된 국가의 수

● 동그라미 안의 숫자는 민주주의가 확대 혹은 위축된 국가의 수를 나타낸다

자료: Freedom House(2020).

보는 것처럼 2006년부터 민주주의가 확대된 국가보다 민주주의가 후퇴한 국가의 수가 더 많았고, 2019년을 보면 민주주의가 확대된 국가는 37개국에 불과했다. 반면 민주주의가 후퇴한 국가는 무려 64개국에 이르렀다. 이런 현상은 저개발국과 개발도상국의 특수한 문제가 아니다. 이코노미스트 산하 EIU^Economist Intelligence Unit에서 발표하는 민주주의 지수를 보면 산업화·민주화·평등화라는 삼중 혁명[3]을 완수했다고 알려진 북미와 서유럽의 민주주의 지수는 2006

3_삼중혁명은 에릭 홉스봄(Eric Hobsbawm)이 『혁명의 시대』에서 이중 혁명이라고 지칭했던 1789년 프랑스혁명(민주화)과 영국의 산업혁명(산업화)(Hobsbawm, 1998[1962])에

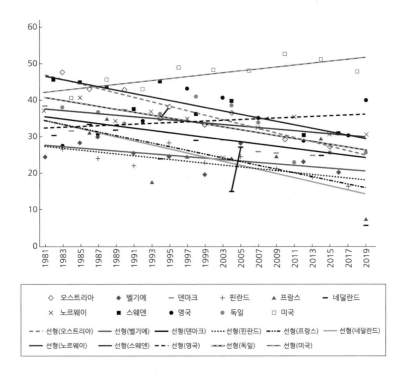

그림 5. 북서유럽과 미국의 사민주의 정당들의 득표율: 1981~2017년

자료: 윤홍식(2019b).

년부터 2019년까지 지속적으로 악화되었다(*The Economist* 2020).
서유럽의 민주주의 지수를 보면 2006년 8.60점에서 2019년 8.35

불평등을 성공적으로 완화했던(평등화) 복지국가의 성립을 세 번째 혁명으로 간주해 붙
인 개념이다. 복지국가가 평등화에 성공했는지는 논란이 될 수 있지만, 적어도 제2차 대
전 이후부터 1970년대까지 복지국가는 인류 역사상 유례가 없는 평등화를 성취한 것은
역사적 사실이다(홉스봄 1998[1962]).

점으로 낮아졌다.

　정치적으로 복지국가와 관련된 또 하나의 중요한 현상은 제2차 세계대전 이후 복지국가의 확대를 주도한 사민주의 정당들의 쇠락이다. 〈그림 5〉에서 보는 것처럼 미국의 민주당과 영국의 노동당을 제외한 북서유럽의 사민당 지지율은 1980년대 이래 지속적으로 하락하고 있다. 1981년 선거에서 37.5%의 득표율을 기록했던 프랑스의 사회당은 2017년 선거에 7.4%의 지지를 얻는 데 그쳤다(윤홍식 2019b). 반면 극우 포퓰리스트 정당들은 북서유럽의 복지국가들에서 중요한 정치 세력으로 부상하고 있다. 사민주의 복지국가의 전형이라고 알려진 스웨덴의 극우 포퓰리스트 정당인 스웨덴 민주당의 득표율은 2010년 5%에서 2018년 17.5%로 높아졌고, 프랑스의 국민 전선은 2007년 10.4%에서 2017년 21.3%, 독일의 독일을 위한 대안AfD은 2013년 4.7%에서 2017년 12.6%를 얻었다.

　코로나-19 팬데믹은 이렇게 전 세계에서 민주주의가 위축되고 권위주의가 확산되는 상황에서 발생했다. 실제로 아시아·오세아니아에서는 한국과 오스트레일리아가 유일하게 코로나-19 팬데믹 상황에서 민주주의 규범을 위반하지 않았다고 평가되었다. 북서유럽에서는 아일랜드, 노르딕 4개국, 독일 등 일부 국가만이 팬데믹 상황에서 민주주의 규범을 지킨 것으로 나타났다. 반면 대부분의 국가에서는 경미한 민주주의 규범 위반부터 심각한 위반까지 팬데믹 상황에서 민주주의가 후퇴한 것으로 나타났다(Varieties of Democracy 2020). 민주주의가 복지국가와 탈동조화decoupling되는 현상들이 벌어지는 것이다. 역사적으로 민주주의와 분리된 사회보장 확대

그림 6. 인플루엔자 팬데믹의 방역과 경제의 딜레마

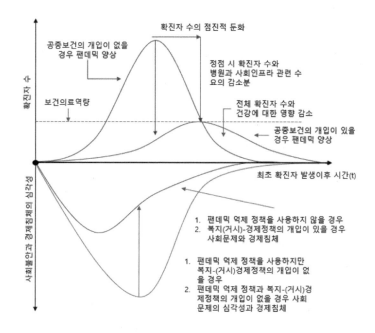

자료: Centers for Disease Control and Prevention(2017)(검색일: 2020년 4월 20일); Baldwin and Mauro(2020); Gournchas(2020); Baldwin and Mauro eds.(2020). 이상의 자료를 활용해 복지 및 경제정책의 효과를 고려해 필자가 재구성한 것임.

가 지속 가능하지 않았다는 점을 고려하면, 민주주의와 복지국가의 디커플링은 복지국가의 확장과 지속 가능성을 위협하는 중요한 요인 가운데 하나라고 할 수 있다.

특히 〈그림 6〉에서 보는 것처럼 코로나-19 팬데믹이 장기화되면서 방역과 경제의 딜레마가 점점 더 첨예화되고 있는 상황에서 안정된 복지국가 없이 성공적인 방역의 지속이 불가능하다는 점이 분명해지고 있다. 효과적인 방역이 필연적으로 취약 계층의 물질적 생존을 위협하는 상황에서 복지국가가 취약 계층의 안정적 삶을 보장하지 못한다면 효과적인 방역은 지속될 수 없다. 또한 효과적인 방역이 지속되지 못한다면 방역과 경제의 균형 또한 찾을 수 없다. 결국, 방역과 경제의 균형은 민주주의를 통해서만 담보될 수 있다 (IDEA 2020).

코로나-19 팬데믹이 1980년대 이래 지속적으로 심화되던 불평등을 가속화하고 있다는 사실도 복지 정치와 관련해 주목해야 할 영역이다. 최근에 발생한 대규모 전염병인 사스SARS(2003), 조류 독감 H1N1(2009), 메르스MERS(2012), 에볼라Ebola(2014), 지카Zika(2016)의 발생 이후 소득 불평등이 더 악화되었다(Furceri, Loungani, Ostry, and Pizzuto 2020). 〈그림 7〉에서 보는 것처럼 팬데믹의 영향이 사회 경제적 지위에 따라 차등적으로 나타났기 때문이다. 고학력층advanced education은 팬데믹 발생 이후 1~2년 내에 이전 수준을 회복했지만, 저학력층basic education은 팬데믹 발생 이후 5년이 지나도 이전 상황으로 되돌아가지 못했다. 이미 최악의 수준으로 치닫던 불평등이 코로나-19 팬데믹으로 더 심각해질 가능성이 높다. 이런 상황에서 진보 세력이 취약 계층과 하층 노동자들이 직면한 문제를 효과적으로 완화할 대안을 내놓지 못하고 토마 피케티(Piketty 2018)가 이야기한 것처럼 진보가 중상층의 이해를 대변하는 '브라만 좌파'가 된다면, 사회경제적 개혁을 위한 정치적 동력은 사라질 것이다.

이런 상황에서 하층 노동계급과 취약 계층은 개혁적 정치 세력

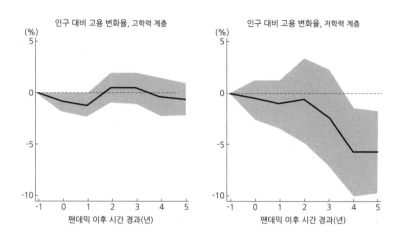

그림 7. 학력 수준에 따른 팬데믹이 고용률에 미치는 영향

인구 대비 고용 변화율, 고학력 계층

인구 대비 고용 변화율, 저학력 계층

팬데믹 이후 시간 경과(년)

팬데믹 이후 시간 경과(년)

자료: Furceri et al.(2020)(검색일: 2020년 11월 20일).

을 지지하는 대신 '성장'과 선별적 '복지'를 추구하는 권위주의 세력을 지지할 가능성이 높다. 사회경제적 개혁은 불가능해지고 복지국가와 민주주의 디커플링이 가속화되는 것이다. 한국도 예외가 아니다. 팬데믹 상황에서 취약 계층의 일자리가 급격하게 감소하고 방역 조치가 영세 자영업자의 생존을 심각하게 위협하고 있는 상황에서 자유주의 정부(문재인 정부)가 제대로 대응하지 못한다면, 1945년 해방 이래 자유주의 이념의 왼쪽에 있는 선택지가 없는 한국 사회에서 이들의 선택은 자유주의 세력의 오른쪽으로 기울 가능성이 크다(실제로 그렇게 되었다).

한국은 코로나-19 확진자 대비 취업자의 감소 비율이 비교 대상 OECD 회원국 가운데 가장 높은 것으로 나타났다(황선웅 2020).

코로나-19 확진자가 1명 발생했을 때 한국에서는 92.8명의 취업자가 감소하는 반면 핀란드에서는 1명이었고, 확진자가 가장 많은 미국에서도 24.3명에 불과했다. 코로나-19 팬데믹이 불평등을 심화하면서 사회적 안정성을 위협하는 것이다.

3. 정치경제적 측면에서 본 한국 복지국가의 과제

코로나-19 팬데믹이 다시 국가를 소환하고 있다. "국가가 경제를 독점적으로 관리하거나 통제하지 못하게 함으로써 국가로부터 왕관을 벗겨 버리려" 했던(플레밍 2020[2019]) 신자유주의의 지난 40년 시도가 코로나-19 팬데믹으로 더 이상 정당성을 갖지 못하게 되었다. 코로나-19 팬데믹은 시민의 생명과 안전한 삶을 지키는 민주적이고 적극적인 국가가 부재할 때 우리 사회가 얼마나 쉽게 위험에 처할 수 있는지를 확인해 주었기 때문이다. 더욱이 국가의 역할이 인플레이션과 재정 균형을 유지하는 소극적 역할로 제한되면서 나타난 장기 침체로 위기에 처한 자본주의가 코로나-19 팬데믹이라는 엄청난 충격에 직면해 다시 적극적인 국가를 소환하고 있다. 현재 한국 사회의 과제는 바로 이런 적극적인 국가 역할의 복원이라는 관점에서 검토될 필요가 있다.

1) 복지국가, 재분배 영역에서의 과제

재분배 영역에서 한국 사회가 풀어야 할 과제는 먼저 사회적 위험에 직면한 광범위한 시민을 공적 사회보장제도에서 배제하고 있는 공적 사회보장제도의 역진적 선별성을 개혁하는 것이다.[4] 역설적이지만 한국 사회보장제도가 상대적으로 안정적 고용과 소득을 보장받는 집단을 중심으로 확대되기 시작한 것은 1987년 6월 민주화 이후의 현상이다. 1988년부터 기여금에 기초한 사회보험이 확대되면서 한국의 사회보장제도가 공무원, 대기업 노동자 등 상대적으로 안정적 고용과 임금을 보장받는 집단을 대상으로 확대된 것이다. 여기에 1997년 IMF 외환 위기를 거치면서 사회보험의 보편성이 확대되자 사회보장제도에 포괄되는 범위가 확대되는 동시에 사회보장제도로부터 배제되는 집단이 광범위하게 발생했다. 사회보험의 보편성이 확대되면서 공적 사회보험의 대상인 집단과 비정규직, 불안정 고용 상태에 있는 노동자, 자영업자 등 공적 사회보험으로부터 배제된 집단 간의 차이가 더 벌어진 것이다. 실제로 〈그림 8〉에서 보는 것처럼 한국 복지 체제는 OECD 국가들과 달리 조세와 공적 이전의 반反빈곤 효과가 비정규직 종사자보다 정규직 종사

4_일반적으로 복지 논의에서 선별주의는 자산과 소득 조사를 통해 일정 수준 이하의 자산과 소득을 가진 취약 계층을 선별해 이들에게 공적 복지 급여를 제공하는 원리를 설명하는 용어이다. 반면 여기서 사용하고 있는 역진적 선별성은 앞서 이야기한 것과는 반대로 공적 사회보장제도가 상대적으로 안정적 고용과 소득을 보장받는 사람들을 중심으로 제도화되어 있는 현상을 설명하기 위해 사용했다(윤홍식 2019b).

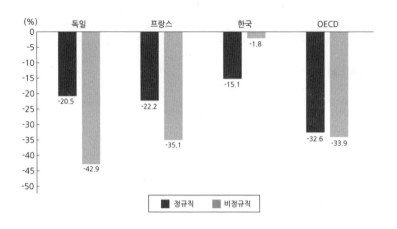

그림 8. OECD 회원국과 한국의 조세와 이전소득의 빈곤 감소 효과

자료: 전병유(2016, 171)에서 재인용한 자료를 기초로 작성됨.

자를 더 적극적으로 보호하는 '역진적 선별성'이 나타나는 복지 체제이다.

문제는 공적 사회보장제도의 대상이 된다고 해서 사회적 위험으로부터 안정적 생활을 보장받는 것이 아니라는 점이다. 공적 사회보장제도가 상대적으로 안정적 고용과 소득을 보장받는 사람들에게 집중되는 문제를 해결하기 위해 국가가 적극적으로 사회보장제도의 보편성을 확대하면 이런 배제의 문제를 완화할 수 있다고 생각할 수도 있다. 물론 사회보장제도의 보편성이 확대되면 형식적으로는 공적 사회보장제도로부터 배제되는 인구 집단을 현격히 감소시킬 수도 있다. 그러나 공적 사회보장제도의 급여 수준이 중산층의 기본적 필요에 조응하지 못할 정도로 낮은 한국 사회보장제도의 현실에서 공적 사회보장제도의 보편성을 확대한다고 해서 공적 사회보장제도의 역진적 선별성 문제가 해소되는 것은 아니다. 예를 들어, 2020년 국민연금 수급자 가운데 국민기초생활보장제도 생계 급여의 1인 가구 수급자 선정 가구 소득인 52만7158원보다 적은 월 40만 원 미만의 연금 수급자가 무려 60.2%(257만5103명)에 달했다(2020년 8월 기준). 1인 가구 생계 급여 수급 기준과 유사한 60만 원 미만을 수급하는 비율을 보면 78.7%에 달했다(국민연금공단 2020). 더욱이 이들 세대의 대부분이 남성 생계 부양자 가구였다는 점을 고려하면, 실제 국민연금이 보장할 수 있는 생활수준은 더 낮을 것이다.

결국 이런 공적 사회보장제도의 낮은 급여 수준은 중산층이 사회적 위험에 대응하기 위해 사적 자산을 축적하는 구조를 만들었다. 중산층은 민간 생명 보험에 가입하거나 부동산을 보유하는 것으로 사회적 위험에 대응했다. 2016년을 기준으로 가계가 국민연금에 납부하는 금액이 21.7조 원, 여기에 직역 연금 6.5조 원을 더하면 공적 연금에 가계가 기여한 금액은 총 28.2조 원인 데 반해 가계가 민간 보험인 연금 저축과 연금보험에 낸 보험료는 무려 34.8조 원에 달했다. 건강보험은 국민연금보다 상황이 낫지만, 가계가 민간 실손 보험과 정액 보험(암, 질병 보험) 등에 납부하는 보험료도 연간 6.4조 원을 훨씬 상회한다(정책기획위원회 2018).

생명보험회사의 보험료 수입을 기준으로 보면 2019년 기준으로 117.3조 원이었고, 이는 2019년 GDP의 6.11%에 이른다. 〈그림 9〉에서 보는 것처럼 GDP 대비 사회보험료의 비중이 민간 생명

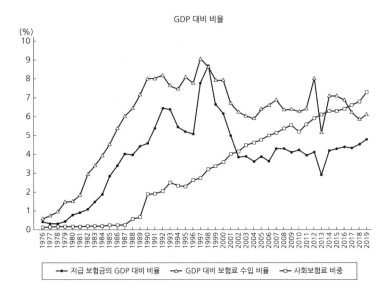

그림 9. GDP 대비 민간생명보험료, 지급액, 사회보험료 비중: 1976~2019년

자료: 생명보험협회(2020); OECD(2019); 통계청(2020a, 2020b).

보험료의 비중보다 높아진 것은 2017년에 이르러서다. 이처럼 엄청난 규모의 생명보험 시장이 존재하지만, 민간 생명보험에 가입해 사적으로 사회적 위험에 대응할 수 있는 계층은 실질적으로 중·상위 계층에 제한된다고 할 수 있다(윤홍식 2019b). 부동산(아파트)이 중산층의 중요한 사적 자산이 된 지는 이미 오래된 이야기이다. 이처럼 한국 복지 체제의 역진적 선별성은 단순히 공적 사회보장만의 문제가 아니다. 역대 정권은 상대적으로 낮은 세금을 유지해 중·상층의 가처분 소득을 늘리고 이들이 사회적 위험에 대응할 수 있는 민간 보험과 부동산을 시장에서 구매할 수 있도록 정책적 지원을 하는 방식으로 공적 사회보장제도의 성장을 '제도적'으로 억제했다. 이렇게 공적 사회보장제도가 사적으로 축적된 자산을 보조해 중·상층이 직면한 사회적 위험에 대응하는 역진적 선별주의 복지 체제가 만들어진 것이다. 그러므로 한국 사회보장제도의 개혁 과제는 공적 사회보장제도의 보편성 확대를 넘어, 공적 사회보장제도와, 사적 자산 축적이 개인과 가족이 사회적 위험에 대응하는 역할을 전치轉置시키는 것이 되어야 한다. 그래야 공적 사회보장제도와 사적 자산 축적에서 나타나는 한국 복지 체제의 역진적 선별성을 완화할 수 있다.

2) 복지국가, 1차 분배 영역에서의 과제

1997년 외환 위기를 거치면서 한국 사회는 단순히 사회 지출을 늘리는 것을 통해서는 한국 사회가 직면한 불평등과 빈곤으로 대표되는 사회적 위험에 효과적으로 대응할 수 없다는 사실을 확인했다. 〈그림 10〉을 보면 한국 사회에서 불평등이 증가하기 시작한 1990년 초를 지나 1997년 외환 위기 직후부터 GDP 대비 사회 지출은 급격히 증가하기 시작했다(추세선을 보면 한국의 GDP 대비 사회 지출이 가파르게 증가했다는 것을 확인할 수 있다). 그러나 그림에서 확인한 것처럼 불평등은 좀처럼 낮아지지 않았다. 2008년 금융 위기 이후부터 2015년까지 금융 위기가 고소득층의 자산과 소득에 타격을

그림 10. GDP 대비 사회 지출과 지니계수의 변화: 1962~2019년

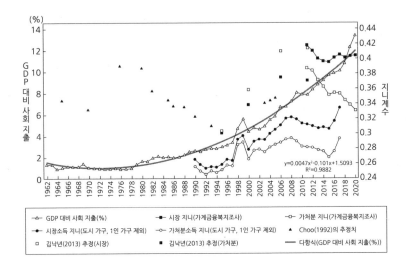

$$y=0.0047x^2-0.101x+1.5093$$
$$R^2=0.9882$$

—△— GDP 대비 사회 지출(%)	—■— 시장 지니(가계금융복지조사)	—□— 가처분 지니(가계금융복지조사)
—●— 시장소득 지니(도시 가구, 1인 가구 제외)	—○— 가처분소득 지니(도시 가구, 1인 가구 제외)	▲ Choo(1992)의 추정치
□ 김낙년(2013) 추정(시장)	■ 김낙년(2013) 추정(가처분)	—— 다항식(GDP 대비 사회 지출(%))

자료: OECD(2020b); 한국보건사회연구원(2019); 통계청(2019); Kwack and Lee(2007); 김낙년·김종일(2013); Choo(1992).

줌으로써 일시적으로 낮아지는 것 같았지만, 2015년 이후 다시 증가했다. 2017년 문재인 정부 집권 이후 불평등은 다시 낮아졌지만, (자료가 달라 절대적인 비교는 불가능하다) 불평등은 개발 국가 복지 체제의 황금시대라고 할 수 있는 1990년대 초 이전으로 되돌아가지는 못했다. 그렇다고 한국 복지국가가 아무것도 하지 않았다고 생각한다면 현실을 직시하지 못하는 것이다. 1980년대 후반부터 시장 지니계수와 가처분 지니계수의 차이를 보면 그 차이가 계속 커졌다는 것을 확인할 수 있다. 이는 이념과 관계없이 적어도 1997년 이후 수립된 정부들은 모두 사회 지출을 통해 불평등을 완화하려는

노력을 기울여 왔다는 것을 확인해 준다. 그리고 그 차이도 점점 커졌다. 그렇지만 불평등을 이전과 같이 낮출 수는 없었다.

왜 그럴까? 어떻게 보면 답은 단순하다. 사회 지출의 확대가 시장에서 불평등이 증가하는 만큼 확대되지 못했기 때문이다. 그러나 노동시장에서 발생하는 불평등을 그대로 둔 채 사회 지출만을 통해 그 불평등을 완화하는 것은 재정적으로 감당하기 어려울 뿐만 아니라 지속 가능하지도 않다. 결국 우리의 대안은 사회 지출을 확대하는 것과 함께 시장에서 발생하는 불평등을 완화하기 위한 근본적인 대안을 내와야 한다. 그리고 그 대안은 노동시장에서 기업 규모와 노동시장 지위에 따른 임금과 소득 격차가 발생하지 않도록 만드는 것과, 실질 노동생산성이 높아지는 만큼 노동자의 임금을 보장하는 것이 될 것이다.

그리고 이렇게 1차 분배 영역인 시장에서의 불평등을 완화하기 위해서는 두 가지 대안이 필요하다. 하나는 현재 재벌 대기업이 주도하는 수출 중심의 성장 체제를 개혁하는 것이다. 재벌 대기업은 수출을 통해 한국 경제의 성장을 이끌고 있지만, 이미 잘 알려져 있는 것과 같이 재벌 대기업의 성장의 결과가 재벌 대기업과 하청기업 등 제한된 영역에서 분배되면서 성장이 오히려 불평등을 확대하는 문제를 야기하고 있다. 〈그림 11〉에서 보는 것처럼 한국 제조업의 수출 가운데 국내에서 부가가치가 만들어지는 비중은 1995년 72.7%에서 2008년 55.7%로 저점을 기록한 후 2019년 현재 64.5%이다. 이는 13개 주요 제조업 국가 가운데 13위에 해당한다.

왜 이런 일이 벌어졌을까? 잘 알려져 있는 것과 같이 1997년 외

그림 11. 제조업의 수출에서 차지하는 국내 부가가치 비중

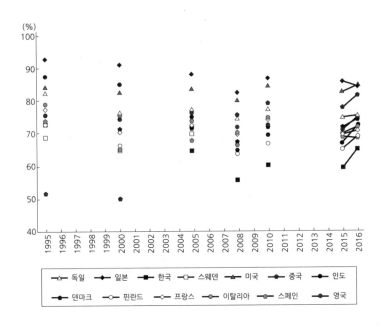

자료: 정준호(2020)를 바탕으로 그림을 재구성함.

환 위기 이전까지, 특히 권위주의 개발 국가 시기, 한국의 성장 체제는 경제성장의 전후방 효과가 높은 복선형 성장 체제였다. "수출용 원자재의 국내 생산품을 동 제품의 세계시장 가격수준으로 공급하게 하여 수입 대체 산업을 국제 경쟁에 노출되도록 강제함으로써 수입 대체와 수출 촉진의 상호 강화 매커니즘이 작동하게" 한 것이다(이병천 2000, 124-125). 그리고 이런 복선형 성장 체제에서 성장이 불평등과 빈곤을 낮추는 개발 국가 복지 체제가 성립했다. 그런데 이런 복선형 성장 체제가 1990년대 들어서면서 약화되고, 1997

년 외환 위기를 거치면서 해제되었다. 대기업이 주도하는 수출 주도 성장은 〈그림 11〉에서 보는 것처럼 복선형 성장이 아니었다. 1997년 외환 위기 이후 한국의 재벌 대기업은 국제적 경쟁력을 갖춘 글로벌 기업으로 성장하지만, 성장의 결과는 과거와 같이 모두의 소득을 높이는 방식으로 이루어지지 않았다(이제민 2017). 특히 1997년 외환 위기 이후 정리해고로 대표되는 노동시장 유연화가 진행되면서 기업의 이윤은 올라가고 노동자의 소득은 감소하는 상황이 발생한 것이다.

재벌 대기업은 공정 자동화와 함께 핵심 부분을 제외하고 외주화를 단행해 이윤을 높이고 글로벌 기업으로 성장했다.[5] 핵심 소재와 부품을 외국에서 수입하고, 이를 첨단 자동화 장비를 활용해 제품을 생산해 수출하는 조립형 성장 체제가 복선형 성장 체제를 대신한 것이다. 반면 국내 중소기업의 생산성은 지체되고, 중소기업에 종사하는 노동자들의 임금 또한 지체되는 상황이 벌어졌다. 〈그림 12〉는 OECD 국가들과 비교했을 때 한국에서 기업 규모에 따른 생산성과 임금격차가 얼마나 예외적으로 심각한지를 보여 준다. 이런 조건에서 성장을 해도 부가가치가 국내에서 창출되지 않는 구조가 만들어진 것이다. 문제는 코로나-19 팬데믹 이후 디지털 기술 적용에 대한 사회적 저항이 약화되면서, 디지털 기술을 활용한 생산이 더욱 가속화될 것이라는 점이다. 이런 경향은 그렇지 않아도

5_한국은 2013년부터 싱가포르를 제외하면 전 세계에서 노동자 1만 명당 로봇을 사용하는 비율이 가장 높은 국가이다(윤홍식 2019b).

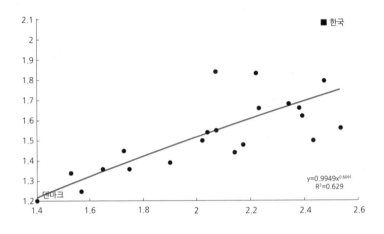

그림 12. OECD 국가들의 기업 규모에 따른 노동생산성과 임금격차

$y=0.9949x^{0.6091}$
$R^2=0.629$

자료: OECD(2016).

1997년 외환 위기 이후 가속화되고 있던 한국 노동시장의 분절 구조(기업 규모와 노동시장의 지위에 따른 이중 분절 구조)를 강화해 실질 노동생산성과 실질임금의 격차를 더 벌어지게 할 가능성이 크다. 결국 경제 영역에서 한국 복지 체제의 과제는 어떻게 대기업과 중소기업, 수출과 내수, 자동화와 노동 숙련이 균형적으로 발전하는 성장 체제를 만들 것인가에 달려 있다고 할 수 있다.

3) 복지국가, 재분배와 1차 분배를 개혁할 수 있는 정치

우리에게 아무리 잘 만들어진 대안이 있더라도 그 대안을 현실

세계에서 실현할 정치적 힘이 없다면, 그 대안은 종이 위의 설계도에 불과하다. 결국 중요한 것은 정치이다. 정치 개혁을 통해 우리가 만든 대안을 실현할 정치 세력을 만들지 못한다면, 우리 현실을 변화시킬 수 있는 가능성은 대단히 낮다. 그렇다면 앞서 언급한 복지와 경제 영역에서의 개혁을 실행하기 위해 필요한 정치 영역의 개혁 과제는 무엇일까? 먼저 한국 사회가 자본주의 세계 체계의 틀 안에서 성장했고, 그 안에서 생존해야 한다는 사실을 이해할 필요가 있다. 한국이라는 국민국가가 결심하면 무엇이든지 할 수 있다는 생각은 실현 가능성이 없는 몽상에 불과하다. 한국 사회는 자본주의 세계 체제라는 커다란 경기장에 참여하는 참가자이기 때문이다. 한국이 경기의 새로운 규칙을 만드는 데 참여할 수도 있겠지만, 이는 현실적으로 쉬운 일이 아니다.

사회경제적 개혁을 위해 가장 필요한 조건 가운데 하나는 한반도의 평화를 증진하는 일이다. 1945년 해방 이후 한국에서 복지국가를 만들기 위한 정치경제적 개혁들이 지체·좌초된 중요한 이유 가운데 하나로 '적대적'으로 공존하는 북한이라는 상수를 배제하고는 상상할 수 없다. 실제로 한국의 정치 지형 중 왼쪽이 잘려 나가고 오른쪽에 편향된 보수-자유주의 양당 구조로 고착화된 것은 75년간 지속된 한반도의 적대적 분단이 만들어 낸 결과이다. 노동자들의 조직된 힘이 취약한 것도 상당 부문 한반도의 적대적 분단과 관련 있다. 해방 이후 대부분의 시간 동안 한국에서는 왼쪽에 놓여 있는 대안을 실천하는 것은 물론 생각하는 것조차 금지되었기 때문이다(이병천·윤홍식·구갑우 편 2016; 윤홍식 2013). 이런 조건에서 우리가 할 수 있는 일은 늘 시장이라는 경기장에서 문제를 푸는 방식이었다. 권위주의 개발 국가 시기에 시장에 대한 국가의 직접적 개입이 있었는데, 이는 (논란의 여지는 있겠지만) 시장을 사회의 통제 아래에 두기 위한 것이 아니라 국가의 개입을 통해 시장에게 유리한 정치경제 구조를 만들기 위한 개입이었다고 할 수 있다. 이런 이유로 한국 사회가 사회경제적 변화에 발맞추어 새로운 분배 체계를 만들어 가기 위해서는 자유롭게 왼쪽을 상상해야 하고, 그 출발점은 한반도에서 적대적 분단을 해체하고 상호 공존하는 평화 체제를 정착시키는 일이다.

한반도의 평화 정책은 코로나-19 팬데믹 이후 보다 더 분명해지고 있는 G2 또는 G0라고 불리는 시대에 한국이 자주적으로 자신의 운명을 결정할 수 있는 선택의 폭을 넓히는 길이기도 하다. 적대적 분단이 한반도에서 지속되는 한 한국 사회는 적대적 분단이 만들어 낸 문제에 대응하기 위한 선택을 가장 우선적으로 고려할 수밖에 없기 때문이다. 이런 조건에서 패권 위기, 디지털 기술 변화, 2008년 금융 위기 이후 세계화의 흐름이 후퇴하는 슬로벌라이제이션 등 세계 정치경제의 변화에 한국이 자신의 이해를 능동적으로 실현하는 데에는 분명한 한계가 있기 때문이다(황세희 2020). 한반도에서 북한과 적대적 관계가 지속되는 한 우리가 안보를 위해 주변국(미국, 중국, 러시아, 일본)에 치러야 할 정치경제적 비용은 상당하다.

이제 새로운 분배 체계를 만들어 가기 위한 정치 개혁의 과제를 구체적으로 짚어 보자. 그러기 전에 한 가지 분명히 해야 할 것이 있다. 일반적으로 정치 개혁은 중장기 과제로 치부되는 경향이 있지만, 불평등이 확산되는 상황에서 정치 개혁은 중장기적 과제가 아니라 지금 당장의 과제라는 점을 분명히 할 필요가 있다. 왜냐하면 사람들의 절실한 삶의 요구를 외면하는 정치체제는 지속될 수 없기 때문이다. 사람들의 삶의 문제를 외면한 좌파 정당(사민주의 정당)이 몰락하고 극우 포퓰리즘 정당이 정치적 힘을 확대한 것도 이런 이유에서다(윤홍식 2020). 지금이 그런 상황이다. 팬데믹이 불평등을 확대했다는 것은 앞서 〈그림 7〉을 보면서 검토한 바 있다. 만약 정치가 이런 상황을 완화하기 위해 필요한 대응을 적절히 하지 못한다면, 코로나-19 팬데믹은 단순히 불평등을 확대하는 것을 넘어 사회적 안정성을 심각하게 위협할 것이다. 그리고 불안정해진 사회는 경제를 더욱 어렵게 만들고, 어려워진 경제는 다시 불평등을 확대하면서 사회적 불안정성을 더욱 심화하는 악순환에 처하게 될 것이다. 실제로 2001년 사스를 시작으로 2016년 지카 바이러스까지 모든 팬데믹은 불평등을 증가시켰고, 이렇게 증가한 불평등은 사회적 불안정성을 심화했다(Sedik and Xu 2020). IMF의 분석에 따르면 코로나-19 팬데믹도 이전의 팬데믹이 그랬던 것처럼 불평등을 확대하고, 이렇게 확대된 불평등이 사회적 불안을 가중할 것으로 예상된다. 그렇기 때문에 불평등을 줄이기 위한 정치 개혁의 과제는 중장기 과제가 아니라 우리가 지금 당장 실천해야 할 과제이다.

먼저 평등한 분배 체계를 구축하기 위해서는 그 사회의 균열 구조가 분배를 중심으로 형성되어야 한다. 두 번째는 분배를 둘러싸고 상이한 입장을 가진 정치 집단이 만들어져야 한다. 서구의 경험을 보면 역사적 복지국가의 황금시대는 강력한 노동운동(제조업 노동자 중심)과 좌파 정당(사민주의 정당)에 의해 뒷받침되었다. 물론 기민당과 같은 보수정당이 복지국가를 만드는 데 중요한 역할을 한 경우도 있었다. 하지만 이 경우에도 강력한 노동계급과 사민당의 존재가 보수정당으로 하여금 복지국가 건설에 우호적일 수밖에 없는 조건을 만들었다고 할 수 있다. 덧붙이면 이런 강력한 조직 노동과 사민당이 중간계급과 연대하면서 집권에 성공해 복지국가의 황금시대를 주도했다. 하지만 이것은 어디까지나 서구의 역사적 경험이다. 서구의 경험을 한국 사회에 그대로 적용하는 것은 한국의 현실에 부합하지도 않는다. 역사적 복지국가는 역사적으로 특별한 분배 체계였기 때문이다(윤홍식 2019a). 다만 어떤 분배 체계를 개혁하고 새롭게 만들기 위해서는 (이념에 관계없이) 그 분배 체계를 지지할 강력한 정치적 집단과 정당이 존재해야 한다는 점에서 서구의 역사적 경험은 오늘날 한국 사회에도 유의미하다고 할 수 있다.

한국의 분배 정치에서 가장 중요한 문제는 분배 체계를 개혁할 주체가 형성되어 있지 않으며, 정당 또한 부재하다는 것이다. 그러면 왜 한국은 이런 모습으로 만들어진 것일까? 지난 총선을 준비하면서 정치 개혁을 요구했던 시민사회, 학계, 진보 정당 등은 한국에서 분배 정치가 이루어지지 않는 가장 큰 이유를 승자가 독식하는 다수 득표제와 소선거구제 때문이라고 이야기했다. 비례대표가 확대되어야 다양한 이해를 가진 집단들이 국회에 진출할 수 있고, 이렇게 만들어진 다당제 구도에서 제도권 정당들이 자신의 이해를 관철하기 위해 다른 정당과 타협할 수밖에 없는 협의주의 정치가 형성된다는 것이다(최태욱 2013). 정치에서 비례성을 높이는 것이 북

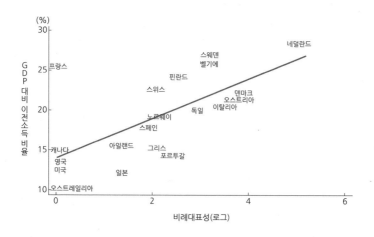

그림 13. GDP 대비 이전소득 비율과 비례 대표성(로그): OECD 회원국

자료: Alesina et al.(2001).

유럽 복지국가의 기초가 되는 코포라티즘을 발전시킬 수 있는 전제
이다(Swank 2002). 그리고 그런 과정에서 자연스럽게 분배 정치가
핵심적 의제로 부상하면서 보편적 복지국가로 나아가는 정치적 동
력이 될 수 있다. 서구 복지국가의 역사적 경험을 보면 이런 주장은
일견 타당성이 있는 주장이었다. 실제로 〈그림 13〉에서 보는 것처
럼 국회의 비례 대표성과 GDP 대비 사회 지출 사이에는 정의 관계
가 있었다. 선거의 비례 대표성이 높을수록 GDP 대비 사회 지출의
규모가 더 큰 것으로 나타났다. 물론 분배 체계를 지출의 양으로만
평가할 수는 없다. 하지만 분명한 것은 다양한 이해 집단의 이해가
반영되는 권력 구조에서 더 많은 사회 지출이 이루어지고 있다는
점이다.

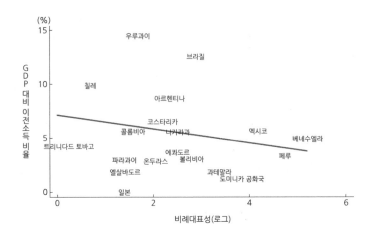

그림 14. GDP 대비 이전 소득 비율과 비례 대표성(로그): 남미 국가

자료: Alesina et al.(2001).

그런데 이런 서구의 경험이 한국에도 그대로 적용될 수 있을까? 〈그림 14〉는 비례 대표성을 확대하는 것이 반드시 GDP 대비 사회 지출의 규모를 늘리지 않을 수도 있다는 점을 보여 준다. 남미 국가들을 대상으로 비례 대표성과 사회 지출의 규모 사이의 관계를 살펴보자. 해당 국가들은 OECD 국가들과는 달리 비례 대표성이 높을수록 GDP 대비 사회 지출 수준이 낮았다. 왜 이런 상반된 결과가 나타났을까? 비례대표제가 소수 정당, 진보 정당 등이 원내에 진출하기 용이한 제도이며 합의를 통해 분배를 확대할 수 있는 제도인 것은 분명하다. 그러나 비례대표제가 강할수록 양당제보다는 다당제 구도가 만들어질 수 있고 다당제 구도는 통상적으로 거부권 수준이 양당제보다 높은 것이 일반적이다. 여기에 대통령 중심제와 비례대표제가 결합하면 새로운 변화를 저해할 수 있는 높은 수준의 거부권이 제도화될 수도 있다(정재환 2020). 남미가 이런 사례를 대표한다. 물론 브라질의 룰라 집권기, 베네수엘라의 차베스 집권기 등 일부 국가에서 사회 지출의 비약적 증가가 이루어진 시기가 있었지만, 이들 국가에서는 복지국가가 안정적으로 제도화되지 못했다. 복지국가는 단기간에 사회 지출을 늘린다고 만들어지는 분배 체계가 아니다. 서구 역사를 볼 때 이는 적어도 수십 년 동안 장기적인 확대가 누적되면서 만들어진 분배 체계이다. 복지국가를 수성하는 시기에 이런 거부권이 높은 수준의 정치제도가 형성되면 복지국가를 해체하는 데 어려움이 있을 것이다. 반면 복지국가를 만들어 가고 확대하는 과정이라면, 높은 수준의 거부권을 제도화하는 것은 복지국가를 만들어 가는 데 방해가 될 수도 있다. 그래서 강력한 대통령제와 강한 비례대표제의 결합은 복지국가 확장기에 그 확장을 가로막는 최악의 조합이 될 수도 있다. 어쩌면 남미는 이런 우려를 보여 주는 대표적인 사례이다. 그렇다고 비례 대표성을 강화하는 선거제도의 개혁을 포기할 수는 없다. 현재와 같은 소선거구제에 기초한 양당제에서 복지국가를 만들어 가는 것이 쉽지 않기 때문이다. 2004년 총선에서 민주노동당의 원내 진출은 비례대표제라는 선거 개혁을 빼놓고는 설명할 수 없다. 그렇다면 정치제도와 관련된 한국 사회의 개혁 과제는 새로운 진보 정당의 제도권 진출을 용이하게 만들어 주는 비례대표성의 강화가 강력한 대통령제와 맞물리면서 높은 수준의 거부권이 형성되는 것을 피할 수 있는 제도적 대안을 마련하는 것이 될 것이다. 지난 총선에서 정당 명부식 비례대표제가 엉망진창이 되었던 경험은 서구의 제도가 바다를 건너 한국에 올 때 어떤 모습으로 왜곡될 수 있는지를 보여 주었다.

마지막으로 제기되는 정채 개혁의 과제는 새로운 분배 체계를 만들어 갈 개혁 세력을 형성하는 것이다. 가장 중요한 과제는 현재 조직화되어 있지 않은 노동자들을 조직할 새로운 대안을 만들어 내는 것이다. 많은 사람들은 노동계급의 이질화를 복지국가의 주체를 만들어 가는 데 직면한 가장 큰 어려움이라고 이야기한다. 하지만 서구에서 복지국가를 만든 핵심 주체였던 그 노동계급도 본래부터 단일한 정체성을 가진 집단이 아니었다. E. P. 톰슨(Thompson 1966[1963])이 지적한 것처럼 노동계급은 오랜 투쟁의 역사에서 구성되는 사회적 산물이었기 때문이다. 긍정적인 현상은 많은 일하는 사람들이 자신을 노동자라고 생각한다는 것이다. 한국의 조사는 아니지만 영국에서 이루어진 조사에 따르면 일하는 사람의 60%가 스스로를 노동자라고 생각하고 있다(토드 2016[2014]). 정도는 다르겠지만 한국도 마찬가지라고 생각한다. 결국 중요한 것은 디지털 기술 변화로 인해 자본의 이윤 실현 방식이 생산과 거래 비용을 외부화할 수 있게 되면서 수많은 새로운 형태의 노동들이 만들어지는 상황에 맞추어 노동을 조직화하는 새로운 시도들이 있어야 한다. 산업도 변화하고 노동시장도 변화했는데 노동자들의 조직된 형태를 산업자본주의의 형태에 묶어 두는 것은 조직화의 적절한 대응 방식이 아니다. 새로운 변화에 맞게 새로운 시도들이 있어야 한다.

더불어 시민사회의 역할에 대해서 구체적으로 고민할 필요가 있다. 지금까지의 경험에 비추어 보면 시민운동은 무상 급식 논쟁과 같이 이슈를 제기하고, 국민기초생활보장제도와 같이 개별 정책을 제도화하는 데는 일정한 장점을 가진 것처럼 보인다. 하지만 복지국가는 단순히 몇 개 제도의 합슴이 아닌 국가 체제이기 때문에 경제-정치-복지를 총체적으로 조망하고 그려 나갈 정치적 주체로서 시민운동의 역할은 제한적이다. 마지막으로 조직 노동 또한 중요한 정치적 자원으로 재평가되어야 한다. 한국 진보 진영 내에서는 언제부터인가 조직 노동의 역할과 힘을 과소평가하는 일이 일상화된 듯하다. 하지만 한국 사회에서 정치적으로 의미 있는 영향을 미칠 정도의 규모로 조직되어 있는 유일한 주체는 조직 노동이다. 그렇기 때문에 조직 노동을 배제하고 어떤 개혁도 가능하지 않다. 설령 조직 노동이 개혁의 대상이 될 수도 있고 서구의 중간계급처럼 연대의 대상이 될 수는 있어도, 조직 노동을 배제하는 것은 상상하기 어렵다. 조직 노동은 한국 사회에서 얼마 남아 있지 않은 중요한 권력 자원이다.

4. 결론: 정리 및 함의

쉽지 않다. 덫에 빠진 것이 실패의 결과가 아니라 성공의 결과이기 때문이다. 어떤 사회도, 사람도 자신이 성공한 경험을 쉽게 버릴 수는 없다. 하지만 한국 사회가 성공의 덫에서 빠져나오지 않으면, 다시 말해 자신이 성공한 그 방식을 바꾸지 않으면 한국 사회의 안정적 지속 가능성을 담보할 수 없다. 한스 로슬링Hans Rosling이 이야기하는 것처럼 어쩌면 우리는 한국 사회가 지난 수십 년간 이룬 놀라운 성취를 너무 부정적으로만 보는 것일 수도 있다. 한국 사회는 과거와 비교할 수 없을 정도로 훨씬 더 풍요롭고 안전한 사회가 되었는데, 우리가 한국 사회를 비관적으로 보는 것은 세상을 너무 부정적으로 보는 "과도하게 극적인 세계관" 때문일 수도 있다(로슬링·로슬링·로슬링 뢴룬드 2019[2018], 27). 하지만 그렇게 생각하기에는 한국 사회가 직면한 현실이 너무 참혹하다. 2020년 상반기에만 산재로 사망한 노동자가 1101명(고용노동부 2020), 0.8대를 기록한 세계에서 가장 낮은 합계 출생률TFR, 세계에서 가장 높은 자살률, 가장 높은 노인 빈곤율, 가장 심각한 사회경제적 성 불평등, 점점 더 사회경제적 지위가 세습되는 등 한국 사회가 지속 가능하지 않다는 증후들이 넘쳐 나고 있기 때문이다. 더욱이 코로나-19 팬데믹은 이런 문제를 더 가속화하면서 우리가 더 이상 과거에 성공했던 방식으로 살아갈 수 없다는 현실을 확인시켜 주고 있다. 성공적인 방역이 또 다른 성공의 덫이 될까 두려운 이유이다. 코로나-19 팬데믹이 한국 사회에 미치는 영향이 덜하면 덜할수록 한국 사회가 직면한 문제를 개혁하려는 동인 또한 낮아질 수밖에 없기 때문이다.

이런 인식을 기초로 이 글은 한국 사회가 성공의 덫에서 빠져 나오기 위해 우리가 직면해야 하는 과제를 복지·경제·정치적인 측면에서 고찰했다. 하지만 명확하고 분명한 대안을 찾는 것은 쉽지 않다. 지금 한국 사회가 직면한 문제와 이를 풀어 가는 일은 지금까지 그 누구도 걸어갔던 길이 아니기 때문이다. 누구를 보고 배워 따라갈 수 있는 과제가 아니다. 세계적 차원에서는 자본주의 세계 체계의 기본 규칙을 정하는 패권이 흔들리고 세계경제가 급격히 디지털 경제로 전환되고 있다. 국내적으로는 제조업 노동자가 쇠퇴하고 디지털 기술 변화로 새로운 노동자들이 부상하고 있으며, 새로운 분배 이슈를 제기할 가시적인 조직된 힘도, 유력한 정당도 부재한 상황이다. 경제적으로는 재벌 대기업 중심의 수출 주도 성장 체제가 더 이상 국민의 안정된 삶을 보장하지 못한다는 것이 명확해졌다. 여기에 코로나-19 팬데믹이라는 전대미문의 사태가 겹쳐지면서 변화의 속도는 더 빨라지고 있다.

하지만 우리가 확인한 것은 적어도 큰 틀에서 우리가 어떤 방향으로 가야 할지에 대한 인식을 공유하고 있다는 점이다. 고용 관계에 기초한 사회보장제도, 중산층의 사적 자산 축적에 의존하는 복지 체제, 대기업이 주도하는 수출 중심의 조립형 성장 체제, 왼쪽 날개를 잃어버린 보수-자유주의 양당 구조로는 현재 한국 사회가 직면한 문제를 완화할 수 없다는 것이다. 더불어 복지·경제·정치 각각의 영역에서 이루어지는 개별적인 개혁만으로는 우리가 직면한 문제를 해결할 수 없다는 점도 확인했다. 한국의 복지-경제-정치는 서로 매우 밀접하게 연관되어 있기 때문이다. 쉽지는 않겠지만, 길은 있다. 서구에서 복지국가를 만든 과정 또한 그때까지는 존재하지 않았던 새로운 분배 체계를 만들어 낸 것이었다. 그리고 그 분배 체계를 현실화할 수 있었던 이유는, 그 분배 체계를 지지하고 만들어 갈 강력한 주체가 존재했기 때문이다. 결국 우리의 과제 또한 대안을 준비하고 그 대안을 실현한 주체를 만드는 것이다. 결국 정치가 중요하다.

3장

국제 질서의 변화와 한국의 선택
: 미중 전략 경쟁의 영향을 중심으로

이남주

1. 국제 질서의 변화와 한국의 사회 개혁

최근 미중 전략 경쟁의 전개와 함께 국제 질서의 지각변동이 진행되고 있다. 냉전 체제가 해체된 이후부터 미중 관계는 세계에서 가장 중요한 양자 관계라고 인식되어 왔지만, 국제 질서에 대한 영향은 냉전 시기의 미소 관계와 비교하면 큰 차이가 있었다. 적어도 군사적으로는 미국과 비슷한 능력을 갖추었던 소련과 달리, 중국의 경제력이나 군사력은 미국과 격차가 컸고 세계에서 점하는 비중도 적었다. 그 때문에 냉전 체제 해체 이후의 국제 질서는 '일극 체제'

로 불리기도 했다. 미중 관계의 성격도 미소 관계의 그것과는 달랐다. 미국과 소련이 각각 자본주의 진영과 사회주의 진영을 대표해 대립했던 것과는 달리, 미국과 중국은 1972년 이후 동아시아에서 일종의 협조 체제concert system를 유지해 왔다. 중국은 미국의 패권적 지위를 암묵적으로 인정하고 미국은 '하나의 중국' 원칙에 동의했던 것이 이 협조 체제의 정치적 기초였다(이남주 2020). 1970년대 말에 시작된 중국의 개혁 개방은 미중 협력에 경제적 차원을 추가했다. 2007~08년 글로벌 금융 위기 시기에도 미중 협력은 비교적 효과적으로 작동했고, 당시 "중국만이 자본주의를 구할 수 있다"는 이야기가 회자되기도 했다.[1] 이처럼 미중 관계는 국제 질서의 불안 요소이기보다는 안정 요소로 작동했다.

그런데 최근 미중 관계가 국제 질서에서 가장 중요한 변수이자 문제로 등장했다. 2020년 코로나-19의 확산 속에서 미중 갈등이 갑작스럽게 예측 불가능하고 휘발성이 높은 방식으로 전개된 것이다. 트럼프 행정부가 무역 영역에서 대중 공세를 강화할 때만 해도 미중 간의 오랜 무역 갈등이 좀 거친 방식으로 진행되고 있다는 평가가 지배적이었다. 2020년 1월 미중이 1단계 무역 협상을 마무리

1_이는 "사회주의만이 중국을 구할 수 있다"라는 중화인민공화국의 건국 시기 구호를 변용한 것이다. 개혁 개방 시기에는 "자본주의만이 중국을 구할 수 있다"라는 변용이 회자된 바 있다. 그러나 시진핑 체제가 출범한 이후 중국은 사회주의적 지향을 강조하고 있으며, 서구에서도 중국이 기존 국제 질서에 도전하고 있다는 인식이 증가하고 있다. 최근 중국의 국가 전략 변화와 이것이 국제사회 및 한국에 제기하는 도전 요인에 대해서는 이남주·문익준·안치영·유동원·장윤미(2020)를 참고.

지은 것도 이런 평가를 뒷받침하는 사례로 보였다. 그런데 2020년 3월 미국 내에서 코로나-19 팬데믹이 확산되면서 트럼프의 대중 공세는 과거와 질적으로 다른 방식으로 진행되었고 미중 갈등은 기술, 지정학, 이념·제도 영역으로 번져 갔다. 미중이 '신냉전'에 돌입하고 있다는 주장도 이제 낯설지 않게 되었다.

미중 경쟁이 글로벌라이제이션의 쇠퇴와 함께 진행되고 있고, 이를 더 가속화하고 있다는 점도 주목할 필요가 있다. 1970년대 후반부터 빠른 속도로 진행되던 글로벌라이제이션이 2007~08년의 국제금융 위기 이후 뚜렷이 약화되었다.[2] 글로벌라이제이션 속에서 심화되어 온 각국의 불평등이 이런 변화의 주요 원인으로 작용했다. 영국의 브렉시트Brexit, 미국의 트럼피즘Trumpism 등이 모두 이를 배경으로 출현한 변화이다. 미중 경쟁은 글로벌 공급 사슬supply chain을 균열시키며 이런 추세를 더 구조화할 가능성이 크다.

이런 변화로 글로벌라이제이션과 비교적 안정적인 미중 관계 속에서 작동했던 한국 경제사회 모델의 지속 가능성은 새로운 도전에 직면하고 있다. 좀 단순하게 정리하면 최근 한국의 제조업은 일본으로부터 기계류와 부품 소재를 수입하고, 이를 활용해 생산한 중간재를 중국에 수출하고, 중국에서 생산된 최종 상품이 미국으로 수출되는 분업 구조 속에서 성장해 왔다. 미중 관계의 안정이 이런

2_세계 교역 증가율은 금융 위기 이전인 2002년부터 2007년까지 7.7%로 성장했으나, 2012 년부터 2018년까지 연평균 3.5%로 하락했다. 2002-07년 사이의 4.8%를 기록한 세계경 제 연평균 성장률이 2012-18년 사이의 3.5%로 완만하게 하락한 것과 비교하면 하락 속 도가 훨씬 빠르다(박병걸·노민재 2019).

분업 구조가 효과적으로 작동할 수 있도록 하는 전제였다. 그런데 글로벌라이제이션의 쇠퇴와 함께 미중의 경제적 디커플링이 진행된다면 이런 분업 관계는 약화될 수밖에 없다. 그뿐만 아니라 지정학적 불안정성은 한반도와 동북아시아 지역의 안보 딜레마를 더 심화하고 있다. 국방부는 2022년 국방비 예산으로 55조2277억 원을 편성했는데, 이 안이 그래도 통과될 경우 문재인 정부 임기 5년 동안 국방비는 36.9%가 증액되게 된다(『한겨레』 2021/08/31). 한국의 국방비는 2019년에 이미 러시아를 추월했는데, 이런 증가 추세가 지속되면 2년 내에 경제 규모와 인구 규모 모두 한국의 2배를 넘는 일본도 추월하게 된다. 이런 변화는 사회적 자원을 삶의 질 제고에 분배하는 데 부정적 영향을 미칠 뿐만 아니라, 군수산업 관련 이익 집단들의 정치, 사회, 경제정책에 대한 개입을 크게 증가시키게 된다. 상생 연대의 가치가 구현되는 사회를 만들어 가는 데 도움이 될 리 없다.

현재 국제 질서 변화에 대해 냉전 때처럼 어느 한편, 즉 미국과의 동맹을 강화하는 것을 선택지로 제시하는 주장이 적지 않다. '신냉전'이라는 개념도 은연중에 이런 강박증을 강화하는 작용을 한다. 그렇지만 신냉전이라는 규정은 복잡한 국제 질서의 변화 추세를 지나치게 단순화하는 것이다. 그리고 이런 전제에서 우리에게 양자택일 외의 길은 없다고 주장하는 것은 성급할뿐더러 한국 및 한반도의 안전과 평화에 부정적 영향을 미치는 결과를 가져올 것이다. 최근 국제 질서의 변화에 우려되는 면이 적지 않지만, 그 미래가 어떤 하나의 방향으로 결정되어 있다고 보기는 어렵다. 그리고 현재 진행되고 있는 변화 속에서 한국 사회가 대내적으로나 대외적으로 더 건강한 방향으로 나아갈 수 있는 계기가 없지도 않다. 우선, 글로벌라이제이션의 쇠퇴는 국내의 발전 동력을 더 강화할 필요성을 제기하고 있다. 또한, 미중 갈등은 다른 국가들이 국제사회에서 건설적 역할을 할 수 있는 계기를 제공하기도 한다. 이런 역할을 위해서도 국내에서 미래지향적 가치를 실현할 수 있는 사회 개혁이 필요하다. 즉 국제 질서의 변화에 대한 대응과 국내 개혁 사이에 선순환 구조를 만들기 위한 상상력과 전략이 그 어느 때보다 중요하다.

이와 관련한 논의의 출발점을 제공하기 위해 이 글에서는 다음두 문제를 중점적으로 논의했다. 첫째, 미중 관계 변화를 중심으로최근 국제 질서의 변화 추세를 분석했다. 미중 관계가 현재 그리고앞으로 상당 기간 국제 질서 변화에 가장 큰 영향을 주는 변수로 작용할 것이기 때문이다. 이에 대한 객관적 평가가 국제 질서 변화에대한 효과적이고 발전적 대응 전략을 수립하기 위한 전제이다. 둘째, 이런 변화 속에서 우리에게 제기되는 도전 요인과 기회 요인을도출하고, 이에 기초해 상생과 연대를 위한 사회 개혁 추진에 유리한 환경을 조정할 수 있는 대외 전략의 방향을 제시했다.

2. 미중 관계의 변화: 협조 체제에서 전략 경쟁으로

앞에서 2007~08년의 글로벌 금융 위기에 대응한 미중 협력을 언급했는데, 이 금융 위기는 미중 관계의 중요한 변곡점이기도 했다. 금융 위기로 미국 경제가 큰 타격을 받은 반면에 중국은 비교적 높은 경제성장률을 유지하며 세력균형 변화를 명백한 추세로 만들었기 때문이다. 〈표 1〉과 〈표 2〉는 2000년과 2019년을 기준으로 미국과 중국의 경제력과 군사력을 비교한 것이다.

2000년 중국의 GDP(국내총생산)는 미국의 12%에 불과했다. 2000년대에도 중국은 고도성장을 유지했지만 2008년 GDP는 미국의 31.2%에 그쳤다. 그러던 것이 2019년에는 미국(21.4조 달러)의 약 67퍼센트(14.3조 달러)에 달하게 되었다. 구매력 평가PPP 기준으로는 2010년대 중반부터 중국의 경제 규모가 미국을 추월한 것으로 평가되고 있다(2019년에는 중국이 22.527조 달러, 미국은 20.524조 달러를 기록).

경제 규모에서는 중국이 미국을 빠르게 추격하고 있으나 군사비 지출의 격차는 여전히 크다. 2018년 군사비 지출은 미국은 6488억 달러에 달했으나 중국은 2500억 달러로 미국의 40%에도 미치지 못했고, 누적 군사비까지 고려하면 양국의 격차는 더 커진다. 그렇지만 중국은 미국처럼 세계 전체로 군사력을 투사하지 않고 자신의 핵심 이익과 관련 있는 지역에만 군사력을 집중할 수 있다. 이와 관련해 중국의 반접근·지역 거부Anti-Access·Area Denial, A2AD 전략이 주목받고 있다. 이는 동아시아와 서태평양에서 미국의 군사

표 1. 미중 경제 규모 비교: 2000년과 2019년

	GDP(current $)		GDP(PPP, 2017 international $)	
	2000	2019(조 달러)	2000	2019(조 달러)
미국	10.252	21.374	14.175	20.534
중국	1.221	14.343	4.358	22.527
중국/미국(%)	12.0	67.1	30.7	108

자료: https://data.worldbank.org/indicator/NY.GDP.MKTP.CD?locations=US-CN와
https://data.worldbank.org/indicator/NY.GDP.MKTP.PP.KD?locations=US-CN 활용

표 2. 미중 군사비 지출 비교: 2000년과 2019년

	군사비 지출		군사비/ GDP(%)	
	2000	2018(억 달러)	2000	2019
미국	3,017	6,488	2.93	3.16
중국	229	2,500	1.89	1.87
중국/미국(%)	7.6	38.5		

자료: https://data.worldbank.org/indicator/MS.MIL.XPND.CD?locations=US-CN

행동에 제약을 가하기 위한 전략으로, 다양한 미사일로 미국의 항공모함 함대를 타격하는 것을 가장 중요한 수단으로 삼는다. 중국은 미국과 전면적 군비경쟁을 벌이는 것은 소련의 전철을 밟을 가능성이 있다는 우려에서 이와 같은 중국식 비대칭 전략으로 동아시아에서의 미국 군사력에 대응하고자 해왔으며, 최근 상당한 진전을 이룬 것으로 평가되고 있다.

최근 10년 사이에 진행된 미중의 세력균형 변화는 미중 협조 체제의 가장 중요한 전제였던 미국 헤게모니가 도전에 직면하게 되었음을 의미하며, 이것이 미중 관계를 경쟁적·갈등적 관계로 전환시키는 구조적 원인으로 작용하고 있다. 기존 패권 국가와 질서에 도

전하는 신흥 대국의 출현이 대규모 전쟁의 출현 가능성을 높인다는 주장은 이미 오래전부터 제시되었다. 최근 '투키디데스 함정'Thucydides Trap과 관련한 논의도 그 연장선 위에 있다. 투키디데스 함정은 고대 그리스의 역사가 투키디데스가 『펠로폰네소스전쟁사』에서 스파르타와 아테네의 전쟁을 기존 강대국과 신흥 강대국 사이의 운명적 경쟁이라는 맥락에서 서술한 것에 착안해 만들어진 표현인데, 앨리슨Graham Allison은 투키디데스 함정에 빠졌던 16개의 사례 가운데 12개가 전쟁으로 이어졌다고 주장했다(Allison 2017).

물론 패권 국가와 신흥 대국 간 경쟁이 모두 전쟁으로 이어진 것은 아니다. 그리고 대량 살상 무기가 고도로 발달한 현재 대국 간 군사 충돌이 초래할 후과는 누구도 감당하기 어렵기에 미중 사이에도 이런 위험을 피하기 위한 시도들이 있었다. 미국 측에서는 G2, "책임 있는 이해 당사자"responsible stakeholder 등의 구상을 제시했다(Zoellick 2005). 이는 중국이 자신의 부상을 가능하게 한 국제 질서를 유지하고 공고히 하는 데 더 많은 기여를 해야 한다는 주장이었다. 그렇지만 중국은 이 구상들을 미국이 주도하는 질서의 유지를 위한 책임과 비용을 중국에 전가하려는 시도로 간주하고 수용하지 않았다. 그 대신 중국은 2012년부터 '신형대국관계'라는, 상호 핵심 이익의 존중을 기초로 하는 협력 관계를 대안으로 제시했다. 이에 대해 미국은 내포와 외연이 불분명한 '핵심 이익'이라는 개념을 인정하게 되면 국제적·국내적 현안들과 관련한 중국의 입지를 지나치게 강화하게 될 것을 우려해 역시 부정적으로 반응했다.

미국과 중국이 세력균형 변화를 반영할 수 있는 새로운 비전에 대한 합의를 만들어 내지 못하는 가운데 미중 관계에서 경쟁적·갈등적 측면이 강화되기 시작했다. 미국은 중국의 부상을 견제하기 위해 '아시아로의 축 전환'pivot to Asia이라는 새로운 전략을 추구했고, 중국은 경제력과 군사력의 증가를 배경으로 국제사회에서 자신의 핵심 이익을 더 적극적으로 주장하고 영유권 분쟁에 있어 공세적 태도를 보이기 시작했다. 그럼에도 내심이야 어떻든 중국은 물론이고 미국도 자신의 대외 전략이 상대를 겨냥한 것이 아니라는 점을 강조해 왔다. 그런데 최근 상황이 빠르게 변화했다.

미국은 2015년 '국가 전략 보고'National Security Strategy에서 "미국은 안정적이고 평화적이고 번영하는 중국의 부상을 환영한다", "경쟁은 있겠지만, 대립confrontation이 필연적이라는 논리는 반대한다" 등으로 미중 관계를 기술했었다(White House 2015, 24). 그런데 2017년 보고서에서는 중국을 러시아와 함께 미국이 추구하는 가치와 기존 국제 질서의 규범에 도전하는 '수정주의' 국가로 규정했다(White House 2017, 25). 미국 학계에서도 미국의 대중국 관여 정책이 성공적이지 못했고 유효성을 상실했다는 데 광범한 공감대가 형성되었다.[3]

그렇지만 행정부 차원에서 실질적 행동에 나서는 데에는 코로나-19의 확산이 계기를 제공했다. 트럼프 행정부는 코로나-19 확산의 책임을 중국 정부에 돌리면서 중국에 대한 공세를 강화했다.

3_미국 학계에서 대중국 전략, 특히 관여(engagement) 정책에 대한 재평가 논의를 촉발한 글로는 Campbell and Ratner(2018)를 참고.

경제 영역에서는 중국 통신 기업 화웨이華爲등의 정보 통신 기업에 대한 반도체 공급을 차단했고, '경제번영네트워크'Economic Prosperity Network, EPN나 '클린 네트워크'Clean Network(기술 영역에서 불법적 정보 탈취 등의 위험성을 배제하기 위한 협력)와 같이 주요 기술과 관련한 공급 사슬에서 중국을 배제하려는 공격적 구상을 제출했다. 글로벌라이제이션 시대에 상상하기 힘들었던 경제 및 기술 디커플링 decoupling이 현실의 문제가 되었다. 군사 영역에서도 미국은 2018년부터 중국 군사력에 대한 억제를 목표로 하는 '인도-태평양 전략'을 추진해 왔는데(Department of Defense 2019), 코로나-19의 와중에도 서태평양 지역에서 군사적 우위를 유지하고자 하는 다양한 움직임을 보였다. 이에 따라 미중의 우발적 군사 충돌에 대한 우려도 증가하고 있다. 2020년 5월 미국 국가안보회의NSC는 의회에 제출한 '미국의 대중국 전략적 접근법'에서 중국이 경제, 가치, 안보 영역에서 미국과 동맹국의 이익을 위협하고 있고 "두 체제 간의 장기적인 전략 경쟁이 진행될 것"이라고 주장했다(White House 2020, 16). 미중 경쟁에 이념·제도 경쟁이라는 새로운 차원이 더해진 셈이다.

이에 따라 최근 미중 관계와 국제 질서에 대한 논의들은 대부분 미중 전략 경쟁을 기정사실로 받아들이고, 다만 이 경쟁이 파국으로 이어지지 않는 방식으로 진행될 수 있도록 하는 데 초점이 맞추어지고 있다. "재앙 없는 경쟁"competition without catastrophe(Campbell and Sullivan 2019), "협력적 대결"cooperative rivalry(Nye 2020), "포괄적 경쟁의 관리"managing comprehensive competition(Shambaugh 2020) 등이 이런 취지를 반영하는 개념들이다. 중국은 최근까지도 미중 관계를 경쟁 관계로 규정하는 것을 피하고자 노력해 왔으나 이제는 관계가 그렇게 전환되고 있다는 점을 인정하고 있다. 예를 들어, 전 외교부 부부장 푸잉傅瑩은 경쟁을 관리하고 필요한 영역에서 협력을 유지하는 '경합競合 관계'로 미중 관계를 규정했다(傅瑩 2020). 그렇지만 미중 관계를 전략 경쟁이나 신냉전 등으로 규정하는 데에는 부정적 태도를 보이고 있다.

2021년 1월 출범한 바이든 행정부도 전략적 경쟁을 강화하는 기본 방향은 계속 견지할 것이라는 점을 분명히 했다.[4] 그리고 바이든 행정부의 고위 관료들은 미중 관계에 대해 대립confrontation, contest할 때는 대립할 것이지만, 미중 관계에 경쟁적 측면과 협력적 측면이 동시에 존재한다는 입장을 여러 차례 밝혔다. 바이든 행정부가 이 세 가지 관계 가운데 어디에 비중을 둘 것인지는 아직 불분명하다. 현재 미국의 목표가 중국의 부상을 억제하려는 것인지, 중국의 제도를 변경하려는 것인지, 아니면 중국의 행태를 변화하려는 것인지에 따라 구체적 전략과 미중 관계에 대한 영향이 달라질 것이다. 앞의 두 가지 시도는 미중 관계를 대결적 방향으로 진전시킬 것이다. 중국의 인권·제도 문제를 적극적으로 제기하고 타이완에 대한 전략적 모호성을 버리고 확실한 안전보장을 공약해야 한다는 주장이 제기되고 있는 것은 이런 방향으로 사태가 진전될 가능성을

4_블링컨(A. J. Blinken) 국무장관은 인준 청문회에서 비록 방법에 대해서는 동의하지 않지만 "트럼프의 중국에 대한 강경한 접근법(a tougher approach)은 올바른 것"이었다고 밝혔다 (NPR 2021/01/19).

높이고 있다.

그렇지만 바이든 행정부는 중국과 냉전식 대결을 추구하지 않는다는 입장도 반복해서 표명하고 있다. 바이든 행정부에서 아시아 관련 정책을 총괄하는 캠벨Kurt M. Campbell은 임명 직전에 기고한 글에서 "이 시스템(지금까지의 인도-태평양 지역 질서—인용자)의 균형과 정당성을 유지하는 것은 동맹 및 파트너들과의 강력한 협력coali-tion을 필요로 하지만 중국의 일정 수준의 묵인이나 수용도 필요로 한다"라고 언급한 바 있다(Campbell and Doshi 2021). 그리고 2021년 9월 10일 바이든 대통령은 시진핑 국가 주석과의 전화 통화에서 미국이 두 국가의 경쟁이 충돌conflict로 이어지지 않도록 관리해야 한다는 입장을 밝히기도 했다. 미국의 대중 정책이 중국의 행태, 특히 공세적 행태에 초점을 맞출 경우 미중 관계나 국제 질서에 파멸적 영향을 미치지 않도록 관리하는 데는 긍정적이겠지만, 중국의 부상이나 미중 간 세력균형이 중국에 유리한 방향으로 변해 가는 흐름을 막는 데는 한계가 있다는 데 미국의 고민이 있다.

중국도 미중 관계가 다시 협력적 관계로 돌아갈 수 있다는 기대는 더 이상 갖지 않고 있다. 푸잉이 미국 대선이 끝난 직후인 2020년 11월 24일 『뉴욕타임스』에 기고한 글에서만 해도 그런 기대와 제안을 어느 정도 드러낸 바 있다. 이 글은 중국에 대한 미국의 태도 변화, 특히 중국 정치체제 인정, 주권 영토 문제에 대한 개입 중단 등을 요구하면서 중국도 미국의 오해를 초래할 수 있는 사안들(지적재산권 보호, 남중국해에서의 군비 증강)에 새로운 방식으로 접근할 수 있다고 시사했다(Fu 2020). 2021년 들어서도 미중 관계에 대해 실용적 접근 가능성을 시사하는 흐름이 이어졌다. 한 토론회에서 제출된, "중국의 핵심 이익 범위를 제한해야 한다. 만약 핵심 이익을 확대하면 정책의 탄력성을 상실하고 과격한 반응을 초래하게 된다"라는 주장도 중국의 대외적 행태 조정을 요청하는 의미가 있었다(章百家 2021). 그러나 바이든 행정부가 중국에 대한 공세적 태도를 지속하자 중국 정부의 대미 정책도 강경한 방향으로 조정되었다. 3월 알래스카에서 진행된 미중 '2+2 회담'(미국에서는 설리번Jake Sullivan 대통령 안보 보좌관과 블링컨 국무장관이, 중국에서 양제츠杨洁簾 중국공산당 정치국원과 왕이王毅 국무위원 겸 외교부장이 참여한 미중 고위급 대화)에서 양제츠가 미국의 중국에 대한 입장을 강력하게 비판하고, 미국이 설교하는 식의 양국 관계는 용납할 수 없다며 미국의 중국에 대한 태도를 강력하게 비판했다. 그 이후 미국의 대화 시도에 대해서도 "한편에서는 대결하면서 다른 한편에서 협력하는 것은 가능하지 않다"며 미국의 대결적 태도를 버릴 것을 요구하면서 소극적 태도로 대응했다.[5] 인권 문제나 타이완 문제와 관련해 미국이 중국이 입장을 존중하는 것은 실질적 대화를 위한 전제 조건을 제시하고 있는 것이다.

이런 흐름을 볼 때 양국 관계가 극단적 대립으로 치닫지는 않더

---

[5]_예를 들어, 미국 기후 문제 대통령 특사 케리(John Kerry)가 2021년 9월 초 중국을 방문해 기후변화에서 미중 협력의 필요성을 주장했을 때 중국 외교부장 왕이는 "미국이 기후변화 협력을 중미 관계의 오아시스로 만들고자 하지만, 오아시스 주변이 모두 사막이라면 이 오아시스도 곧 사막화될 것이다. 중미 기후변화 협력은 중미 관계의 대환경과 분리될 수 없다"고 응했다.

라도 미중 관계의 갈등, 경쟁적 성격은 앞으로도 지속될 것이다. 따라서 미중 전략 경쟁이 불가피하다고 할 때 그것이 중장기적으로 어떤 양상으로 진행될 것인가, 국제 질서를 어떤 방향으로 변화시킬 것인가 등이 중요한 문제로 제기되고 있다.

3. 장기·저강도·복합 경쟁으로서의 미중 전략 경쟁

미중 전략 경쟁은 장기전으로 진행될 것이다. 단기적으로 미중 간의 실력대결의 승패가 결정되고 새로운 국제 질서가 구축되기는 어렵기 때문이다. 중국은 이미 경제적으로 미국이 무시할 수 없는 규모로 성장했고 세계경제와도 매우 긴밀하게 연결되어 있어, 미국이 과거 다른 경쟁 국가처럼 중국의 부상을 저지하기는 어렵다. 예를 들어, 경제력 격차가 컸고 세계경제와의 연관성도 낮았던 소련에 대한 봉쇄 전략은 저비용으로 작동할 수 있었고(소련의 도전은 주로 군사와 지정학 영역에서 제기되었으며 소련은 이 도전을 지속할 자원이 부족했다), 일본이 한때 미국 경제의 우위를 위협하는 국가로 간주되기도 했으나 패권 국가로 등장하기에는 정치적·군사적 역량에서의 격차가 현격했다.

그런데 미중 관계에는 주목할 필요가 있는 또 하나의 중요한 특징이 있다. 중국은 국력 총량에서 미국을 빠르게 추격하고 있지만 사회 발전 수준에서는 미국과 비교할 때 여전히 큰 차이가 있다. 중

표 3. 1인당 GDP 변화 비교: 2000년과 2019년

	GDP(current $)		GDP(PPP, 2017 international $)	
	2000	2019(조 달러)	2000	2019(조 달러)
미국	36,335	65,118	50,236	62,517
중국	959	10,262	3,452	16,117
중국/미국(%)	2.6	15.8	5.9	25.8

자료: https://data.worldbank.org/indicator/NY.GDP.PCAP.CD?locations=US-CN 와
https://data.worldbank.org/indicator/NY.GDP.PCAP.PP.KD?locations=US-CN 활용

표 4. GDP와 1인당 GDP 중기 전망: 2025~35년

	GDP(조 달러)		중국/미국	인구(억 명)/1인당 GDP(달러)		중국/미국
	미국	중국	(%)	미국	중국	(%)
2025	22.4	18.8	84.0	3.39 / 66,077	14.20 / 13,239	20.0
2030	24.9	24.0	96.4	3.48 / 71,552	14.25 / 16,842	23.5
2035	27.6	30.6	110.9	3.57 / 77,310	14.20 / 21,549	27.9

주: 연평균 경제성장률은 미국 2.1%(CBO 2026~30 예측.
https://www.cbo.gov/publication/56465), 중국 5%(DRC 2026~30 예측)를 기준으로 함
(이 경우 2032년에 중국 경제 규모가 미국 추월).
자료: GDP 예측은 https://www.bloomberg.com/graphics/2016-us-vs-china-economy/
인구 예측은 https://databank.worldbank.org/source/population-estimates-and-
projections# 활용.

국의 1인당 명목 GDP는 2019년 1만262달러로 미국 6만5118달러
의 15.8%에 불과하며, 1인당 PPP 기준으로도 미국의 4분의 1 수준
에 머물러 있다. 중국의 GDP는 2030~35년 사이에 미국을 추월할
것으로 예상되는데 이때도 1인당 GDP는 미국의 4분의 1 정도에
불과하다.

이처럼 패권을 다투는 국가들 사이에 경제 규모는 비슷하지만
사회 발전 수준에서 큰 격차가 있는 선례를 찾기는 어렵다. 이는 인

구 규모 차이에서 비롯된 현상으로, 중국이 상당 기간 미국의 패권적 지위를 대체하기 어렵게 만드는 요인이다. 따라서 미중의 전략경쟁과 대립은 당분간 어느 일방이 확고한 우위를 점하기 어려운 상황에서 장기전으로 진행될 것이다.

만약 예상보다 빠르게 이 경쟁의 결과가 나온다면, 이는 중국이나 미국 내부에서 경제력이나 군사력에 큰 영향을 미치는 위기가 발생한 경우일 것이다. 중국은 물론이고 미국도 내부에 간단치 않은 문제들을 안고 있다. 그러나 이 문제들이 소련식의 붕괴로 이어질 가능성은 낮다. 미국의 정치나 사회 시스템은 여전히 변화에 대응하고 적응할 수 있는 유연성을 갖고 있으며, 중국의 현 체제도 높은 수준의 업적 정당성performance legitimacy과 물적 기초를 구축하고 있다.

미중 전략 경쟁의 장기전적 성격과 더불어 그와 밀접한 관계가 있는 특징은 경쟁의 저강도적 성격이다. 대국 간 경쟁이 대규모 전쟁을 동반하지 않는 현상은 핵무기 등장 이후 출현했다. 대량 살상 무기가 개발되고 고도화된 상황에서 대국 간 전쟁은 모두에게 파멸을 의미하기 때문이다. 미국과 소련은 직접적인 군사 충돌을 피하는 방식으로 경쟁했을 뿐만 아니라, 그런 충돌을 방지하기 위한 다양한 협정을 체결하기도 했다. 아시아, 아프리카, 남미 등에서 대리전 성격의 물리적 충돌이 진행되었지만, 이때도 상황이 자신들의 직접적인 충돌로 발전되지 않도록 주의했다.

최근 미중 사이에 군사적 마찰이 증가하고 군비경쟁도 가속화함에 따라 군사적 충돌에 대한 우려가 늘고 있다. 그렇지만 두 나라 모두 상대에 대한 핵 보복 능력을 갖추고 있는데다가 양국 간의 작은 충돌도 세계경제에 돌이킬 수 없는 재앙을 가져올 것이기 때문에 이를 피하고자 하는 협력이 이루어질 것이다. 미중 갈등이 한창 고조되어 가던 2020년 중반에도 군사 충돌의 방지는 협력이 필요한 영역으로 언급되었다. 물론 '레드 라인'이 없지는 않다. 타이완 문제가 군사적 충돌의 도화선이 될 가능성이 가장 크다. 이 문제만 관리된다면 미중 경쟁의 결과는 군사적 승패보다는 정치, 경제, 이념적 경쟁에 의해 좌우될 공산이 크다. 이 때문에 미중 경쟁은 저강도 경쟁의 성격을 갖게 된다.

미중 전략 경쟁의 마지막 특징은 복합적으로 진행된다는 점이다. 현재 전략 경쟁은 무역, 이념과 제도, 기술, 지정학 등에서 폭넓게 이루어지고 있으며, 그 결과도 한 영역에서의 상황에 의해서만 결정되지는 않을 것이다. 물론 각 영역의 상황이 미중 전략 경쟁 전반에 미치는 영향은 다르다. 무역 갈등은 어느 정도 관리가 가능하고, 이념·제도 영역의 경쟁은 상당 기간 결과가 나타나기 어렵다. 반면 기술 갈등과 지정학적 갈등은 휘발성이 크고 단기간 내에 앞으로의 상황 전개에 영향을 미칠 결과가 나올 가능성이 크다. 즉 기술과 지정학 영역에서의 갈등이 미중 경쟁에 상대적으로 더 큰 영향을 미칠 것이다.

기술 영역에서의 경쟁은 단기적으로 보면 중국이 수세적 처지에 빠져 있고 일정한 피해도 불가피하다. 그러나 미국의 공세가 자신들이 원하는 방향으로 중국을 변화시킬 수 있을지, 중국의 부상을 저지하는 데 얼마나 효과가 있을지는 불확실하다. 전자의 가능성은 낮고 후자에 대해서도 부정적 견해가 적지 않다. 미국의 공세에 대해 중국은 내수 주도 경제로의 전환을 가속화하고 이를 기술 고도화의 계기로 활용하는 방향으로 대응하려 하고 있다. 특히 중국 정부는 핵심 기술 개발에 더욱 박차를 가하고 있다. 만약 이런 노력이 성공을 거둘 경우 중장기적으로는 미국이 더 큰 피해를 볼 수 있다. 최근 중국 반도체 산업에 대한 미국의 제재와 관련해, 반도체 산업에서 디커플링이 지속될 경우 미국의 반도체 부문 세계시장 점유율이 2018년 48%에서 2025년까지 30%로 하락할 것이라는 전망도 나왔다(Varas and Varadarajan 2020). 물론 감소분의 대부분은 중국 반도체 산업의 강요된 탈미화脫美化로 초래된 것이다. 이는 미국의 대중 공세가 상당한 비용을 치러야 한다는 사실을 잘 보여 준다.

이런 시나리오가 현실화되면 미중 경쟁에서 중국이 주도권을 가질 수 있을 것이다. 그러나 중국의 기술개발이 중국 정부가 기대하는 만큼 순조롭게 진행되지 않을 가능성도 크다. 그럴 경우 중국의 부상이 지체되고 미국이 경제 영역에서의 우위를 활용해 다른 영역에서도 공세적 위치에 설 수 있다. 향후 3~5년 내에 상황이 어떤 방향으로 전개될지 가늠할 수 있는 결과들이 나올 것이다.

지정학 영역에서는 타이완해협과 남중국해에서 주도권을 누가 장악하는가의 경쟁이 가장 중요하다. 미국은 중국의 태평양 진출을 억제하기 위한 봉쇄망을 강화하고자 한다. 문제는 군사력의 절대 우위라는 미국의 이점이 줄어들고 있다는 점이다. 이를 보완하기 위해 미국은 이 지역에서도 유럽의 북대서양조약기구NATO와 같은 집단 안보 협력 체제를 구축하려 하고 있다. 이를 통해 지역 군사 자원을 효율적으로 활용하고 다른 국가들의 기여도를 높임으로써 중국의 지정학적 도전에 더 효과적으로 대응할 수 있다고 본 것이다. QUAD(미국, 일본, 오스트레일리아, 인도 4개국의 비공식적 안보 협력체) 강화 및 확대, 한일 안보 협력 강조 등이 이와 연관된 움직임이다. 그러나 미국과 이 지역 국가들 사이의 이해관계가 같지는 않다. 적지 않은 국가들이 중국의 군사력 증가와 공세적 외교에 불안감을 갖고는 있지만, 그렇다고 중국과 전면적으로 대립하는 것은 원치 않는다. 중국은 이런 균열을 자국에 유리한 방향으로 활용하고자 한다. 특히 경제협력을 주된 수단으로 삼아 역내 국가들과의 관계를 발전시키고, 핵심 이익을 해치는 국가에 대해서 경제 제재로 압박을 가하고 있다. 봉쇄와 반봉쇄의 지정학적 경쟁이 진행되고 있는 것이다. 이 영역에서도 향후 수년 내 갈등이 어떤 수준으로 진행될 것이고 누가 주도권을 가질지에 대한 윤곽이 나타날 가능성이 크다.

4. 미중 전략 경쟁의 국제 질서 및 한국에 대한 영향

미중 전략 경쟁이 장기·저강도·복합 경쟁으로 진행됨에 따라 '신냉전'과 같은 표현이 암시하는 것처럼 국제 질서가 양립이 어려운 적대적 진영으로 나뉘는 상황을 출현시킬 가능성은 크지 않다.

무엇보다 미중의 전략 경쟁에도 불구하고 두 세력권이 중첩되거나 어느 편으로도 기울지 않는 공간이 냉전 때보다 훨씬 넓게 존재한다. 미국 혹은 중국과 보조를 맞추는 국가들도 대부분 상대방을 적대시하는 전략에 참여하는 것에는 거리를 두려고 한다. 예를 들어, 유럽은 대중국 전략에서 미국과 보조를 맞출 가능성이 크지만, 그렇다고 중국과의 협력을 배제하지는 않는다. 2020년 연말 EU·중국 투자 협정이 체결된 것이 이 점을 잘 보여 준다.[6] 2021년 2월 4일 미국의 한 싱크 탱크가 주최한 토론회에서 프랑스 대통령 마크롱E. Macron은 "유럽은 중국에 대항하기 위해 미국과 뭉쳐서는 안 된다"라고 주장했고(Momtaz 2021), 독일 메르켈A. Merkel 전 총리도 EU의 자주적 외교를 여러 차례 강조했다. 동남아시아국가연합 ASEAN도 미중 전략 경쟁 속에서 자율성을 확보하기 위해 노력하고 있다. 2021년 9월 16일 발표된 EU의 '인도-태평양 전략'Joint communication on the Indo-Pacific에서도 "인권 등 중국과의 근본적 차이가 있는 영역에서는 EU의 입장을 적극적으로 개진하겠지만, 이와 함께 다양한 영역에서 중국에 관여할 것"이라고 밝혔다. 2020년 11월 15일 아세안 국가들과 한국, 중국, 일본, 오스트레일리아, 뉴질

6_설리번은 국가 안보 보좌관 내정자 신분이었던 2020년 12월 22일 트위터에 "중국의 경제 행위와 관련한 공통의 관심사에 대해 우리의 유럽 파트너들과 조속히 협의하기를 희망한다"라는 글을 올려 협상 막바지 단계에 진입한 이 협정의 체결을 견제한 바 있다(Sevastopulo·Brunsden·Fleming·Peel 2020). 그러나 EU는 중국이 제시한 시장 개방의 기회를 잡는 방향을 선택했다. 이 협정이 발효되기 위해서는 EU 의회에서 비준을 거쳐야 한다. 우크라이나 전쟁 이후 NATO의 역할이 강조됨에 따라 유럽의 전략적 자율성 관련 논의는 크게 위축되었다. 그러나 유럽 내 주요 국가들은 중국과의 다양한 방식의 소통을 유지하고 있다.

랜드 등 15개 국가는 8년 동안 끌어온 역내포괄적경제동반자협정 RCEP에 서명했다. 이 역시 국제 질서의 불확실성에 대한 안전장치를 마련하는 의미가 있다. 냉전 체제와 비교하면 미국과 중국을 제외한 다른 국가들의 역량이 더 커졌고 대외관계에서 더 높은 자율성을 확보하고 있는 상황이다.

따라서 미중 전략 경쟁은 국제 질서를 양극 체제로 구조화하는 방향보다 유동성과 불확실성이 높아지는 방향으로 변화시킬 것이다. 여기서 가장 우려되는 상황은 대립의 구조화가 아니라 주요 국가들에서 국가 중심적, 국내 지향적 경향이 강화됨에 따라 높은 수준으로 연결되어 있는 국제사회가 필요로 하는 글로벌 공공재 공급이 더 어려워지고 새로운 위기에 대한 대응 능력이 약화되는 것이다. 이른바 'G0'적 상황이다.[7]

이런 점을 고려할 때 미중 전략 경쟁의 가속화와 국제 질서의 변화에 따른 도전 요인으로는 다음 세 가지를 들 수 있다.

첫째, 미국과 중국에 의해 전략적 선택을 강요당하고 그 선택에 따른 리스크가 커지는 것이다.

안보 영역에서 미중 사이의 군사적 갈등이 강화될 것이고, 그럴 경우 사드 배치를 둘러싸고 출현했던 딜레마와 갈등이 더 높은 강도로 출현할 수 있다. 경제적으로도 미국과 중국은 첨단 기술 영역에서 자신을 중심으로 하는 공급 사슬 구축을 추구할 것이고 이 역시

7_'G0' 개념은 유라시아그룹 회장인 브레머(Ian Bremmer)에 의해 제안되고 널리 알려졌다 (Bremmer and Roubini 2011).

한국의 입장을 어렵게 만들 것이다. 그뿐만 아니라 경제 제재가 안보 전략의 주된 수단으로 등장하고 있다. 대부분의 첨단 기술은 안보와 밀접한 연관이 있다. 이처럼 안보와 경제의 분리가 어려워짐에 따라 안보는 미국, 경제는 중국과 같은 방식의 구도가 유지되기 어렵다. 즉 어느 한편을 선택하는 것은 안보와 경제 모든 영역에서 한배에 올라타는 의미를 갖고 그에 따르는 리스크도 증가하게 된다.

둘째, 국제 질서의 균열과 유동성 증가도 한반도 안정과 평화에 부정적 영향을 미칠 수 있다. 우선 한국이 남중국해와 타이완에서 미중의 대립과 군사 충돌에 연루될 수 있는 위험이 증가하고 있다. 그리고 미중 전략 경쟁으로 한반도에서 원심력이 강화되면, 여전히 해체되거나 극복되지 못한 한반도 분단 체제와 냉전 구도가 지속되고 더 대립적 방향으로 나아갈 수도 있다.

셋째, 외부 환경의 악화는 사회 개혁에도 부정적 영향을 줄 가능성이 크다. 분단 체제가 오랫동안 사회 발전에 부정적 영향을 미쳐 왔는데, 이제 분단 체제가 다시 외부 환경의 악화와 결합될 경우 더 인간답고 지속 가능한 사회를 향한 노력에 큰 장벽이 생길 수 있다. 배타적 민족주의나 종족주의의 강화, 그리고 이들 사이의 충돌이 가장 우려되는 현상이다.

이처럼 미중 전략 경쟁은 우리에게 매우 어려운 과제를 제기하고 있지만 기회 요인이 전혀 없는 것은 아니다.

첫째, 한반도의 전략적 가치를 증가시킨다. 이는 한반도 질서가 여전히 유동적이라는 점과도 관련이 있다. 그동안 한국의 정치 및 경제 역량이 증가해 온 것도 한반도의 전략적 가치를 증가시키고 있다.[8] 앞으로 한국과 한반도가 어떤 방향으로 움직이는지가 미중 경쟁의 전개 양상에 일정한 영향을 줄 수 있는데, 미중 모두 이 점을 고려하지 않을 수 없다. 한국의 미중 관계나 국제 질서에 대한 영향력을 과도하게 강조해서는 안 되겠지만, 한국을 외부 행위자들에 의해 주어진 선택지 내에서만 행동할 수밖에 없는 피동적 행위자로 규정할 이유도 없다.

둘째, 미중 전략 경쟁이 새로운 기회 공간을 제공할 수 있다. 국제적으로 미중 갈등은 국제사회 리더십을 약화시키는 방식으로 진행되고 있다. 그리고 글로벌라이제이션이 쇠퇴한다고 하더라도 이것이 세계의 연결을 단절하는 것은 아니며 글로벌 차원으로 대응해야 할 문제가 많다. 기후변화 대응, 국제무역의 안정성 유지, 대규모 군사 충돌 방지 등이 그에 해당된다. 이런 문제들에 대한 대응을 미중에게만 맡길 수는 없고 국제 협력의 유지를 위해 새로운 행위자들의 역할이 중요해질 것이다.

셋째, 미국과 중국의 상호 견제로 글로벌 공급 체인에서 미국이나 중국에 대한 의존도를 줄이고자 하는 경향이 나타날 것이고 그 과정에서 한국의 역할이 커질 수 있다. 즉 미중의 기술 갈등이 일부

8_한국의 경제적 성장은 최근 한일 관계가 계속 악화되어 온 배경 중 하나이다. 21세기 들어 일본은 중국과의 격차 확대(중국 GDP는 2003년 일본을 추월한 이후 일본과의 격차를 계속 증가시켜 2019년에는 일본의 약 3배에 달했다)와 한국의 추격에 의해 협공을 당하고 있는 형세이다. 그뿐만 아니라 촛불 혁명을 거친 정치적 민주주의라는 면에서도 한국의 성과를 더 적극적으로 평가할 필요가 있다. 이것이 최근 10여 동안 세계적 차원에서의 민주주의가 쇠퇴하던 상황에서의 성취라는 점도 주목할 필요가 있다.

영역에서 한국에게 어려운 선택을 강요하는 것은 분명하지만, 이와 같은 선택이 강요되지 않는 영역에서는 한국이 안전한 공급자로서의 위치를 확보할 수 있다.

이런 기회 요인들은 미중 전략 경쟁이 일차원적이거나 단기간에 결과가 나오는 경쟁이 아니라 장기·저강도·복합 경쟁이라는 평가에서 도출된 것이다. 미중 전략 경쟁 내에 우리가 주체적으로 개입할 수 있는 공간은 있다. 다만 이런 공간들은 한국이 변화하는 상황에 주체적으로 대응하고자 하는 의지와 이 의지를 뒷받침할 수 있는 전략이 있을 때만 의미가 있다. 이런 의지와 전략이 결여될 경우, 특히 우리의 대외 전략이 분단 체제와 한미 동맹에 대한 중독에서 형성된 관성에 계속 의존할 경우에는 이런 도전에 효과적으로 대응하기 어려운 것은 물론이고 한국과 한반도를 더 위험한 상황에 빠트릴 수 있다.

5. 한국의 대응 전략

한국은 미국이 주도해 온 글로벌라이제이션의 지속을 전제로 자원 이용의 효율에만 초점을 맞춘 발전 전략의 조정이 필요하다. 지정학적 불확실성이 증가하고 있고. 그 과정에서 경제가 안보 전략 추구를 위한 수단으로 활용될 가능성도 커지고 있다. 또한 기후 변화, 감염병 팬데믹 등과 같이 자원의 이동에 큰 영향을 미치는 새로운 변수들이 증가하고 있다. 이는 효율성만을 고려해 구축된 공급 체인이 미리 예상하기 힘든 리스크에 노출될 수 있다는 것을 의미한다(Farrell and Newman 2020).

이런 문제들을 효과적으로 다루기 위해서는 글로벌 차원의 협력이 강화되어야 한다. 특히 불평등, 기후, 전염병 등의 문제에 공동 대응할 수 있는 국제 협력이 중요하다. 이 과정에서 한국이 어떤 역할을 할지에 대한 고민도 필요하다. 그렇지만 앞서 살펴본 것처럼 미중 전략 경쟁이 강화되면서 글로벌 협력의 전망은 그리 밝지 않다. 즉 지구촌이 직면한 문제를 해결하기 위해 글로벌 협력을 강화해야 할 필요성과 이 문제들에 대한 국가 중심적 접근이 강화되고 있는 현실 사이에서 적절한 균형을 잡아 갈 필요가 있다. 국가 차원에서 공급 체인의 안전성을 강화하기 위한, 특히 핵심적 부분에 대한 일정한 통제 능력을 갖추어야 한다. 그리고 대국 간 경쟁에서 자주적 외교 공간을 넓혀 갈 필요도 증가하고 있다.

즉 개방적 협력과 국가 자율성 사이에서 새로운 균형을 찾아야 한다. 이를 위해서는 내부의 발전 동력을 강화하고 신뢰성·안정성이 높은 협력 네트워크를 다차원적으로 구축해 가야 한다. 전자는 기존 발전 모델의 전환을, 후자는 더 유연하고 다원화된 국제 협력을 각각 필요로 한다. 이 글에서는 후자의 문제와 관련해 몇 가지 방향을 제시하고자 한다.

1) 한국식 전략적 인내

더 유연하고 다원화된 대외 전략을 추구하는 데 있어 가장 먼저 제기되는 도전은 한미 동맹과 한중 협력의 상충이다. 미중 간 전략적 경쟁의 가속화는 앞으로 상당 기간 한국을 이 같은 도전에 노출시킬 것이다.

지금까지의 관성은 당연히 한미 동맹을 더 강화해야 한다는 대안을 제시한다. 한미 동맹의 전략적 가치, 기술 영역에서의 미국의 지배적 위치 등이 이런 주장의 주요 근거이며, 이런 객관적 사실을 외면할 수는 없다. 한미 관계의 안정적 발전은 중요하다. 문제는 이런 논리가 단순히 미국과 중국 사이의 선택만을 의미하는 것이 아니라, 중국에 대한 봉쇄에 적극적으로 참여하는 결과로 이어질 수 있다는 점이다. 이는 지금까지 한중 관계의 변화 및 중국이 한국과 한반도에 대해 갖는, 그리고 한국과 한반도가 세계 속에서 차지하는 중요성을 고려하지 않는 냉전식 사고이다.

이런 주장이 미중 전략 경쟁과 관련해 우리가 당장 어느 편인가를 선택해야 한다는 강박증과 결합될 경우 문제는 더 심각해진다. 미중 전략 경쟁이 장기전으로 진행될 가능성이 높은 상황, 경우에 따라서는 일시적으로 협력적 국면이 출현할 수도 있는 상황에서 한국에 필요한 것은 성급한 양자택일이 아니라 일종의 '전략적 인내'다. 전략적 인내라는 표현은 오바마 행정부가 어떤 방식으로도 북한 문제에 적극적으로 개입하지 않은 태도를 합리화하는 표현으로 사용되었으나, 오바마 행정부의 정책은 전략적이기보다 무전략에 가까웠다. 여기서 이야기하는 전략적 인내는 미중이 자신의 구도에 한국과 한반도를 편입하려는 시도에 대해 수용과 거부의 이분법적 대응이 아니라 우리의 자율성을 높일 수 있는 선택지를 찾아가는 능동적 전략이다. 지금까지 강대국들의 태도에 지나치게 민감하게 반응해 온 한국 외교의 관성에서 벗어나야 한다는 의미도 있다.

일단 미국이 중국을 겨냥한 여러 전략을 모색하고 있고 한국의 참여를 요청하겠지만, 미국의 전략도 아직은 방향이 모호하고 구체성도 떨어진다. 따라서 미국의 대중 전략에 무조건 협력하는 것이 아니라 앞으로 미국의 시도가 어떤 규범에 기초하고 있고, 어떤 방식으로 진행되는가를 평가하고, 이것이 우리가 추구하는 가치 및 이익과 부합하는지 여부를 따지며 행동을 결정해야 한다. 만약 미국의 대중 전략이 중국의 부상 자체를 막으려는 것이거나 중국의 제도를 변경하는 것을 추구할 경우에는 이에 신중하게 대응해야 한다. 이는 경제만이 아니라 안보 영역에서도 국제사회에 매우 부정적인 영향을 미치는 결과로 이어질 것이기 때문이다. 물론 중국이 대외적으로 지나치게 공세적으로 나오는 것을 견제하거나 건설적으로 행동할 수 있도록 만들기 위한 노력은 필요하다. 중국이 강제적 방식으로 양안 관계, 영유권 분쟁과 관련해 현상 변경을 시도하는 것은 반대해야 한다. 경제적인 측면에서도 중국의 경제력을 고려하면 국가가 기업 간 경쟁에 직접적으로 개입하는 행위는 불공정 무역의 성격을 더 강하게 갖게 될 것이므로 이에 적극적으로 대응할 필요가 있다.

이 과정에서 한국이 국제사회의 공감을 얻을 수 있는 대외 전략의 원칙을 수립하고 이를 실현하기 위해 노력하는 것이 중요하다. 평화와 생명·안전, 개방과 공영의 원칙에 기초한 국제 협력, 민주주의, 생태 등이 우리가 추구할 가치이자 원칙이 될 수 있을 것이다. 이럴 때 미중 전략 경쟁에 대한 전략적 인내가 기회주의적 선택이 아니라 세계를 더 좋게 만들려는 노력으로 인식될 수 있고 국제사회에서 한국의 역할이 긍정적으로 평가받을 수 있다. 이 점에서 전략적 인내는 전략적 모호성에만 머무르는 것이 아니다. 미국 혹은 중국 어느 한편을 선택해야 한다는 요구나 압박에 휘둘리지 않고 우리가 추구하는 가치와 이익에 기초해 선택할 수 있는 외교 공간을 능동적으로 확보해 가는 주체적이고 적극적인 전략이다. 이를 뒷받침하기 위해서는 다음 두 가지 영역, 즉 한반도 평화 프로세스와 중진국 외교에서의 진전이 필요하다.

2) 한반도 평화 프로세스와 'K-평화 전략'

한반도 평화 프로세스는 냉전 유산의 극복일 뿐만 아니라 미중 전략 경쟁이 신냉전으로 나아가지 않도록 만드는 세계사적 의미가 있다. 이는 한반도 문제에 대한 기능주의적 접근이나 통일 지상주의적 접근을 지양하고 평화 우선주의적 접근, 정확하게 이야기하면 평화의 진전과 그에 기초한 남북의 점진적 통합을 추구하는 접근을 택한다. 이와 같은 전환이 없이 한반도 문제가 해결되거나 심지어는 더 큰 위기로 이어지는 것을 막을 수 있는 길은 극히 제한되어 있다. 한반도 평화 프로세스가 성공적으로 진행된다면 한반도에서는 전쟁 억지가 아니라 (공동)안보를 추구할 수 있으며 이에 기초해 안보 전략과 동맹 전략을 조정해 가야 한다.

이런 전환이 쉽지 않은 것은 최근의 상황에서 다시 확인되었다. 한반도의 군사 긴장이 다시 고조되면 이에 대한 군사적 준비와 대응을 강화해야 한다는 주장이 증가할 수 있다. 그렇지만 평화 우선이라는 지향점이 불분명한 것이 한반도 평화 프로세스가 교착상태에 빠진 주요 원인 가운데 하나이다. 한반도의 군비 증강과 군사적 대치 수준은 세계의 다른 어떤 곳에서도 찾아보기 어렵다. 한국의 국방비는 2020년 예산 기준으로 50조 원을 돌파했다. 이는 일본, 러시아 등과 큰 차이가 없는 세계 9위의 규모이다. 북한은 경제적 어려움에도 불구하고 현재 100여 개의 핵탄두를 보유할 수 있는 기술과 핵물질을 확보하고 있으며, 몇 년 지나지 않아 그 수는 200여 개로 증가할 것으로 평가되고 있다. 이런 높은 수준의 군비와 상호 불신이 계속 서로 상승작용을 일으켜 왔는데 이를 단절하기 위해서는 새로운 접근이 필요하다. 이를 "K-평화 전략"으로 지칭할 수 있을 텐데, 이 새로운 접근의 핵심 내용은 다음 두 가지이다.

첫째, 세력 관계에서 우위에 있는 행위자의 선제적 행동, 혹은 선제적 양보unilateral accommodation가 중요하다(Kupchan 2010, 40-41). 성공적 평화 프로세스는 이런 행동이 신뢰 증진과 평화 프로세스의 지속성을 확보하는 데 결정적인 역할을 했음을 보여 준다. 북아일랜드 평화 프로세스에서도 영국이 북아일랜드에서 독립을 주장하는 무장 저항 노선을 견지하던 정치 세력을 평화 협상의 파트너로 인정하면서 본격적으로 추진되었다. 그리고 협상을 통해 신뢰를 축적하며 무장 저항 노선을 폐기하는 과정이 진행되었다. 그런데 북한과의 협상에서는 선제적 양보는 물론이고 어느 정도 등가성이 있는 협상안마저 북한에 대한 굴복으로 간주하는 경향이 여전히 강하다. 실패로 확인된 "선비핵화론"이 반복적으로 등장하는 이유도 여기에 있다. 이런 태도로는 협상을 진전시키기 어렵다. 북한으로부터 위협을 감소시키기보다는 핵·미사일 능력의 증가라는 더 위험스러운 결과를 초래했다. 현 시점에서는 이 같은 실패의 원인을 좀 더 분명하게 인식하고 새로운 접근법을 택해야 한다.

둘째, 어느 일방의 선제적 양보unilateral accommodation가 "상호 자제"reciprocal-restraint 메커니즘 구축으로 이어지는 경로를 만들어야 한다. 이를 위해서는 비핵화가 단계적이고 동시적 행동이라는 접근법을 넘어 시퀀스sequence 방식으로 진행되어야 한다. 즉 어느 일방의 선제적 행동이 상대로부터 그에 상응하는 조치를 이끌어 내는 과정이 연속적으로 이어질 수 있는 제도를 구축해 가는 것이다. 단계적이고 동시적 행동이 원칙적으로 타당하나, 지금까지 각자 취해야 조치의 등가성에 대한 합의가 어려워 협상이 실패한 전례가 많다. 따라서 초기에는 매 단계의 등가성보다 상호 신뢰를 증진시킬 수 있는 조치들이 연속되도록 하는 접근법이 필요하다.

최근 과거보다 북핵 문제에 대한 현실적 접근법, 예를 들면 외교를 통한 문제 해결과 비핵화에 대한 단계적 접근에 대한 공감대가 넓어지고 있는 것은 긍정적이다. 단, 이런 공감대를 기초로 현실을 변화하는 주체는 한국이 되어야 한다. 다른 누가 문제를 해결해 줄 수 있다는 기대는 환상에 그칠 공산이 크다. 그리고 우리가 주도하는 변화, 특히 평화·생태·균형 발전을 지향하는 한반도 협력이 본격적으로 추진된다면, 불확실성이 높아지고 있는 세계를 더 안전하게 만들어 가는 데 큰 동력을 제공할 수 있다.

3) 중견국 외교와 외교 다변화

한국은 한미 동맹과 한중 관계를 넘어서는 외교 공간을 개척해가야 한다. 여기서 제기되는 주요 방향이 중견국 외교middle power diplomacy이다. 미국과 중국이 국제사회를 긍정적 방향으로 이끌어 갈수 있는 리더십이 결여되어 있는 상황에서, 즉 글로벌 차원에서는 G0라고 부를 수 있는 상황이 출현함에 따라 그 공백을 메울 수 있는 중견국 외교의 중요성이 증가하고 있다(Jones 2020). 이는 앞으로 세계가 미중 갈등에 의해 좌우되지 않을 수 있도록 하는 데도 중요한 의미를 갖는다. 중견국의 정의와 관련해서는 여러 논란이 있지만(강선주 2015), 범박하게 정의하면 중견국은 국제사회에서 대국과 소국의 사이에 위치하며 행태적인 측면에 국제 협력을 중재하고 촉진하는 역할을 할 수 있는 국가이다. 이런 역할을 할 수 있기 위해서는 일정한 물질적 역량과 소프트 파워가 모두 필요하다.

한국도 방역 과정에 보여 준 사회 및 국가의 역량, 세계 10위 규모의 GDP를 기초로 하는 물질적 역량, 한류 등 문화적 영향력 증가 등 중견국 외교를 추진할 수 있는 조건을 갖추어 가고 있다. 그렇지만 중견국 외교와 관련해 아직까지는 영국, 캐나다, 일본, 독일 등이 우선적 관심을 받고 있는 현실도 인정할 필요가 있다. 우리가 경제 규모와 군사력 등의 측면에서는 중견국의 역량을 갖추어 가고 있다고 할 수 있지만 중견국 외교와 관련해 더 주목을 받는 국가들에 비해 연구 개발 능력과 기술, 기금, 국제 네트워크 등이 취약하기 때문이다.

특히 한국 사회가 여전히 성장 지상주의에서 벗어나지 못하고 있고, 인류 사회가 필요로 하는 가치를 구현하기 위한 비전과 역량을 갖추는 데 있어서는 부족한 점이 많다. 기후 변화 방지와 관련한 한국의 입장과 객관적 실적이 이를 잘 보여 준다. 한국은 2019년 온실가스 배출량에서 세계 9위를 기록했다(『한겨레』 2020/12/13). 대체로 경제 규모가 큰 나라들이 온실가스 배출량이 많지만, 유럽 국가들이 온실가스 감축에 적극적으로 나서고 있는 반면 한국은 최근까지도 이에 대해 명확한 입장을 밝히지 않았었다. 얼마 전에야 2050년까지 탄소 중립화를 실현하겠다고 천명했지만 어느 정도의 행동이 뒤따를지는 더 지켜보아야 한다. 현재 온실가스 1인당 배출량은 한국이 일본, 독일 등보다 훨씬 많고, 우리 앞에 있는 국가들이 대부분 중동의 석유 생산국들이라는 점도 이 과제가 결코 간단치 않음을 보여 준다. 이에 대한 감수성과 경각심이 획기적으로 커질 필요가 있다. 젠더 문제도 대외관계에서 우리의 역할을 제약하는 중요한 원인 가운데 하나이다. 여성의 정치적·사회적 참여의 수준과 보상의 수준을 잘 보여 주는 세계경제포럼WEF의 성격차지수 GGI·Gender Gap Index 순위에서 한국은 108위를 차지했다(『경향신문』

2019/12/22). 이런 상태를 그대로 두고서는 중견국 외교에서 자신의 역할을 찾는 것은 어렵다. 지난 정부가 제시한 글로벌 선도 국가나 문재인 정부의 글로벌 중추 국가 모두 현실에 부합하지 않을 뿐만 아니라 자기기만적 비전으로 전락할 수 있다.

더 적극적으로 생각한다면 국제 공공재 공급을 어떻게 보장할 것인가와 관련해 이니셔티브를 발휘하기 위한 더 깊은 고민이 필요하다.[9] 이런 접근은 세계를 미중 갈등이라는 틀을 넘어서 상상하고 구성해 가는 효과를 만들어 낼 수 있다. 이를 위해서는 중견국 사이의 네트워크가 강화될 필요가 있으며, 아시아–태평양에서 한일 협력도 중요하다. 양국의 협력은 정치적으로나 경제적으로 이 변화하는 국제 질서 속에서 새로운 협력 공간을 만들어 낼 잠재력이 크다. 단기적으로 보면 한일 관계가 개선될 가능성이 크지는 않지만, 중장기적으로 양국 협력이 갖는 중요성을 계속 강조하고 이와 관련한 비전을 일본에도 지속적으로 제기할 필요가 있다.

중견국 외교와 함께 한반도 평화 플랫폼을 기초로 남방 협력 및 북방 협력 확장해 가는 것은 중요한 과제이다. 이는 우리 중견국 외교의 우선적이고 중요한 무대이기도 하다.

한반도 평화 프로세스가 교착된 현 상황에서는 남방 협력을 우선적으로 추진하며 미중 전략 경쟁을 완충할 수 있는 네트워크를

9_한 연구자는 이런 공공재 공급을 위해 토빈세와 함께 국제적 차원에서 여행과 물류에 대한 오염세 부과를 제안하기도 했다. 현실성은 따져 봐야 하지만 이동의 외부성의 문제가 확인된 셈이니 물류와 여행에 대한 세금 부과를 고려해 볼 만하다(Chhibber 2020).

구축하고 동시에 한반도 및 동아시아 평화를 위한 동력을 강화해 가야 한다. 적절한 시점에서 "ASEAN +2(남북)"을 추진하는 것이 남방 협력의 수준과 역할을 높이는 데 중요한 계기를 제공할 수 있다. 북방 협력의 경우 잠재력과 시너지 효과가 매우 크지만 이는 한반도 평화 프로세스가 본격적으로 진전될 때 실질적인 의미를 가질 수 있을 것이다.

코로나-19의 확산이 국제 질서에 큰 충격을 주고 있지만, 코로나-19가 국제 질서의 새로운 동학을 만들어 냈다기보다는 기존에 진행되던 변화를 가속하는 촉매제 역할을 했다. 이는 크게 두 측면에서 나타난다. 첫째, 글로벌라이제이션의 쇠퇴이다. 둘째, 미중 전략 경쟁의 가속화이다. 이는 코로나-19의 확산이 가라앉더라도 변화 속도는 달라질 수 있지만 방향 자체가 변할 가능성은 낮다.

전자는 더 장기적이고 복합적인 대책과 대응을 요구한다. 한국 경제의 대외 의존도가 높은 상황에서 이는 큰 도전이 아닐 수 없다. 그렇지만 글로벌라이제이션 과정에서 국내적 빈부 격차가 사회의 수용 능력을 넘어서고 있는 시점이라는 점을 고려하면, 글로벌라이제이션의 쇠퇴로 발생하는 경제적 손실을 어떻게 보완할 것인가의 차원을 넘어 사회의 지속 가능성을 보장할 수 있는 새로운 발전 모델을 구축하는 방향으로 대응해야 한다.

후자는 중단기적 대응이 필요하다. 이 문제를 어떻게 대응하는가에 따라 전자의 문제에 대응하는 우리의 능력도 크게 달라질 것이다. 앞으로 20~30년간 미중 전략적 경쟁이나 전략적 대립은 앞으로 상당 기간 지속될 것으로 예상되며, 이 시기에는 하나의 헤게

모니 국가에 의해 주도되는 국제 질서보다는 협력과 갈등이 복잡하게 교착되는 유동적 질서, 나아가 국제사회의 리더십이 약화되는 G0 상황이 출현할 가능성이 높다. 이 글에서는 이런 상황에서 한국은 미중 사이에서의 선택이 아니라 우리의 가치와 이익에 기초로 외교적 선택을 해가는 전략적 인내를 기본 방향으로 제시하고, K-평화 전략과 중견국·다변화 외교로 이런 기본 방침을 실현할 수 있는 조건을 형성해 가야 한다는 것을 제안했다.

더 좋은 세계에 대한 우리의 상상과 기여가 당장 우리 힘으로 새로운 국제 질서를 만드는 것으로 이어질 수는 없다. 그러나 지금과 같이 국내적으로나 국제적으로나 구조적이고 질적인 변화가 진행되는 시점에서는 관성적 사고를 희망적 사고에 못지않게 경계해야 한다. 관성적 사고가 희망적 사고보다 현실과의 거리를 더 멀어지게 할 수 있기 때문이다. 현재 세계 속에서의 한국 및 한반도의 위치는 우리가 내부의 문제를 미래지향적으로 해결해 가는 과정에서 더 좋은 세계로 나아갈 계기를 제공할 수 있도록 만들고 있다. 이럴 때 우리의 대외관계를 미중 갈등 안에서의 선택 문제로만 생각하는 것은 우리를 스스로 너무나 왜소화하는 일이다.

| 4장 |

2000년 이후 한국 자본주의의 전개
: 선진국으로의 진입과 위기를 중심으로

남종석

1. 문제 제기: 한국 자본주의 분석틀

빠른 추격 성장을 통해 '선진국'으로 진입한 한국 경제는, 그 놀라운 성과만큼이나 언제나 논쟁의 대상이 되어 왔다. 압축적 성장과정을 주도한 기업집단 즉 재벌 중심의 경제구조를 비롯해 과도한 수출의존도, 제조업과 서비스업의 생산성 격차, 노동자 내부의 임금격차 등 한국 경제가 수많은 모순을 안고 있음은 일반 시민들에게도 이미 널리 알려져 있다. 특히 2010년 이후 제조업의 장기적 침체와 일자리 창출 능력의 현저한 감소, 중공업, 자동차, 전자 산업 등의 최종재 생산 분야에서 세계 최고가 됨으로써 더 이상 모방 성장이 불가능해진 현실, 한국과 기술적으로 큰 차이를 보이지 않으면서 현저하게 가격이 낮은 경쟁자들의 진입으로 말미암아 세계 시장에서 한국 경제의 상대적 지위에 가해지는 위협 등 여러 복합적인 요인이 작용하면서 한국 축적 체제에 대한 다양한 비판적 논의가 진행되어 왔다.

진보적인 학계에서 한국 경제의 현실을 진단함에 있어 많은 주목을 받은 것은 대기업-중소기업 간 '양극화 체제의 성립'과 '저진로 성장 경로'였다. 재벌 중심의 경제구조하에서 대기업의 지속적인 성장에 비해 중소기업의 상대적 정체로 인해 생산성·임금·노동 시장이 이중화되었다는 것이다. 대기업들은 중소기업이 창출한 잉여의 일부를 영유하는 준準수탈적인 체제를 통해 성장해 온 반면, 중소기업, 사내 하청기업 등은 이 성장 체제의 하위 공급 기업들임에도 불구하고 대기업에 비해 현저히 낮은 협상력을 가져 왔다. 그 결과 대기업이 제공하는 중간재 시장에 수동적으로 적응해 오면서 독립적인 생존 기반을 형성하지 못해 왔다. 이 과정에서 대기업 비정규직 및 사내 하청 노동자, 중소기업 노동자들의 임금은 상대적으로 낮게 유지되면서 노동자 내부의 임금격차도 꾸준히 확대되어 왔다(이병천 2015; 홍장표 2014a, 2015; 홍장표·남종석 2016).

한국 경제가 직면한 여러 모순에 대해서는 인정하면서도 이것이 재벌 집단의 존재 때문에 비롯되었다고 보지 않는 지식인들도 존재한다. 이들은 오히려 '한국 기업집단의 역능'으로 말미암아 한국 경제가 고도성장과 선진국으로의 진입이 가능했다고 주장한다

(장하준·신장섭 2004; 장하준·정승일·이종태 2012). 이들은 한국 경제가 이중화된 구조를 갖고 있고, 재벌의 지배력 강화가 한국 경제에 장기적 부담이 될 수는 있지만 이를 이유로 재벌 지배 구조를 바꿀 필요는 없다고 주장한다. 한국 경제의 성장 자체가 기업집단 시스템의 효율성이 크게 기인한 바가 있다는 것이다. 결국 이들은, 성장을 위한 새로운 투자를 위해서라도 이들 경쟁력 있는 기업들이 주도적인 모험 투자를 함으로써 중소기업들이 새롭게 만들어지는 생태계에 적응하도록 해야 한다고 주장한다. 더불어 이들은 시장화된 주주 자본주의보다는 현재의 재벌가 중심의 기업 지배 구조가 한국 산업 체제의 장기적 성장을 위해서도 더 효과적으로 작동할 수 있다고 판단한다(장하준·신장섭 2004; 이찬근 2007). 이 입장에 서있는 연구자들도, 한국 경제의 양극화가 심각하며, 이의 개선을 위한 복지 체제 확대, 노동 양극화 극복을 위한 노동시장 전환, 확대되고 있는 사내 하청 등 불안정 고용에 대한 제도적 개선의 필요성에 대해서는 전자의 입장과 큰 차이를 나타내지 않는다.

그러나 이와 같은 분석은 두 진영 모두 지나치게 한국 경제의 제도적 측면의 변화에만 집중하는 반면, 현대자본주의의 일반적 특성 속에서 한국의 축적 체제를 분석하려 하지 않는다. 기업집단이라는 제도는 한국 자본주의의 특수성이지만 전후 한국 자본주의의 성장 과정은 자본주의 일반 법칙에서 벗어나지 않았다. 예컨대, 한국 자본주의는 '투자 주도 성장 체제'라고 요약될 수 있는데, 이는 고전파나 마르크스주의뿐만 아니라 '신고전파 경제학 교과서'의 경제성장 모형에서 보편적으로 서술된 내용이다.[1] 한국의 축적 체제가 '저진로의 길'을 걷는 것은 저가격 경쟁자가 세계시장에 진입할 때 활용하는 일반적인 수단이기도 하다(브레너 2001). 다만 '저진로의 길'이라고 해서 모든 국가들이 선진국에 대한 추격 성장에 성공하는 것은 아니며 한국은 '예외적인 성공'을 거두었을 뿐이다. 우리가 주목해야 하는 것은 그 예외적인 성공의 요인들을 '제도적인 측면'을 통해 규명하고, 동시에 그 한계를 인식하려는 태도이다.

또한 기존 연구자들은 2010년 이후 세계 자본주의의 장기 침체와 한국 제조업의 정체가 산업 체제 및 노동 체제에 대해 어떤 영향을 미치고 있는가를 고려하지 않았다. 다수 논자들의 분석은 '바람직한 성장 체제'라는 규범적 틀 속에서 한국 자본주의의 한계를 지적하는 데 집중한다. 축소되는 세계시장에서 자본 간 경쟁 심화는 기업의 매출액 증가율 하락 및 수익성 악화로 나타나며 이는 공급 기업에 대한 기회주의적 행동이나 노동자들에 대한 공격을 일상화하도록 만든다. 더군다나 한국보다 기술력은 크게 낮지 않으면서 비용 경쟁력은 현저하게 높은 저가격 경쟁자의 시장 진입은 한국 기업들로 하여금 노동에 대한 공격을 더 심화하는 요인으로 작용한다. 이는 현존하는 양극화 체제를 더 강화한다. 자본 간 경쟁 압력으로 인해 노동에 대한 자본의 배제적-억압적 관행들이 더 많이 부추겨진다는 것이다(Callinicos 2014). 사내 하청 확대와 외주 비율의 증가는 이 과정의 일부이다.[2]

1_경제학자 새뮤얼슨은 이를 '리카도-마르크스-솔로 모형' 경제성장론이라 요약한다.

2_불균등 결합 발전론은 거셴크론의 '후발성의 이익'이나 허시먼의 불균형 발전론과 일부

필자는 한국 자본주의가 재벌 중심 체제하에서 '저진로 성장'을 해 왔다는 선행 연구들의 주장에 부분적으로 동의한다(이병천 2015; 홍장표 2014a). 그러나 필자는 또한 재벌 중심 체제가 한국 경제가 현재와 같이 성장하는 데 주요하게 작동한 제도적 요인이라고 판단한다. 더불어 비록 한국 경제가 '저진로'의 성장 경로를 통해 발전해 왔지만 노동생산성 상승만큼 실질임금이 상승해 왔고, 이는 중소기업 노동자들이라고 예외는 아니라는 점도 강조되어야 한다.[3] 한국 자본주의의 기업가주의적인 혁신 능력과 독특한 공급 생태계, 노사의 적대적 관계가 만들어 온 '갈등적 요소'가 현재와 같은 성과(!)를 낳았다는 점이 우리가 직시해야 할 한국 경제성장의 역사이다.

본 장은 2000년대 이후 한국 자본주의 전개 과정을 미시 데이터를 중심으로 분석하면서 재벌, 즉 기업집단 중심의 경제성장 과정의 성과와 한계를 분석하고자 한다. 필자는 이 글에서 마르크스주의자들의 이윤율의 경제학에 토대를 두고 한국 자본주의의 성장과 정체를 분석한다(브레너 2002; Callinicos 2008; 윤소영 2009). 그 과정에서 필자는 기업집단 중심 산업구조의 특징과 한계에 주목하고

공명하는 측면이 있다(Gerschenkron 1962; Hirschman 1958). 다만 거센크론이나 허시먼은 후발 주자의 발전 과정을 이해하는 데는 기여했지만 경제성장과 위기를 동시에 분석하는 데는 한계가 있다. 브레너, 캘리니코스, 스미스 등 마르크스주의자들의 불균등 결합 발전론과 이윤율의 경제학은 거센크론, 허시먼 등과 일부 공명하지만 '성장과 위기'를 동시에 분석하는 보편적 분석틀로서 유용하다(Smith 2000; 브레너 2002; Callinicos and Rosenberg 2008; 폴리 2015; 윤소영 2009).

3_이에 대한 보다 자세한 내용은 본 장의 노동 소득 분배율을 논하는 144쪽을 참조하라.

차 한다. 더불어 필자는 규범적 틀을 통한 분석을 지양하고 자본주의 일반의 경쟁 법칙하에서 한국의 축적 구조를 분석하고자 한다. 본 연구는 2010년대 한국 자본주의의 정체-위기의 구조를 살펴보고 이것이 어떻게 기업과 기업 간의 관계, 자본가-노동의 관계를 변모시키고 있는지 보고자 한다.

2. 한국 자본주의의 제도적 특징

1) 한국의 산업 생태계: 계열사 체계와 다층화된 공급 네트워크

하나의 산업 생태계는 "개별 기업에 대해 가치 창출 및 제공에 영향을 주고 또 그것으로부터 영향을 받는 기업들[공급자, 유통업자, 아웃소싱 기업, 관련 제품 및 서비스 생산자, 기술 제공자, 기타 조직-인용자]의 느슨한 네트워크"로 정의할 수 있다(Iansiti and Levien 2004). 이는 다수의 행위자가 상호 느슨하게 연결되어 있으며 생존을 위한 경쟁과 상호 의존이 동시에 이루어지는 경제적 공간이다. 생태계 내의 행위 주체들은 각자의 경제활동이 공동체의 운명에 의해 상당 부분 영향을 받으며 경쟁을 한다는 점에서 상호 의존적 공간이기도 하지만, 기업 간 상호작용에는 권력관계, 갈등, 경쟁이 공존한다. 이처럼 산업 생태계는 공생의 측면과 적대적 갈등, 수탈의 체계가 공존하며 상호작용하는 공간이다. 한국에서는 대기업이 제공하는 최종재가 일종의 플랫폼으로 기능하면서 산업 생태계의 지속 가능성을 결정하는 중요한 요소다. 플랫폼은 각자 생산하는 가치를 서로 보완해 줄 수 있도록 연결해 주는 매개체이자 경쟁 공간이다. 플랫폼의 경쟁력 상실은 플랫폼에 기반을 둔 기업들 전체의 운명을 결정한다는 점에서 생태계의 지속 가능성에 큰 위협이 된다.

한국의 산업 생태계는 대규모 기업집단 소속인 대기업이 플랫폼을 제공하고 계열사 및 협력 중소기업이 중간재를 납품하는 형태에 토대를 두고 구축되어 있다. 대기업이 플랫폼을 제공하면 이에 맞게 부품 기업들은 부품을 제작해 대기업에게 납품하고 대기업은 다시 이를 최종적으로 조립해서 시장에 판매한다. 부품 조달형 산업 생태계에서 보여 주는 전형적인 구조이다. 대기업들이 제공하는 플랫폼은 개별 기업들이 자유롭게 참여하는 개방형의 구조를 띠지 않는다. 이는 대기업과 납품 계약을 맺은 협력 기업들에 한정해 참여할 수 있는 공간이며, 대기업들은 부품을 납품할 수 있는 잠재적인 중소기업들에 대해 수요 독점적 지위를 누린다. 반면 협력 중소기업들로서는 이 플랫폼에 부품을 납품할 수 있다면 안정적인 시장을 확보하는 것과 같다. 대기업의 성장이 꾸준히 이뤄지면서 중소기업들은 안정적인 중간재 공급 시장을 확보할 수 있게 되고, 이는 중소기업에게도 성장 기회를 제공한다.

한국 제조업 생태계의 가장 특징적인 요소는 핵심적인 공급 라인을 계열사 체계로 구축한 점에 있다. 1997년 외환 위기 이후 한국의 재벌 기업집단은 과거의 '문어발식 확장'을 지양하고 기술적

그림 1. 삼성그룹 계열사 납품 비중

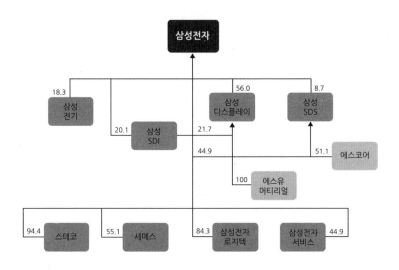

자료: 김종호·남종석·문영만(2019).

연관성을 갖는 핵심 업종 내에서 계열사 체계를 구축해 왔다(권순우·
김경원 2003). 계열사 체계는 재벌가의 경영권 장악 및 승계라는 소
유 지배 구조와도 밀접하게 관련되어 있지만, 여기에는 공급 생태
계의 기술 고도화와 안정화라는 측면도 존재한다(김종호·남종석·문영
만 2019). 2000년대 이후 한국 제조업에서는 기술혁신과 함께 공급
기업들의 기술 역량도 고도화되었지만 많은 경우 대기업과의 격차는
매우 컸다. 대기업들은 핵심적인 부품 기업들을 인수하거나 자회사
를 만들어 공급 생태계를 새롭게 구성했다. 계열사 체계는 공동 기
술 개발, 핵심 엔지니어를 매개로 한 공정 혁신 등을 통해 계열사 내
의 기술 수준을 집합적으로 높이며 제품 고도화를 추진했다. 한국 제

그림 2. 현대기아차 그룹 계열사 납품 비중

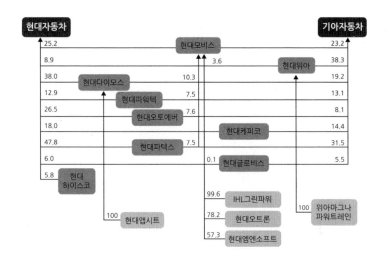

자료: 김종호·남종석·문영만(2019).

조업 내에서 재벌 기업집단 간 기술 협력 및 기술 확산의 사례는 흔치 않았지만, 계열사 간의 기술 공유 및 공정 혁신 지원 등을 통해 대기업과 공급 기업 간 역량의 격차를 줄이고 제품의 가치 사슬 전반에 핵심적인 공급 생태계를 구축할 수 있었던 것이다.

더불어 한국 제조업은 다양한 협력 기업 네트워크를 통해 관련 산업의 중간재를 조달해 왔다. 1980년대 이후 진행된 부품 국산화 과정에서 각 업종별로 많은 공급 기업들이 만들어지면서 최종재를 생산하는 대기업과 계층화된 공급 관계를 구축해 왔다. 2000년대 이후 수출 주도 대기업들의 기술 및 제조 역량이 높아지고 세계시장에서의 점유율이 꾸준히 상승하면서 중간재를 공급하는 협력 기업의 수와 규모도 커졌다.

　김기찬 외(2006)는 모기업과의 거래 관계에서 중요시하는 분야가 무엇인지에 따라 협력 중소기업을 세 유형으로 구분한다. 다수 가격 경쟁형, 소수 기술 경쟁형, 지명 발주형이 그것이다. 다수 가격 경쟁형은 범용 부품을 공급하는 기업들로 구성되며 거래의 공정성과 안정성을 중시한다. 기술 수준은 낮고 대기업과는 단기 거래가 중심이다. 소수 기술 경쟁형은 대기업의 계열 기업이나 핵심 부품 기업은 아니지만 대기업이 공급하는 플랫폼과 관련된 관계 특수적인 부품을 공급하는 협력 업체이다. 대기업과 전속 거래를 하는 협력 중소기업들 가운데 다수가 이에 속한다. 지명 발주형은 대기업의 입장에서도 역량 개발과 동반 성장을 중시하는 유형을 지칭한다. 지명 발주형은 대기업의 계열사이거나 대기업과 지속적이고 안정적인 거래를 지속해 온 핵심 부품 기업이다. 이 유형의 기업들은 연구 역량, 독자적인 설계 능력을 지닌 기업들로서 대기업이 제출하는 기본적인 설계 사양에 맞게 부품의 세부 설계 능력을 갖추고 있다. 주로 재벌 기업 계열사와 중견 기업 공급 기업들로 구성되어 있다(김기찬 외 2006). 지명 발주 기업들은 준계열화된 기업이라 해도 과언이 아닐 정도로 대기업 산출과 밀접히 연결되어 있다.

　〈그림 3〉은 조선 3사와 공급 기업의 관계를 시각화한 것이다. 그림에서 보면 협력 기업들의 경우 최소 2사 이상의 기업에 공동 납품하는 기업들도 있지만 대부분의 협력 기업들이 하나의 기업에만 납품하고 있음을 볼 수 있다. 그만큼 협력 기업들에 대한 조선 3사의 수요 독점적 지위를 보여 준다. 〈그림 4〉는 자동차 산업 대기

그림 3. 조선 3사와 공급 기업 네트워크

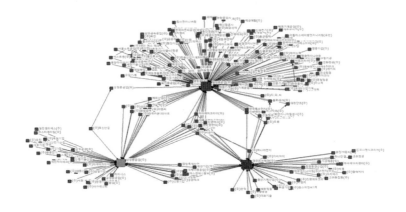

주: 조선 3사(현대중공업, 대우조선, 삼성중공업)와 협력 기업 거래 네트워크.

업과 중기업, 소기업의 매출액 성장률 추이를 나타낸다. 그림에서 보듯이 대기업 매출액 성장률과 중기업, 소기업 매출액 성장률은 거의 같은 궤적을 보여 준다. 이는 자동차 산업 공급 기업들이 대기업 매출에 거의 전적으로 의존하고 있음을 나타낸다. 협력 기업의 유형이 어떻든 이들 기업들은 수요 기업인 대기업에 대한 협상력은 높지 않다. 대기업들은 핵심 모듈을 계열사를 통해 공급받을 수 있을 뿐만 아니라 그렇지 않은 부품도 대안적인 공급처를 확보하고 있기 때문에 공급 독점으로 인한 위험을 사전에 차단한다. 이와 같은 우월한 협상력으로 인해 대기업들은 협력 기업들을 준계열화된 기업처럼 활용하며 비용 절감 및 시장 위험을 공유한다.

한국에서 독특하게 발달한 계열화된 기업집단 체제와 협력 기

그림 4. 자동차 산업 기업 규모별 매출액 성장률

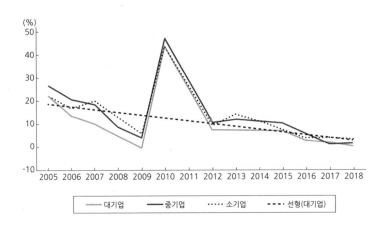

주: 완성차 및 자동차 업종 대기업·중기업·소기업 매출액 성장률.
자료: 남종석 외(2020); 한국기업데이터㈜ 원자료 각 연도.

업 공급 네트워크는, 대기업들로 하여금 기업 간 거래에서 작용하
는 거래 비용을 낮추고 공급 기업의 기회주의적 행동을 통제할 수
있는 경로를 제공한다. 그뿐만 아니라 준계열화된 공급 네트워크는
전속성이 강한 관계 특수적 투자에서 발생할 수 있는 공급 기업의
'과소 투자'를 해소할 수 있다(Williamson 1985; Tirole 1999; 홍장표·
남종석 2016, 2017). 또한 대기업들이 세계시장에서 직면할 수 있는
시장 위험 일부를 공급 기업들에게 전가할 수 있으므로 비용 효율
성의 측면에서도 큰 효과를 볼 수 있다(김종호·남종석·문영만 2019).
핵심 모듈이나 부품을 임금 비용이 저렴한 계열사 및 외부 기업들
이 공급하도록 함으로써 비용 경쟁력을 높이지만 동시에 준계열화
된 관계를 유지함으로써 공급 측면의 불확실성을 통제할 수 있는

장점도 있다. 이는 GM 등이 모듈화에 앞섰음에도 불구하고 공급 불안정성으로 인해 경쟁력에서 뒤처지며 모듈화에 실패한 것과 비교된다. 이와 같은 산업 조직은 추격 성장 과정에서 선진 자본주의 국가들과 경쟁할 수 있는 제도적 요소로서 '비즈니스 프로세스 혁신'business process innovation이라 할 수 있다(OECD 2018).

한국 대기업이 구축한 고유한 가치 사슬과 이를 중심으로 형성된 산업 생태계는 추격자로서의 한국의 지위를 개척하는 데 큰 역할을 담당했다. 기업집단을 통한 수직 계열화는 공격적인 투자를 가능하도록 했으며 기술 추격 기간을 단축시켰다. 수직적 전속 구조에서 대기업들은 중소 협력 기업의 조직적 기술 학습을 촉진했고 협력 업체는 안정적 납품 물량을 확보할 수 있었기 때문에 유형 자산 투자를 확대할 수 있었다. 선도 기업이 협력 기업에게 중간재 납품 시장을 제공했기 때문에 미래의 불확실성을 통제할 수 있었던 중소기업들은 적극적인 투자를 해온 것이다. 또한 신속하게 진행된 글로벌 생산 체제의 구축은 현지 시장 개척 및 현지 시장 적응에서 중요한 역할을 담당했다(조성재 2014). 조형제(2016)는 이와 같은 빠른 추격을 이룩한 한국 산업 생태계의 특징을 기민한agile 생산방식이라고 묘사한다. 기민한 생산방식이란 제품 개발, 생산, 부품 공급, 마케팅 등 가치 사슬 전반에서 발휘되는 기민함이 경쟁 우위의 핵심 요소가 되는 생산방식을 일컫는다.

이와 같은 공급 생태계는 추격자로서의 지위에서는 최종재의 비용 경쟁력을 높여 주었으며, 주요 산업에서 한국 대기업들이 세계적 선두 주자가 되었을 때는 '높은 수익성을 실현할 수 있는 제도적 틀'이었다. 공급 기업들에게 일정한 이윤을 보장하는 대신에 대기업들은 세계시장에서 자사 제품의 가격 인상을 통해 기술 진보의 결과를 수익성으로 실현할 수 있었기 때문이다. 공급 기업들은 수익성 개선의 여지는 크지 않았지만 불황기에도 일정한 수준의 영업 이익률을 보장받았으며 매출액 증가를 통해 기업 규모를 키울 수 있었다. 그러나 중소기업들은 대기업 협력 기업이 됨으로써 중간재 시장을 안정적으로 확보할 수 있었지만 호황기라고 해도 높은 수익성을 실현할 수 없었다. 호황기에서 이뤄지는 공급 기업의 혁신은 납품 단가 인하를 통해 수요 기업이 영유했기 때문이다. 이는 수요 독점적 지위에서 대기업이 자행하는 전형적인 기회주의적 행동이지만 공급 기업들은 이에 대해 저항할 수단이 부재하다. 이것이 우리에게 익숙한, 대기업이 중소기업에게 자행하는 수탈적 행위의 근본적인 이유다(홍장표 2011; 홍장표·남종석 2016; 김종호·남종석·문영만 2019).

대기업 중심의 공급 생태계의 수탈성에도 불구하고 공급 기업들의 기술 역량은 축적됐고 성장의 계기도 존재했다. 이는 협력 중소기업과 대기업 중심의 공급 생태계에 참여하지 않는 기업들과의 비교를 통해서도 알 수 있다. 〈그림 5〉는 대기업에 납품하는 협력 중소기업과 완제품을 시장에 판매하거나(시장 판매 기업) 대기업 공급 사슬에 참여하지 않는 중소기업 간 거래 참여 기업의 자산 및 부가가치액을 비교하고 있다. 시장 판매 기업과 중소기업 간 거래 기업을 독립 기업이라 하자. 그림에서 보듯이 독립 기업들의 규모는 대기업 1차 협력 기업은 물론이거니와 2차 협력 기업들보다 작다.

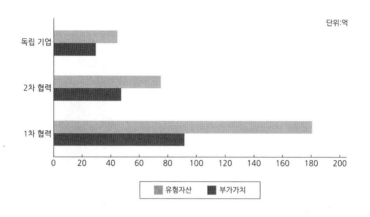

그림 5. 기업 유형별 유형 자산과 부가가치

단위:억

자료: 한국기업데이터㈜(2016).

유형 자산과 부가가치 모두에서 대기업의 핵심 공급 기업인 1차 협력 기업의 규모가 월등히 크다. 이들 기업들의 제조 역량, 기술 수준 모두 독립 기업보다 높다. 〈그림 6〉은 독립 기업의 주요 구매처가 어디인가를 나타낸다. 독립 기업 가운데 공공 부분에 납품하는 기업이 27.52%이며, 그중 공공 부분 납품 비중 1위 기업이 53%를 차지한다. 독립 기업의 공공 부분 납품 비중의 전체 평균은 32.93%이다. 납품 비중이 32%라는 것은 수요 즉 정부 조달 의존성이 매우 높다는 의미다.

대기업 공급 네트워크에 참여하기 위해서는 수요 기업이 요구하는 중간재의 질을 담보할 수 있는 기술 역량과 제조 역량이 있어야 한다. 공공 부분 조달에도 일정한 요건이 필요하지만 이는 세계

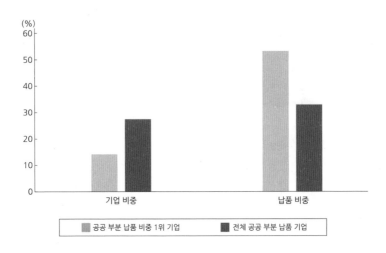

그림 6. 독립 기업의 공공 부분 조달 비중

■ 공공 부분 납품 비중 1위 기업   ■ 전체 공공 부분 납품 기업

자료: 한국기업데이터㈜ 원자료 각 연도.

시장의 경쟁에 노출된 대기업 공급 네트워크에서 요구되는 수준과
는 근본적인 차이가 있다. 대기업들은 수요 기업들과 장기 지속 거
래를 하면서 공급 기업들에게 중간재 시장을 제공하기 때문에 수요
기업들은 적극적인 투자를 할 수 있다. 그렇게 해야만 수요 기업이
요구하는 기술적 사양, 납품 단가를 맞출 수 있기 때문이다. 공급
기업들은 안정된 수요처가 있기 때문에 투자로 인한 위험을 회피할
수 있다는 의미다. 이것이 대기업 협력 기업들의 규모, 부가가치 생
산능력이 독립 기업과는 비교가 되지 않는 이유이다.

2) 모듈화와 자동화

한국 재벌(기업집단)과 협력 기업이 형성해 온 독특한 제조업 공급 생태계는 한국적 모듈화의 성공과 밀접한 관련이 있다. 모듈이란 '재활용될 수 있는 소프트웨어 덩어리'를 의미하며 모듈 자체는 정해진 '인터페이스' 내로 외부의 단위들이 영향을 미칠 수 없지만 모듈 단위 자체는 다른 환경 속에서도 독립된 기능을 담당할 수 있도록 구조화되어 있다. 그러나 모듈의 활용, 즉 모듈화란 소프트웨어에서만 활용되는 것이 아니라 전자 산업, 자동차 산업 등으로 확산된다. 〈그림 7〉에서 보듯이 왼쪽의 비모듈화된 공급 생태계에서는 공급 기업(s1, s2, s3, ……)이 각각의 부품을 만들면 대기업들은 p1, p2, p3를 조립하고, 이렇게 조립된 p3와 p6를 다시 최종 라인에서 만든다. 그러나 모듈화된 납품 시스템에서는 독립된 모듈 생산 업체가 p1, p2, p3를 하나의 모듈 단위로 생산하고, 최종재를 생산하는 기업에서 모듈 단위의 부품을 조립한다(이근락 2001).

모듈화 과정에서 기술의 표준화가 이뤄지는 반면 부품 다양성은 축소된다. 제품 사양과 관련된 정보와 지식을 부호화할 수 있는 능력이 복잡한 제품으로 확대될수록 제품 아키텍처의 모듈화는 더 진전된다. 일반적인 사례에서는 모듈화된 생산 역량을 갖춘 공급 업체가 다수 존재하게 되면, 최종재를 생산하는 기업과 모듈 공급 업체 간에 존재하는 제품 아키텍처상의 수직적 분업에서 수요 기업과 공급 기업 간의 위계적 관계는 약화되고 시장 거래 특성을 더 많이 띠게 된다. 수요 기업에 대한 모듈 공급 기업들의 협상력이 크고

그림 7. 모듈적 납품 시스템과 비모듈적 납품 시스템

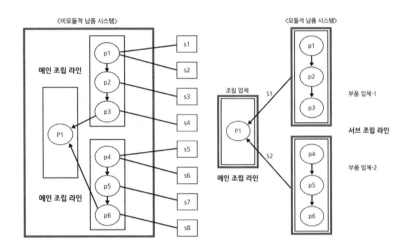

주: 대문자 P는 최종재, 소문자 p는 부품, s는 부품 업체를 의미함.
자료: 이군락(2001).

기술력도 높기 때문이다. 이 경우에는 조립 업체가 부호화 가능한
제품 사양을 공급 업체에 제시하면 공급 업체는 이 사양에 맞는 제
품을 턴키 베이스turn key base로 공급하므로 공급 업체는 거래 특수
적인 자산에 투자할 필요가 없어진다. 표준화된 범용 모듈을 다양
한 수요 기업에 납품하기 때문이다. 조립 업체도 제품의 질적 수준
담보를 위한 통제와 감독을 할 필요가 없어진다(Gereffi, Humphrey
and Sturgeon 2005). 서구에서 모듈화의 진전은 기업 다운사이징과
외주화를 통한 경영 혁신으로 한때 각광받았다.

한국 제조업의 모듈화가 생산성 향상 및 제품 경쟁력으로 연결
될 수 있었던 것은 한국의 공급 생태계의 특수성과 연결된다. 한국

의 모듈 생산 체제의 핵심적인 성공 요인 가운데 하나는 최종재를 생산하는 기업의 혁신 전략에 모듈 생산 업체들이 유기적으로 결합되어 동일한 목표를 실현하고자 한 데에 있다. 모듈 공급 기업이 수요 기업과 동등한 협상력을 지녔거나 더 우월한 협상력을 지녔다면 한국 대기업들은 이렇게 빠르게 성장할 수 없었을 것이다. 왜냐하면 한국 대기업들은 추격 과정에서 선발 자본주의국가보다 제품 아키텍처 능력에서 뒤처지기 때문에 제조 과정의 잦은 설계 변경, 사양 변화를 요구하게 되었는데, 글로벌 부품 기업들은 이와 같은 변화 조건을 쉽게 수용하지 않거나 그에 따른 비용을 요구하는 것이 일반적이기 때문이다.

반면 한국 대기업들은 계열사 및 준계열화된 공급 생태계를 구축해 왔으며 공급 기업들은 수요 기업의 요구에 적극적으로 반응하며 제조 역량을 키워 왔다. 더불어 최종재를 생산하는 수요 기업은 연구 개발, 마케팅, 자동화를 통한 모듈의 조립으로 생산성과 부가가치를 높였으며 재벌 계열사들 및 중견 기업들은 소기업, 중기업으로부터 부품을 공급받아 모듈화된 중간재를 공급했다. 이와 같은 구조는 모듈 공급의 안정화에 크게 기여한다. 반면 부가가치가 낮은 부품들은 저임금에 의존하는 2차, 3차 협력 기업들이 생산하도록 함으로써 비용 효율성을 달성했다. 준계열화된 공급 생태계는 최종재를 생산하는 대기업의 규모가 상대적으로 작게 유지되도록 함으로써 기업이 거대화될 때 나타나는 기능장애를 해소할 수 있었던 반면 '거래 비용은 내부화'함으로써 모듈 공급의 안정성을 확보할 수 있었다.

그림 8. 휴대폰 비즈니스 생태계

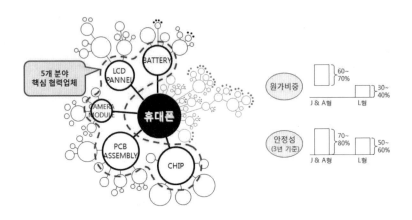

자료: 이종욱(2009).

〈그림 8〉은 휴대폰 산업의 비즈니스 생태계에서 모듈 공급 시스템을 나타낸다. 휴대폰을 조립하는 기업이 플랫폼(설계와 사양)을 제공하면 배터리, LCD 패널, 카메라 모듈, 인쇄회로기 조립품, 메모리 칩 등 5개 분야의 핵심 모듈 공급 업체가 제시된 설계와 사양에 맞는 모듈 부품을 생산해 대기업에 납품하고, 대기업은 이를 최종적으로 조립해 시장에 공급한다. 〈그림 9〉는 TV 산업의 플랫폼과 비즈니스 생태계를 보여 준다. TV를 조립하는 기업이 플랫폼을 제공하면, 핵심 모듈인 패널 공급 업체는 정밀 박판 유리와 백라이트 유닛을 부분품으로 제공받아 제시된 설계와 사양에 맞는 패널을 생산해 공급한다. 여기에는 120여 개의 1차 부품 공급 업체 및 다수의 중소기업이 공급 기업을 구성한다. 각 모듈마다 경쟁력을 결

그림 9. 평면 TV 비즈니스 생태계

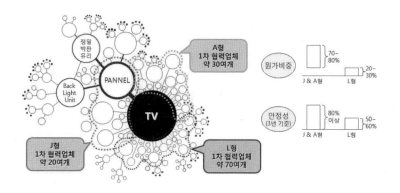

자료: 이종욱(2009).

정하는 핵심 기술이 존재하며, 모듈에 반도체, 화학 소재 등을 공급하는 공급기들도 가치 사슬에서 중요한 역할을 담당한다.

　전자 업종에서든 자동차 업종에서든 모듈 생산 업체들은 모듈별로 부품을 공급하는 협력 기업들을 두고 있으며 플랫폼은 중층화된 거래 네트워크의 중심을 차지한다. 〈그림 8〉과 〈그림 9〉에서 보듯이 전자 업종 내에서는 모듈 생산 체제를 구성하는 납품 업체들이 그 특징에 따라 분류된다. 〈그림 8〉과 〈그림 9〉에서 중소기업과의 거래 안정성이란 거래의 지속 기간으로 측정한 값이다. 그림에서 보듯이 모듈 생산 부품 업체들 가운데 기술 역량이 높고 거래의 지속성이 있는 업체들이 원가에서 차지하는 비중도 매우 높다. 이는 전자 산업 내부의 산업 생태계가 시장 거래에 기반하는 단기적 관계가 아니라 중장기적 계약 관계로 유지되고 있음을 의미한다.

앞서 언급한 김기찬의 분류로 보자면 소수 기술 경쟁형, 지명 발주형 협력 기업들이 이런 부류에 속한다. 대기업들과 준계열화된 협력 기업들의 거래 관계는 지속적이고 안정적이었으며 이와 같은 안정성이 중소기업의 공격적인 투자의 배경으로 작용했다.

모듈화의 진전은 한국 제조업의 또 다른 특징인 자동화를 진척시키는 데도 크게 기여한다. 대규모 설비투자가 필요한 분야에서 자동화는 대량생산의 중요한 수단이 된다. 앞서 보았던 전자 산업, 자동차 산업 등 대규모의 소비 시장에 형성되어 있는 분야나 범용강, 범용 석유화학 제품 등 자본집약적인 업종들에서 자동화가 빠르게 진행되는 것은 이와 같은 이유 때문이다(Levy and Kuo 1991; 정준호 2019). 작은 부품 단위들을 조립하는 미시적인 공정이 2차, 3차 하청기업들에서 마무리되고 이를 1차 협력 기업들이 모듈화하면 최종재를 조립하는 단계에서는 일정한 단위로 만들어진 모듈을 결합시키는 것이 용이해진다. 한국의 대기업들에서 로봇의 활용 즉 자동화가 빠르게 진척될 수 있었던 것은 전 단계의 모듈화가 최종재를 생산하는 과정까지 유기적으로 결합되어 있기 때문이다. 뛰어난 엔지니어 역량을 토대로 공정을 자동화하고 모듈 단위의 부품을 조립함으로써 생산과정에 숙련 의존도를 낮추면서 노동에 대한 사용자 측의 통제력을 높일 수 있었던 것이다. 이는 적대적인 노사 관계 속에서도 생산 현장에서 노동조합의 협력을 우회하면서 생산성을 높일 수 있었던 요인으로 작용한다.

〈그림 10〉과 〈그림 11〉은 제조업 로봇 밀도를 나타낸다. 〈그림 10〉에서 보듯이 한국은 1990년대 중반부터 생산과정에서 로봇 활

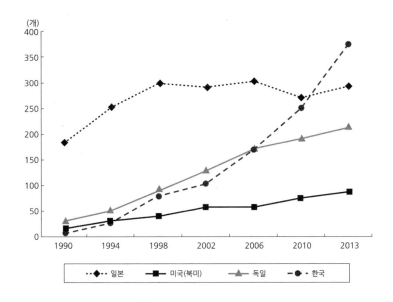

그림 10. 제조업 로봇 밀도 추이

주: 로봇 밀도는 인구 1만 명당 로봇 활용 수로 표현됨.
자료: 정준호(2016)에서 재구성; IFR(2020).

용도를 급속하게 높였다. 2000년대 전 기간에 걸쳐 한국의 생산 자
동화는 급속히 진행되었으며 2019년 현재 싱가포르와 함께 로봇
밀도에서 압도적인 선두를 차지하고 있다. 생산과정에서 로봇의 활
용은 두 측면에서 사용자 측에게 유리하게 작용했다. 첫째, 자동화
는 로봇(고정자본)에 체화된 신기술을 활용함으로써 생산성을 높일
수 있었다. 로봇 자체는 소프트웨어화된 알고리듬에 따라 운영할
수 있기에 설계 역량이 뛰어난 엔지니어를 확보할 수 있다면 공정
과정을 효율적으로 조직할 수 있다. 더불어 작업 속도의 통제, 제품

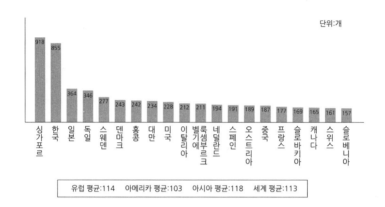

그림 11. 2019년 제조업 로봇 밀도 비교

단위:개

유럽 평균:114   아메리카 평균:103   아시아 평균:118   세계 평균:113

주: 로봇 밀도는 인구 1만 명당 로봇 활용 수로 표현됨.
자료: 정준호(2016)에서 재구성; IFR(2020).

하자의 관리(불량률 하락) 등에서 인간 노동의 활용보다 훨씬 큰 성과를 낼 수 있다. 자동화는 노동의 숙련 형성에 크게 의존하지 않고 노동 집약도를 높일 수 있는 효율적인 수단이었다. 이는 짧은 시간 내에 생산성이 뛰어난 선진국을 '추격'하는 데 유용했다.

둘째, 자동화는 경직된 노동시장에서 노동비용 상승을 억제할 수 있도록 했다. 1987년 노동자 대투쟁 이후의 한국 노동운동은 '전투적 경제주의'로 요약된다. 대기업 정규직 중심의 경직적인 연공서열 체계하에서 인건비는 고정비용 항목이 되어 꾸준히 상승하는 구조이다. 경기 호황 시기 제조업 가동률 상승은 대기업 노동자들의 실질임금을 빠르게 상승시켰다. 한국의 노동시장 특성상 경기 불황기가 와도 기업의 파산 위기가 아니면 고용량의 조정이 사실상 불가능하다. 대기업 정규직 노동력은 가변자본이 아니라 고정자본과 같은 기능을 담당하기 때문이다(Itoh 1990; 브레너 2002).[4] 한국의 빠른 자동화-생산과정의 로봇 도입 확대는 이와 같이 고정비용화된 노동력 사용을 줄이고, 이를 기계로 대체하려는 사용자 측의 의도가 크게 작용했다고 볼 수 있다.

노동조합의 입장에서도 이는 반대할 이유가 없었는데, 전투적 경제주의의 핵심 요소는 사업장 단위의 투쟁을 통해 실질임금 상승을 추구하는 것이기 때문이다. 2020년 현재의 시점에서도 이는 여전히 노동조합의 가장 중요한 존재 이유다. 민주노총 설립 이후 금속노조 등 산별노조가 만들어졌지만 대기업 노동조합 활동의 기본 단위는 여전히 기업별 노조 형태를 띠고 있으며 노조 지도부의 최고 목표는 '임단협 투쟁 승리'였다(조효래 2005). 자동화를 통해 생산성이 향상되면 노동조합은 투쟁을 통해 실질임금을 끌어올렸으며, 실질임금 상승은 다시 사용자 측으로 하여금 자동화를 통한 노동 절약적 기술 진보를 이끌도록 했다. 세계시장 점유율이 증가하는 국면에서는 "자동화-생산성 향상-노동조합 투쟁-실질임금 상승-자동화 확대"의 순환 고리가 형성된다. 한국 제조업 자동화는 마르크스주의자들이 일반화한 '편향적 기술 진보'Biased Technical Progressive 즉 미시적 단위에서 노동 절약적 기술 진보를 대표한다. 거시 경제학의 균형 성장 모형은 '고정자본 상승률=노동력 상승률=부가가치 상승

4_필자는 '한국 노동력의 고정 자본화'는 1960~70년대 일본의 초고속 성장기 노사 관계의 특징을 설명하고 있는 Itoh(1990)의 표현에서 빌어 왔다.

률'과 같은 지속 상태를 가정하지만 현대자본주의 체제는 노동력을 절약하기 위해 고정자본 투자에 더 적극적이었다. 그 결과 1인당 자본집약도는 꾸준히 상승한다(윤소영 2011).

뒤에서 보다 자세히 다루지만 자동화를 위한 설비투자 증가로 인해 대기업 부가가치에서 이윤 몫이 차지하는 비중이 증가한다. 대기업의 경우 노동조합의 임금 인상 투쟁으로 노동자의 1인당 실질임금이 상승하더라도 고정자본에 의해 노동이 대체되거나 설비투자에 비해 신규 고용이 이뤄지지 않으면 기업의 부가가치에서 노동의 몫인 노동 소득 분배율은 하락한다. 노동자 1인당 실질임금이 상승하더라도 생산성 상승률과 같은 비율로 실질임금이 오르지는 않을 수 있기 때문이다.

더불어 대기업 노동자들의 '빠른 실질임금 상승'은 중소기업 노동자들과의 임금격차의 '주된 원인'으로 작용한다. 신규 고용 없는 설비투자 증가는 1인당 자본집약도를 상승시키며 빠른 노동생산성 상승으로 귀결된다. 이는 대기업 노동자들의 실질임금 상승의 조건이 되지만, 중소기업의 자동화 수준은 그에 따라가지 못하며 노동생산성 역시 대기업 상승에 미치지 못하기 때문에 대기업에 비해 임금 상승에서 절대액의 차이는 확대된다.

필자의 이 같은 주장은 노동 소득 분배율과 기업 투자율 사이에 정의 상관관계가 있다는 여러 논자들의 주장과 배치된다. 집계적 수준에서 이뤄지는 실증 연구에 따르면 노동비용의 상승은 고정자본 소모를 더 많이 하도록 촉진함으로써 노동 소득 분배율과 설비투자 사이에는 정의 상관관계가 나타난다(황선웅 2009; 홍장표 2014b; 전병

표 1. 노동 소득 분배율이 투자율에 미치는 영향 추정 결과

	β_1	S.E	t-value	p-value
노동 소득 분배율	-0.00098***	0.00031	-3.13	0.002
상수	0.18107***	0.0078	23.12	0.000

주: 추정식: $(I/K)_{i,t} = \beta_0 + \beta_1 LS_{i,t} + \beta_2 Opr_{i,t} + \beta_4 \sum Year_t + \mu_{i,t} + \epsilon_{i,t}$ (I/K, 투자율; LS, 노동 소득 분배율; Opr 영업 이익률, u는 기업 고유효과, ε는 오차항)
자료: 한국기업데이터㈜ 2005~18년, 고정 효과 모형, 1468개 제조업 대기업 및 중견 기업, 관측치 9799.

유·정준호 2016). 임금 비용 상승이 설비투자를 강제하는 것은 반박하기 어려운 사실이지만 설비투자는 오히려 개별 기업 단위에서 노동 소득 분배율을 하락시킬 수 있음을 간과해서는 안 된다.

〈표 1〉이 보여 주듯이 미시적 단위에서 기업 규모의 증가와 노동 소득 분배율은 뚜렷한 부의 관계를 나타낸다. 집계적 수준에서는 투자 증가가 연관 산업 전체 고용의 확대로 인해 총부가가치에서 노동의 몫을 증가시킬 수 있지만, 개별 기업 단위에서는 그와 다르게 나타날 수 있다. 개별 기업 단위에서 투자로 인해 노동 소득 분배율이 감소해도 집계적 수준에서 고용률 상승으로 인해 노동 소득 분배율은 상승할 수 있다. 노동 소득 분배율을 결정하는 데에는 1인당 임금률의 변동뿐만 아니라 노동력의 양도 중요한 요소이기 때문이다. 그러므로 노동 소득 분배율의 상승이 투자 증가로 이어진다는 주장을 일반화해 기업 활동이 그와 같은 메커니즘 속에서 작동한다고 오해해서는 안 된다.

3. 세계 금융 위기 전후 한국 자본의 축적 체제

1) 투자 주도 성장

IMF 이후 한국 자본주의는 크게 변모한다. 앞에서 언급했듯이 주력 제조업 기업들은 기술적 연관 관계를 갖는 계열 기업 중심으로 투자가 이뤄지며 기술적 연관성이 매우 긴밀한 기업집단의 형태를 띠게 된다. 소위 '경영권 보호'와 편법 승계를 위한 비상장 자회사 건설과 일감 몰아주기가 여전히 자행되고 있지만, 이와 같은 상황을 제외하면 주력 대기업들의 투자는 미래의 수익성과 현재의 현금흐름을 고려한 신중한 투자로 전환되었다. 이병천(2015)은 이를 수익 추구형 축적 체제라고 명명했는데, 이와 같은 표현은 IMF 이전 재벌들의 부채 주도적인 투자성향과 비교하기 위한 개념이다. 그러나 모든 기업들의 투자는 수익 추구형이기 때문에 이를 한국 자본주의의 축적 체제의 특징이라고 말하는 것은 무의미하다. 1980년대 이후 대마불사 신화와 더불어 재벌가들의 영향력 확대 수단으로 부채 의존적인 문어발식 확장이 IMF 사태와 함께 파산을 맞은 이후, 기업들은 좀 더 신중하고 효율적인 방향으로 투자를 조절하기 시작한 것이다.

2000년대 이후에도 고정자본 투자 중심의 성장 체제는 꾸준히 유지되었다(정준호 2019). 〈그림 12〉는 OECD 주요국 총고정자본 형성(the annual growth rate of gross fixed capital formation: 투자) 추

그림 12. OECD 주요 국가 투자 성장률 추이

자료: OECD STAT(data extracted from OECD stat).

이를 나타낸다. 그림에서 보면, 2012년 전후를 제외하면 여전히 한국은 OECD 다른 주요국에 비해 투자 성장률이 높게 나타난다. GDP 대비 투자 비중도 다른 주요국에 비해 크게 높다. 〈그림 13〉을 보면 어떤 부분이 투자 성장을 이끄는지 잘 나타난다. 〈그림 12〉에서 2005년 이후 한국의 투자 성장율이 다른 국가보다 더 높게 나타나는 세 꼭지점(2006~08, 2010, 2015~17)을 보면, 2006~07년은 건설 투자가 가장 크게 기여했고, 2010년 설비투자, 2015~17년은 건설 투자와 설비투자가 동시에 기여했지만 건설 투자가 더 크게 나타난다.

2006~07년에는 노무현 정부 말기의 아파트 가격 상승에 따른 건설 투자가 이어졌고, 2015~17년 역시 박근혜 정부 시절 부동산

그림 13. 부분별 투자율 추이

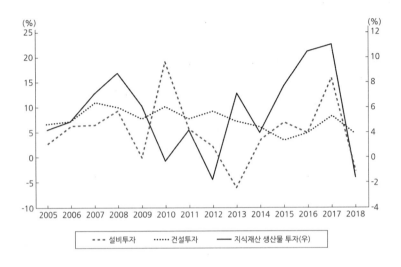

주: 왼쪽은 설비투자 및 건설 투자, 오른쪽은 지식 재산 생산물 투자를 나타냄.
자료: 한국은행 경제통계시스템(2019).

경기 부양 정책의 결과로 활발한 건설 투자가 이뤄졌다. 반면 세계
금융 위기 시점에서는 전 세계적인 버블 붕괴로 주택 가격이 하락
국면에 진입하면서 건설 투자의 비중은 약화되고 설비투자 중심으
로 총고정자본 형성이 이뤄진다. 반면 2011~14년 기간 동안에는
설비투자와 건설 투자가 동시에 침체하면서 한국의 투자 성장률이
다른 국가들에 비해 크게 낮아진 것을 볼 수 있다. 〈그림 13〉은 지
식 생산물 투자도 총고정자본 형성의 주된 요소임을 나타낸다. 설
비투자와 건설 투자의 경우 경기변동에 매우 민감하게 반응하는 반
면, 지식 생산물 투자는 그렇지 않게 나타난다. 2010~15년 기간에

그림 14. 제조업 기업 규모별 자본집약도

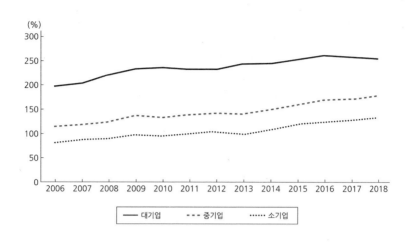

* 한국기업데이터㈜ 자료에서 대기업이라 하면 재벌 집단 소속 기업과 중견 기업을 포함.
* 자본집약도=유형 자산/상시 종업원 수(단위: 100만).
자료: 한국기업데이터㈜ 원자료 각 연도.

는 한국 제조업 산출 성장률이 급속히 감소하면서 지식 생산물 투자도 점진적으로 감소해 왔지만 다른 투자 분야 성장률에 비해 이 분야는 경제적 정세 변화에 크게 반응하지 않은 채 일정한 비중을 유지하고 있다.

건설 투자가 주요한 역할을 담당하지만 한국 기업들의 설비투자 역시 다른 주요 선진국들에 비해서는 매우 높게 나타난다. 〈그림 14〉와 〈그림 15〉는 제조업, 비제조업 기업의 자본집약도(유형 자산/상시 근로자 수) 추이를 나타낸다.[5] 〈그림 14〉를 보면 제조업에서 자

5_이 글에서 사용되는 한국기업데이터㈜ 2005~18년 패널 자료는 두 측면에서 활용한다.

그림 15. 비제조업 기업 규모별 자본집약도

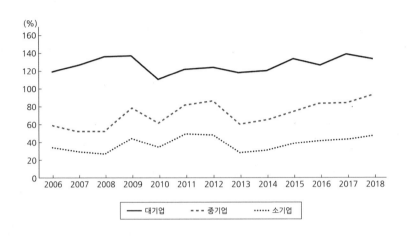

* 한국기업데이터 자료에서 대기업이라 하면 재벌 집단 소속 기업과 중견 기업을 포함.
* 자본집약도=유형 자산/상시 종업원 수(단위: 100만).
자료: 한국기업데이터㈜ 원자료 각 연도.

본집약도가 2009년 이전까지 꾸준히 상승하다가 2009~12년에 상승세가 둔화되지만, 2012년 이후 다시 증가 추세로 돌아섰다가

한국기업데이터㈜ DB의 2018년 기준 기업 규모별 분류에 의하면 대기업 4352개사, 중기업 4만2294개사, 소기업 6만1444개사이다. 이와 다르게 대기업-중소기업간 거래 네트워크를 토대로 한 기업 유형별로 분류하면 선도 기업 332개사, 1차 협력 기업 1만2061개사, 2차 협력 6967개사이다. 대·중소기업 간 거래 관계에 따른 분류가 기업 규모별 분류와 크게 차이나는 이유는, 선도 기업은 대기업, 중견 기업 중 최종재를 생산하는 기업만 포함하며, 대기업이거나 중견 기업일지라도 공급 기업이면 1차 협력 기업이나 2차 협력 기업에 포함되기 때문이다. 또한 거래 관계가 DB에 포함되지 않아 대·중소기업 간 거래 관계 추적에서 제외된 기업들은 기업 유형별 분류에서는 빠져 있기 때문이다. 자세한 설명은 김종호·남종석·문영만(2019) 참조.

2017년 이후 감소세가 된다. 중소기업의 경우에도 추세는 유사하나 2017년 이후에도 성장세를 유지하고 있다. 비제조업 부분도 2010년 금융 위기 이후 자본집약도가 하락하지만 이는 건설 투자가 감소한 결과가 크게 반영된 듯하다. 2013년 이후 자본집약도의 상승은 다시 지속된다. 그러나 제조업에 비해 비제조업의 자본집약도는 훨씬 낮다.

2000년 이후 한국 제조업의 투자 변화 가운데 또 다른 특징은 해외 직접 투자가 매년 급속히 증가한 점이다. 〈그림 16〉은 한국의 해외 직접 투자 추이를 나타낸다. 해외 직접 투자는 2004년 이후 급증해 2008년에는 GDP 대비 2.5%에 이르며 2010년에는 3000억 달러를 넘어선다. 삼성전자 정보 통신 부분(휴대폰)의 해외 생산 비중은 2000년 4% 내외에서 2008년 57%로 상승하며, 2004년 현대자동차의 해외 생산액 비중은 17%였으나 2013년 해외 생산액이 국내 생산액을 초과한다(홍장표 2016). 한국 기업의 해외 직접 투자는 초기에 중국, 아시아에 집중되었지만 2007년 30대 재벌 기업 계열사의 현지 금융 제한 제도가 폐지되면서 해외 직접 투자는 아시아 대륙만이 아니라 북미와 유럽에서 꾸준히 상승 추세를 나타내게 된다.

한국 기업의 해외 직접 투자는 대기업의 경우 현지 시장개척이 큰 요인으로 작용하고 중소기업의 경우 주로 노동비용 절감을 목적으로 한다. 자동차 산업의 해외 진출은, 중간재 물류비용이 많이 드는 분야는 동반 진출을 통해 현지 조달 체계를 만들고, 그렇지 않은 부품들은 국내에서 만들어 수출하는 형태를 띤다. 그 결과 현지 시장개척을 목적으로 한 대기업들의 해외 직접 투자 증가는 국내 공급 기업들의 부

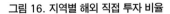

그림 16. 지역별 해외 직접 투자 비율

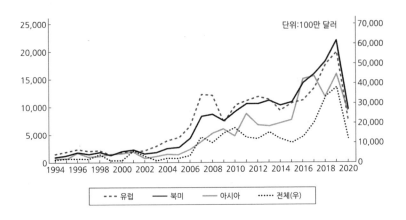

주: 해외 직접 투자의 경우 왼쪽은 지역별 투자액이며 오른쪽은 전체를 의미함.
자료: 한국수출입은행(2020).

품 생산을 촉진하고 고용을 확대하는 결과를 낳기도 했다.[6]

　해외 직접 투자와 함께 수출 시장으로서 중국이 크게 부상하며 수출에서 차지하는 중국의 비중도 비약적으로 증가한다. 〈그림 17〉은 중국 수출액의 증가와 비율을 나타낸다. 2001~18년까지 중국 수출액은 약 200억 달러에서 1600억 달러 내외로 8배 이상 증가했다. 비록 2009년 위기와 2014년 사드 사태 이후 수출 총액이 감소했지만 절대액 규모는 1400억 달러 내외에서 유지된다. 2010년대

6_해외 직접 투자의 고용 효과는 상이한 결과를 제시한다. 해외 직접 투자 증가로 고용이 감소했다는 실증 결과가 존재하는 반면, 해외 직접 투자로 인해 고용이 증가했다는 실증 결과도 존재한다(홍장표 2016).

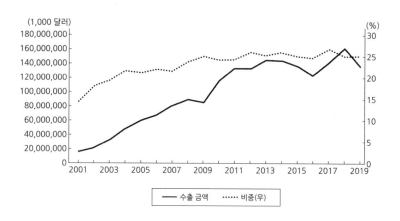

그림 17. 대중국 무역 및 대중국 무역 비중

자료: 관세청 수출입무역통계(2020).

이전 중국은 평균 9%의 성장을 하던 국가이다. 이 시기 최종재 시장은 미국이 제공하고 중국은 조립-가공-수출국이 되며, 한국은 중국에 중간재를 공급하는 삼각 무역 체계가 형성된다. 한국 기업들은 생산 현지화 과정에서 중국에 대한 투자가 증가했을 뿐만 아니라 중국 기업들의 급증하는 중간재(기계 및 부품) 수요로 인해 중국 수출이 급속히 상승했다.

2) 저성장 시대로의 진입과 한국 경제

한국 기업들의 신규 투자가 기술적 연관성을 갖는 분야로 이뤄

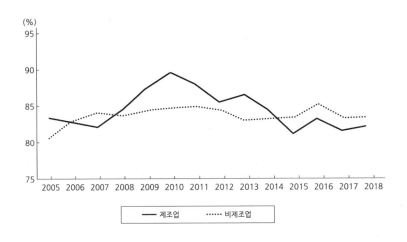

그림 18. 대기업 사내 유보율

주: 사내 유보율(순이익 유보율)=((당기 순이익−배당금)/당기 순이익))×100.
자료: 한국기업데이터㈜ 원자료 각 연도.

지면서 계열사 체제가 유지된다고 했는데, 재벌 기업집단이든 중소
기업이든 투자 양태는 IMF 외환 위기 때와 크게 달라진다. IMF 이
전 시기에 기업들은 부채를 통해 투자 재원을 조달해 온 반면, 2000
년대 이후에는 사내 유보금을 주된 투자 재원으로 활용하고 있다.
한국 재벌들은 은행으로부터의 부채를 동원한 투자는 경제 위기 시
유동성 위기, 현금 흐름 악화를 초래하며, 이는 기업집단 전체의 위
기로 진화한다는 것을 경험했다. 그 결과 기업들은 한편으로 투자
자체에 대해 보수적인 태도를 취하며 현금 흐름에 주의하고 있으며
투자 재원 역시 외부 조달보다 사내 유보금을 사용한다.

　〈그림 18〉과 〈그림 19〉는 각각 대기업, 중기업 사내 유보율 추

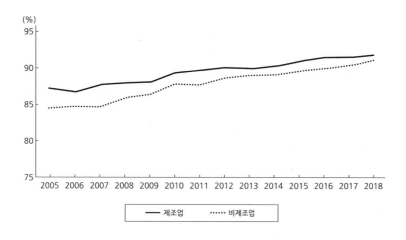

그림 19. 중기업 사내 유보율

주: 사내 유보율(순이익 유보율)=((당기 순이익－배당금)/당기 순이익))×100.
자료: 한국기업데이터㈜ 원자료 각 연도.

이를 나타낸다. 사내 유보율이란 당기 순이익 중 주주 배당금을 제외한 비율을 의미한다. 〈그림 18〉에서 보듯이 제조업 대기업의 사내 유보율은 80%대 초반을 유지하다가 2007년 이후 80%대 후반으로 상승했다가 2015년 이후 다시 80% 초반대로 낮아지면서 변화 없이 유지된다. 비제조업 부분에서도 사내 유보율 비중은 85% 내외에서 유지된다. 중기업의 사내 유보율은 점진적이나마 상승 추세인데, 이는 비상장 기업들이 다수 포함되어 있기 때문에 주주 배당으로부터 더 자유롭기 때문일 것이다.

사내 유보금 추이만을 보아서는 장하준(2007)이나 이찬근(2007) 등이 우려했던 상황, 즉 금융 세계화와 함께 외국계 자본의 유입으로 기업들이 공격적인 투자를 시도하기보다 주주들의 요구에 따라 배당하는 성향이 높아지고 기업들은 단기 성과에 집착하게 될 것이라는 우려는 상당히 과장되었음을 알 수 있게 한다. 삼성과 현대 등 한국의 대표 재벌 기업에서 배당 성향이 높아진 현상이나 자사주 매입을 통한 주가 부양은 경영권 승계와 관련해 외국 주주들의 반대를 무마하기 위한 경우라고 할 수 있지만 대기업 평균(기업집단 소속 기업 및 중견 기업)의 배당 성향이 높아졌다고 보기는 어렵다. 최근 활성화되고 있는 사모 펀드 중심의 기업 구조 조정(자본시장 활용 구조 조정)에서도 투자자들은 기업의 수익성을 통한 주식 가치 상승과 배당의 안정성을 중요한 요소로 여기지만, 이것은 기업의 경쟁력 유지, 재무구조의 안정성, 장기 성장과 직접적으로 배치되는 것은 아니라는 주장이 제기되는 배경이다(이대상 2019).

부채 의존적인 투자보다 사내 유보금 중심의 투자성향이 강화되면 전체 투자율은 감소할 수밖에 없다. 기업들은 공격적인 투자보다 미래의 불확실성에 대비하는 성향이 강화된다는 의미다. 외환 위기 당시 부채비율이 높았던 수십 개의 재벌 기업들이 해체되었는데, 재벌 기업은 이 과정에서 미래의 불확실성에 대비하는 것이 왜 중요한가를 깨닫게 된다. 또한 세계 금융 위기와 중국 경제 성장률의 지속적인 하락으로 인해 세계 무역의 비중이 감소하는 추세에서 기업들의 투자가 보수화되는 것은 당연하다.

기업들이 미래의 불확실성에 대비하는 성향이 강화되고 있음을 나타내는 또 다른 특징은 기업 부채비율의 흐름이다. 기업의 총자산은 자기자본과 부채의 합으로 표현할 수 있는데, 부채비율이란 자기자본 대비 부채의 비율을 백분율로 나타낸 값이다. 외환 위기

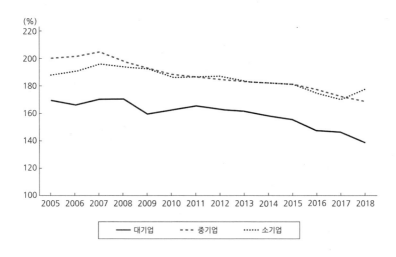

그림 20. 기업 규모별 부채비율 추이

주: 부채비율 = (총부채/자기자본)×100. 일반 기업은 부채비율 하위 70% 기업으로, 한계 기업의 기준은
부채비율 상위 30% 기업으로 필자가 임의적으로 정했으며, 한계 기업 부채비율 추이가 발산하지 않게
1000% 이상 기업은 제외함.
자료: 한국기업데이터㈜ 원자료 각 연도.

이전에는 대기업 가운데 부채비율이 400% 이상 되는 기업이 매우
많았다. 심지어 800%인 기업도 정상적으로 영업하는 기업이 다수
였다. 그러나 외환 위기 이후 그와 같은 부채 의존적인 성장은 거의
시야에서 사라졌다.

　그 결과 한국 기업들의 부채비율은 꾸준히 하락해 왔다. 〈그림
20〉과 〈그림 21〉은 기업 규모별 부채비율 추이를 나타낸다. 〈그림
20〉은 ㈜한국기업데이터의 2005~18년 재무 데이터에서 부채비율
하위 70% 기업 추이를 나타내고 있으며 〈그림 21〉은 부채비율 상
위 30% 기업을 나타낸다. 필자는 임의적으로 전자를 정상 기업으

그림 21. 한계 기업 부채비율 추이

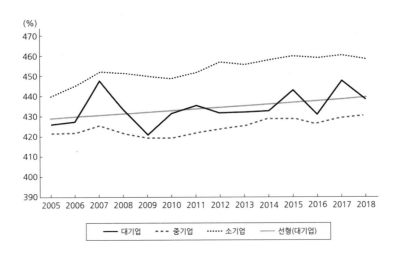

주: 부채비율 = (총부채/자기자본)×100. 일반 기업은 부채비율 하위 70% 기업으로, 한계 기업의 기준은
　　부채비율 상위 30% 기업으로 필자가 임의적으로 정했으며, 한계 기업 부채비율 추이가 발산하지 않게
　　1000% 이상 기업은 제외함.
자료: 한국기업데이터㈜ 원자료 각 연도.

로, 후자를 한계 기업으로 분류했다. 〈그림 20〉에서 보듯이 한국
대기업의 부채비율은 2005년 169.7%에서 2018년 138.8%로 감
소하고 있다. 2007, 2008년, 2011년과 같이 한국 경제가 호경기일
때 부채비율이 소폭 상승하는 경향이 있으나, 그 외의 기간은 지속
적으로 하락한다. 중기업, 소기업도 같은 흐름을 보여 준다. 장기적
인 경기 침체 국면에서 한국 기업들의 부채비율이 감소하고 있는
것은 그만큼 기업들이 투자에 신중해졌음을 나타낸다.[7]

7_기업들의 주된 투자 재원으로 사내 유보금이 사용되면서 은행 대출의 주된 수요층은 '가

반면 〈그림 21〉은 한계 기업으로 분류된 부채비율 상위 30%의 기업들의 부채비율을 나타낸다. 한계 기업들의 부채비율은 대·중소 기업 상관없이 점진적으로 상승하는 추세다. 〈그림 21〉에 나타나지 않지만 평균적 추이가 상승하는 요인 가운데에는 800% 이상 되는 기업들의 부채비율이 더 가파르게 상승하기 때문에 한계 기업 전체의 부채비율이 증가하는 측면도 있다. 〈그림 20〉, 〈그림 21〉을 통해 알 수 있는 것은 '정상적인 한국 기업'들의 부채비율은 매우 낮다는 점이다. 부채 누적에 대한 우려와 현금 흐름에 대한 한국 대기업들의 민감함은 2008~09년 세계 금융 위기로부터 큰 영향을 받지 않았다는 점에서도 알 수 있다. 한국 기업들은 외환 위기를 겪으면서 경제 위기 시 부채 관리의 중요성을 깨달았으며, 이것이 세계 금융 위기로부터 영향을 적게 받은 이유이다.

2000년 이후 한국 기업들의 투자성향이 보수화됐다는 것은 IMF 외환 위기 이전과 비교한 측면에서 그렇다는 의미지 다른 선진 자본주의국가들의 '자본'과 비교해서 그렇다는 의미는 아니다. 필자는 앞에서 계열사 및 준계열화된 공급 생태계, 모듈화의 진전과 자동화, 투자 중심의 수출 주도 경제를 한국 경제의 빠른 추격 성장을 이끈 제도적인 요인으로 제시했다. 2000~10년 사이 중국 특수와

계'가 된다. 은행이 도매 금융에서 소매 금융으로 영업 대상을 전환하고 다른 한편으로 예대 금리 이윤만이 아니라 보험, 주식, 채권 등 금융 상품 투자를 통해 수익을 추구하는 것이 '신자유주의 금융 세계화'에서 나타나는 금융의 변화 모습이다. 소매 금융이 은행의 주된 수익 원천이 되면서 부동산과 금융시장의 연계성은 크게 높아진다. 주택 시장 가격 상승은 금융 부분의 이와 같은 전환을 배제하고 설명할 수 없다.

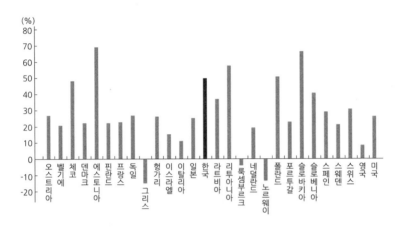

그림 22. 노동생산성 상승률 합: 2005~18년

주: 2005~18년간 자료가 있는 OECD 국가 노동생산성 상승률(%) 단순 합.
자료: OECD stat(2020).

해외 직접 투자가 결합된 세계시장에서의 점유율 확대를 뒷받침 하는 것은 다른 어떤 요인도 아닌 투자 주도 성장이었다(정준호 2019). 이와 같은 투자 주도하에서 한국 경제의 제도적 요인들이 작용함으로써 성공적인 추격 성장이 이루어졌다. 그 결과 2000년대 이후 한국 제조업은 전자·철강·석유화학·자동차·건설 중장비 등 여러 업종에서 선두 주자에 오르게 된 것이다.

2000년 이후 한국 경제의 성과는 객관적인 지표로도 확인된다. 〈그림 22〉는 2005~18년간 누적적인 노동생산성 상승률의 단순 합을 나타내고 〈그림 23〉은 한국을 비롯한 주요국의 구매력 평가 PPP 기준 실질임금 추이를 나타낸다.[8] 〈그림 22〉에서 보듯 한국은 노동생산성 상승률 합에서 OECD 전체 3위이며, 동유럽에서 유럽

그림 23. 주요국 실질임금 추이

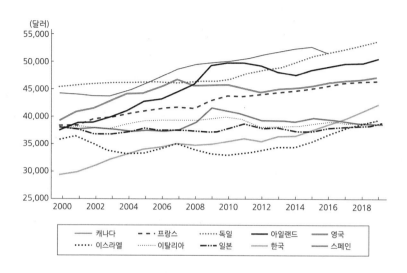

주: PPP 기준 임금 추이.
자료: OECD stat(2020).

공동체에 가입한 3국(에스토니아, 슬로바키아, 리투아니아)을 제외하면 OECD 국가들 가운데 노동생산성 상승률이 가장 높은 국가이다.

노동생산성 상승률만 높은 것은 아니다. 한국의 실질임금 상승도 주요 경쟁 국가들에 비해 빠르게 나타난다. 한국은 세계 금융 위기 전후(2008~13년) 임금 상승의 상대적 정체를 예외로 하면 2000

8_<그림 23>에서 아일랜드는 제외된다. 아일랜드의 노동생산성 상승률은 발산하는 수준인데, 이는 아일랜드가 준 조세 피난처가 되면서 초국적 자본의 페이퍼 컴퍼니 회사들이 유입되면서 나타난 결과이다.

년부터 2019년까지 꾸준히 실질임금이 상승했으며 실질 구매력에서 일본, 이탈리아, 스페인을 초월했고 영국이나 프랑스와의 격차도 크게 줄었다. 노동자 내부의 절대적인 임금격차가 커진 것은 사실이지만 노동자들의 실질소득이 꾸준히 상승해 왔음을 부정할 수는 없다. 평균적인 한국의 노동자들은 이제 평균적인 일본 노동자들보다 더 많은 재화와 서비스를 소비하고 있다.

부의 계급 간 분배 차원에서 보아도 중소기업 노동자들조차 일방적으로 희생만 당했다고 평가하는 것은 지나친 단순화이다. 이는 노동 소득 분배율 추이를 통해서도 알 수 있다. 집계적 수준에서 노동 소득 분배율은 국민소득에서 노동의 몫을 의미하는데, 자영업자를 제외하면 2000년대 이후 한국의 노동 소득 분배율은 꾸준히 상승하거나 일정한 수준에서 유지된다. 2001년 노동 소득 분배율은 58.1%에서 2006년 61.8%까지 상승했다가 2011까지 다시 59.5%로 미세하게 하락한 이후 상승세로 돌아서 2018년에는 63.8%에 이른다(한국은행 경제통계시스템 2020).[9] 〈그림 23〉에서 보듯이 2006~12년 사이 한국의 임금 상승세 추세가 크게 완화되는 것을 볼 수 있는데, 이 기간은 노동 소득 분배율이 하락한 기간과 크게 겹친다.

노동 소득 분배율이 일정한 수준에서 유지된다는 것은 노동생산성 상승률과 노동자들의 임금 상승률이 같다는 의미다. 총부가가

9_노동 소득 분배율 정의에서 자영업자의 소득을 계산할 방법이 존재하지만, 이 글에서는 기업 내부에서의 계급 간 분배를 다루기 때문에 자영업자와 관련된 논의는 제외한다. 앞서 인용된 한국은행 노동 소득 분배율은 자영업자가 제외된 값이다.

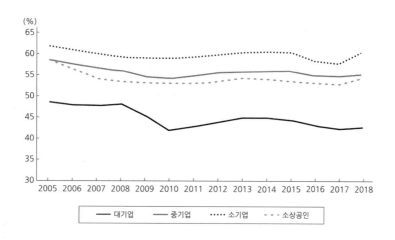

그림 24. 기업 규모별 노동 소득 분배율

자료: 한국기업데이터㈜ 원자료 각 연도.

치가 100일 때 노동 소득 분배율이 60%이면 노동의 몫은 60이고 자본의 몫은 40이다. 노동생산성이 100% 상승해서 총부가가치가 200이 되면 노동 소득 분배율이 60%일 경우 노동의 몫은 120이 된다. 노동 소득 분배율이 일정하고 고용된 노동량이 같다면, 노동 생산성이 두 배가 될 때 노동자들의 실질임금도 두 배가 된다(한국 은행 경제통계시스템 2020). 물론 노동 소득 분배율이 노동생산성보다 더 빠르게 상승했다는 것이, 1인당 임금(임금률)이 1인당 노동생산성 보다 더 빠르게 증가했다는 의미로 단순화되지는 않는다. 고용률 증 가에 따른 노동인구의 증가도 노동 소득 분배율을 높이기 때문이다.

〈그림 24〉는 기업 규모별 노동 소득 분배율 추이를 나타낸다. 기업 규모별로 보면 소기업, 중기업, 소상공인, 대기업 순으로 노동

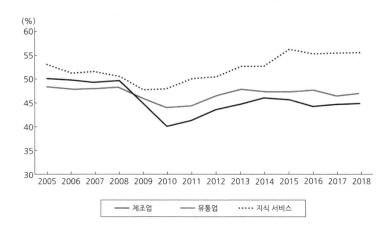

그림 25. 업종별 대기업 노동 소득 분배율

자료: 한국기업데이터㈜ 원자료 각 연도.

소득 분배율이 나타난다. 이는 기업 규모가 커질수록 노동 소득 분
배율이 낮아진다는 의미인데, 앞 절의 내용과 연결해서 보면 자본집
약도가 높은 기업일수록 노동 소득 분배율이 낮아짐을 시사한다. 이
는 자본집약도가 증가하고 자동화가 진척되면 노동생산성이 상승
하지만 노동자들의 임금은 그 비율만큼 상승하지 않는다는 의미다.
또한 〈그림 24〉는 세계 금융 위기 이전 한국 제조업이 빠르게 성장
하던 시기에는 노동 소득 분배율이 점진적으로 감소했지만 2010년
이후 2015년까지는 상승 추세를 유지했음을 보여 준다. 불황기에
노동 소득 분배율이 상승하는 것은 임금의 하방 경직성이 반영된 것
으로 이해된다. 금융 위기 이후 장기적 불황으로 기업의 부가가치
성장률은 감소하는데, 임금 성장률은 일정한 수준에서 유지되기 때

문에 노동 소득 분배율이 상승한 것이다. 〈그림 25〉는 대기업 업종 간 노동 소득 분배율 추이를 나타낸다. 금융 위기 이전 대비 노동 소득 분배율이 가장 크게 낮아진 것은 제조업이며 지식 서비스산업의 노동 소득 분배율은 오히려 상승 추세를 유지하고 있다. 대규모 설비에 의존하는 제조업보다 인적 자원의 역량에 더 크게 의존하는 지식 서비스 분야에서 노동 소득 분배율이 높게 나타난다.

〈그림 24〉에서 또 한 가지 시사점은 중기업과 소기업의 노동 소득 분배율 추이다. 〈그림 24〉의 중소기업 노동 소득 분배율은 전제한 한국은행 추이와 같이 2005~11년까지 소폭 하락하다가 다시 상승세로 돌아서는데, 장기 추세에서 중소기업 노동 소득 분배율도 60% 내외에서 수렴된다. 이는 중소기업에서도 노동생산성 상승만큼 실질임금이 상승하고 있음을 나타낸다. 중소기업 노동자들의 임금이 노동생산성 상승만큼 상승하고 있음에도 불구하고 대기업 노동자들과 임금격차가 커지는 것은 대·중소기업 간 임금격차가 생산성 차이에서 비롯됨을 시사한다. 대기업들은 중간재를 매입하며 중소기업에게 일정한 비율의 이윤만을 허용함으로써 중소기업의 부가가치 상승률이 억제된다. 노동 소득 분배율이 변동이 없다면 이는 중소기업 노동자들의 임금 상승률도 억제된다는 의미다.

반면 세계시장의 선두 주자로 상승한 대기업들은 자사 제품에 대해서는 가격을 인상함으로써 이윤을 늘릴 수 있다. 경기가 호황일 때 한국 대기업들의 이윤이 매우 높아지는 이유이다. 대기업 노동자들은 노동 소득 분배율이 점진적으로 하락해도 기업의 총이윤이 증가하기 때문에 1인당 임금(임금률)의 절대액은 더 커진다. 이로 인해 중소기업 노동자들과의 임금 총액의 격차는 확대된다. 이와 같은 구조하에서 대·중소기업 간 임금격차는 중소기업들이 축적된 기술력을 토대로 국내 대기업 공급에 얽매이지 않고 독립된 공급자로서 다양한 수요처를 개발하지 않고는 극복 불가능하다. 공정거래법의 법률적 보완이 어떻게 되더라도 대기업이 수요 독점적 지위를 갖는 이상 중소기업의 이윤이 커질 가능성은 낮기 때문이다.

4. 한국 경제의 성장 둔화와 장기 침체

1) 경쟁 압력 심화와 자본 생산성 하락

2009년 세계 금융 위기 이후 세계 자본주의는 장기 침체 국면으로 진입했다. 무역 수요는 감소했고, GDP에서 교역재의 비중이 감소했다. 세계의 공장인 중국의 GDP 성장률도 2009년 이전 9%대에서 위기 이후 6%로 하락했다. 한국 경제의 성장률도 꾸준히 하락했다. 〈그림 26〉은 세계 GDP 성장률과 한국 경제 성장률 추이를 나타낸다. 2000년대 세계경제 성장률은 세계 금융 위기 이전인 2003~07년 사이 2% 중반대 이상을 기록하고 있다가 2008~09년 세계 금융 위기 이후 1% 후반대로 하락한다. 2003년 이후 한국 경제 성장률은 세계경제 성장률과 거의 동조적 관계를 유지하지만, 경제

그림 26. 세계 및 한국 GDP 성장률

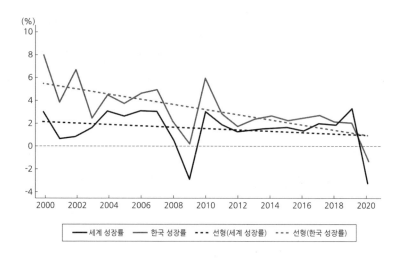

주: 2020년의 세계경제 성장률과 한국 경제 성장률은 IMF(2000년 4월) 추정치임.
자료: World Bank Open Data(2020); 한국은행 경제통계시스템(2020).

성장률 하락 폭은 더 크게 나타난다. 2000~07년 사이 한국 경제 성장률은 5%대를 유지하다가 2011년 이후 2% 후반대로 크게 하락하며, 2018년에는 세계경제 성장률을 하회한다.

〈그림 27〉은 부분별 경제 성장률 추이를 나타낸다. 그림에서 보듯이 경제 성장률의 변동 폭은 서비스업보다 제조업에서 훨씬 크게 나타나는데, 이는 제조업이 주로 교역재를 생산하기 때문에 세계시장의 변화에 훨씬 민감하게 반응하는 특징에서 비롯된다. 세계 무역의 정체, 감소가 한국 경제의 정체에 큰 영향을 준다는 의미다. 〈그림 26〉과 〈그림 27〉이 함께 나타내는 바는 세계경제의 변동이 한국 제조업 산출에 영향을 주고, 이는 다시 한국 경제 성장률에 큰

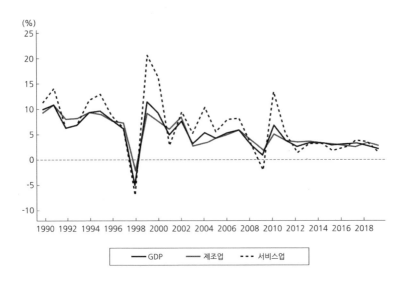

그림 27. 한국 부분별 GDP 성장률

주: 2020년의 세계경제 성장률과 한국 경제 성장률은 IMF(2000년 4월) 추정치임.
자료: World Bank Open Data(2020); 한국은행 경제통계시스템(2020).

영향을 준다는 점이다. 한국 경제성장이 세계시장에서의 점유율을 확대하면서 이뤄진 것이기 때문에 세계시장의 축소는 한국 경제의 침체에 직접적인 영향을 줄 수밖에 없다.

한국 경제 성장률 하락에 가장 큰 영향을 준 것은 후발 주자인 중국 등 저비용 경쟁자들의 세계시장 진입이다. 특히 한국의 대중국 무역 성장률은 급속히 하락한다. 2000~03년 대중국 무역 수출 증가율은 40%를 기록하지만 2005~07년에는 10% 중후반대의 성장률을 기록하다가 2012~18년 사이에는 0% 성장률 내외에서 요동치고 있다(관세청 수출입무역통계 2020).[10] 중국 수출 성장률의 감소는 중국 경제의 성장률 둔화와 중국 내부로부터 중간재를 조달하는 비중이 커지면서 나타난 결과이다. 덧붙여 중국 기업들의 기술력 상승과 현저히 낮은 비용 경쟁력을 통해 한국 기업이 선도적인 지위를 차지하고 있던 여러 산업들에서 중국이 세계적인 경쟁자로 진입한 결과이기도 하다. 한국 제조업은 비정규직 등 사내 하청 노동자의 사용, 아시아 등 역외 투자를 통한 비용 절감 노력을 지속하고 있지만 후발 경쟁자들의 진입으로부터 자유로울 만큼 높은 기술력을 갖고 있지 않다. 이는 미국, 독일, 일본도 마찬가지다. 한국이 세계시장을 점유했던 바로 그 원리를 후발 주자들이 활용한다는 점이다. 다만 후발 주자들은 한국이 갖지 못하는 그들 나름의 제도적 특성을 가지고 있다.

한국 경제의 성장률 하락은 세계시장의 정체와 경쟁 심화로만 설명할 수 없다. 보다 근원적인 요인은 자본 생산성 하락이라 할 수 있다. 한국 경제는 투자 주도 성장을 지속해 왔는데 투자 성장은 장기적으로 자본 생산성을 하락시킨다. 투자가 증가하면 노동자 1인당 고정 자본량을 의미하는 자본집약도(k)가 상승하고 노동생산성(P_L)도 상승한다. 그런데 자본집약도는 투자만큼 증가하지만 자본의 한계 생산성은 체감하기 때문에 노동생산성 상승률은 자본집약도 상승률만큼 증가하지 않는다($\triangle k > \triangle P_L$). 그 결과 자본 생산성($P_K$)은 하락한다. 총부가가치 중 자본의 몫의 비율을 나타내는 자

10_이는 <그림 17>에 제시된 관세청 대중국 수출 자료에 근거해 필자가 계산한 값이다.

그림 28. 제조업 기업 규모별 자본 생산성

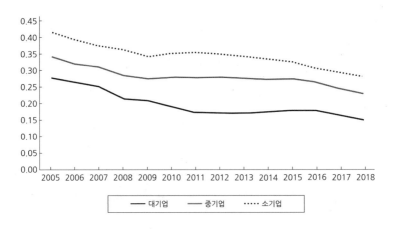

주: 자본 생산성=부가가치/유형 자산(유형 자산 1원당 부가가치).
자료: 한국기업데이터㈜ 원자료 각 연도.

본 소득 분배율(π)이 일정한 수준을 유지한다면, 자본 생산성 하락($P_K \downarrow$)은 이윤율(r)을 하락의 원인이다. 이것이 마르크스의 '이윤율의 경향적 저하 법칙'의 요지다(폴리 2015; 윤소영 2009).[11]

$$P_K = \frac{Y}{K} = \frac{Y/L}{K/L} = \frac{P_L}{k} \Rightarrow (\triangle k > \triangle P_L) \Rightarrow (P_K \downarrow)$$

11_'다른 모든 조건이 동일하다'면 '자본 생산성 하락은 이윤율 하락의 원인'이라는 것이 수많은 논쟁의 대상이 되었고 지금도 되고 있는 마르크스의 '이윤율의 경향적 저하 법칙'의 핵심 내용이다(폴리 2015; 윤소영 2009).

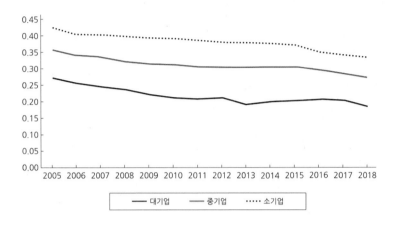

그림 29. 비제조업 기업 규모별 자본 생산성

주: 자본 생산성=부가가치/유형 자산(유형 자산 1원당 부가가치).
자료: 한국기업데이터㈜ 원자료 각 연도.

$$r = \frac{\Pi}{K} = \frac{\pi Y}{K} = \pi P_K \Rightarrow \bar{\pi},\ P_K \downarrow\ \Rightarrow r \downarrow$$

(Y는 총부가가치, K 자본, L 노동, P_K 자본 생산성, P_L 노동생산성, k 자본집약도, r이윤율, Π 총이윤, π 자본 소득 분배율)

〈그림 28〉과 〈그림 29〉는 제조업과 비제조업의 기업 규모별 자본 생산성 추이를 나타낸다. 기업 규모에 상관없이 제조업, 비제조업 모두 자본 생산성이 하락한다. 자본 생산성은 유형 자산 1원당 부가가치의 비율로 계산된 값이다. 제조업 대기업의 경우 2005년 자본 생산성은 0.28에서 2018년 0.15로 하락한다. 비제조업은

2005년 0.274에서 2018년 0.185로 하락한다. 제조업의 하락 폭이 더 크게 나타나는 것은 제조업의 고정자본 소비가 비제조업보다 많기 때문이다. 중소기업도 제조업에서 하락 폭이 더 크다. 그러나 비제조업이라고 해서 자본 생산성이 하락하지 않는 것은 아니다.

2000년대 이후 실질임금이 꾸준히 상승하는 국면에서 '이자율의 지속적인 하락'은 기업들에게 자본비용을 경감해 주기 때문에 고정자본 소비는 더 확대된다. 고정자본 소비 즉 투자가 확대될수록 자본 생산성 하락 폭은 크다. 자본 생산성의 하락은 시장에서 상품의 '과잉'이 존재하는 것이 아니라 '고정자본의 과잉'이 존재한다는 의미다. 전제했듯이 자본주의하에서 기업들은 고정자본 소비를 노동력 소비보다 더 선호하는 경향, 즉 편향적 기술 진보를 추구하는 경향이 있고, 이 과정에서 고정자본의 상대적 과잉이 발생한다. 노동생산성을 높이기 위해 고정자본 소비를 더 많이 할수록 자본 생산성의 하락 폭은 더 크다. 이는 이윤율 하락 '압력'으로 작용한다.

세계시장에서의 경쟁 압력으로 인한 수익성 하락에서와 마찬가지로 고정자본 과잉으로 인한 이윤 하락 압력 역시 기업의 비용 절감 노력을 강제한다. 자본 간 경쟁의 압력은 한편으로 기업들로 하여금 기술 진보를 촉진하고 다른 한편으로는 노동에 대한 공격을 통해 비용 절감을 강제한다. 이것이 바로 사업장 단위에서 자본에 의해 수행되는 '계급투쟁'이다. 그런데 마르크스는 이윤율이 하락하면 기업들의 투자 회피가 일어난다고 했는데, 이는 개별 국가 단위에서는 맞는 말이지만 세계시장에서 꼭 그런 것만은 아니다. 세계 수준에서는 상대적 자본 과잉이 존재하더라도 국가 단위의 신규 진입자들이 꾸준히 세계시장으로 진입한다. 중국 자본들이 세계시장에 진입하고 동유럽, 동남아시아 국가들이 뒤를 따른다. 이는 다시 가격의 하방 압력으로 작용함으로써 기업들의 수익성 상승을 억제한다. 이것이 불균등 결합 발전의 의미다(브레너 2002; Smith 2000).

2) 경영 지표를 통해 본 한국 기업의 위기

세계시장에서의 경쟁 압력이 어떻게 나타나고 있는가는 한국 기업들의 경영 성과를 통해서 확인할 수 있다. 〈그림 30〉과 〈그림 31〉은 기업 유형별 매출액 성장률과 업종별 대기업 영업 이익률을 나타내고 있다. 〈그림 30〉에서 선도 기업은 각 산업별 최종재를 생산하는 대기업을 의미하며, 1차 협력 기업, 2차 협력 기업은 대기업 공급 생태계에 참여하는 중소기업이다. 그림에서 보면 2011년 이전 대기업의 매출액 성장률은 13% 내외에서 움직이다가 2011년 이후 급속히 감소하며 2013부터 매출액 성장률은 2% 내외에서 움직이고 있다. 자본주의하에서 음의 성장이 공황이라고 표현된다면 대기업들의 매출액 성장률이 보여 주는 바는 한국 경제가 장기 불황에 진입했음을 나타낸다. 시차가 있기는 하지만 대기업 매출액 성장률 하락은 1차 협력 기업, 2차 협력 기업의 성장률 하락으로 이어진다.

〈그림 31〉은 대기업의 영업 이익률 추이다. 제조업 영업 이익률은 2011년 이전 6% 내외에서 움직이다가 2013년 3~4%로 감소한

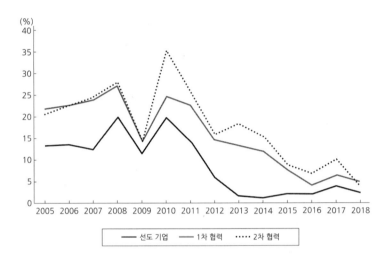

그림 30. 기업 유형별 매출액 성장률

자료: 한국기업데이터㈜ 원자료 각 연도.

다. 〈그림 31〉에 나타난 제조업 대기업 영업 이익률 추이는 유사하지만 그 값은 한국은행의 집계적 데이터와는 다른데, 집계 데이터는 대기업 영업 이익 총액과 대기업 매출액 총액으로 비로 표시되는 반면 〈그림 31〉은 대기업 영업 이익률의 산술평균이기 때문이다. 한국은행 자료는 한국 대기업의 전체 영업 이익과 매출액의 비를 알 수 있게 하지만 이는 가중치가 적용된 값이다. 가중치가 적용된 값은 전체 대기업의 현실에 대한 착시 효과를 낳을 수 있다. 집계 데이터에서는 소수 대기업들의 영업 이익이 전체 영업 이익에서 차지하는 비중이 매우 높기 때문에 이들 소수의 대기업들을 제외한 대기업, 중견 기업 다수의 경제적 현실을 제대로 보여 주지 못한다.

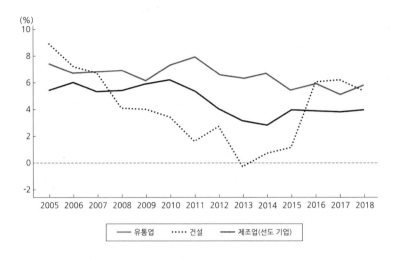

그림 31. 업종별 대기업 영업 이익률

자료: 한국기업데이터㈜ 원자료 각 연도.

　　반면 〈그림 31〉은 한국 대기업, 중견 기업 영업 이익률의 평균
적 추이를 보여 줌으로써 다수의 기업들이 어떤 상황에 직면하고
있는가를 알 수 있게 한다. 그림에서 보듯이 제조업 대기업의 영업
이익률은 2011년 이전 5~6%대에 있었으나 2012년 이후 4% 미만
에 머물러 있다. 비교역재인 유통업에서 2011년 이전 6~8%의 영
업 이익률은 점차 감소해 2015년 이후 5% 후반대에서 움직인다.
건설업 영업 이익률은 매우 급격히 감소하는 추세였으나 2015년
이후 급속히 회복되고 있음을 볼 수 있다. 이는 박근혜 정부 시기
아파트 경기 부양의 결과다.

　　매출액 성장률 하락과 영업 이익률 하락은 적자 기업 비중의 증

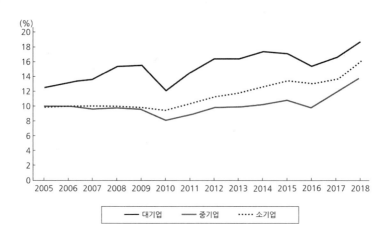

그림 32. 기업 규모별 적자 비율

주: 적자 비율은 영업 이익이 0 이하인 기업 비율을 의미함.
자료: 한국기업데이터㈜ 원자료 각 연도.

가와 궤를 같이한다. 〈그림 32〉는 기업 규모별 적자 비율을 나타낸
다. 적자 비율은 중기업이나 소기업보다 대기업 비중이 더 크다. 대
기업 적자 비율은 2009년 이전 15% 내외에서 움직이다가 2012~
15년 사이 16~17%로 상승한다. 2016년 이후에는 더 급속히 상승
해 2018년 18.8%를 기록하고 있다. 〈그림 33〉은 기업 유형별 적
자 비율을 나타낸다. 2012~15년 사이 선도 기업들의 적자 비율은
〈그림 32〉의 대기업 적자 비율보다도 더 높게 나타난다. 〈그림 32〉
의 선도 기업은 한국의 일반 대기업보다 해외시장에서의 경쟁에 더
많이 노출된 기업들로 구성되어 있다(김종호·남종석·문영만 2019). 세
계시장의 경쟁 압력을 더 많이 받고 있기 때문에 적자 비율이 더 크

그림 33. 기업 유형별 적자 비율

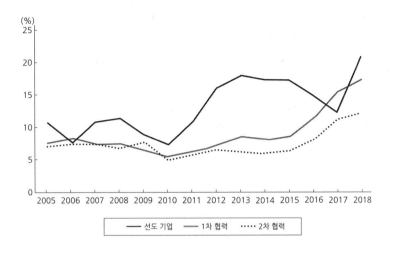

주: 적자 비율은 영업 이익이 0 이하인 기업 비율을 의미함.
자료: 한국기업데이터㈜ 원자료 각 연도.

게 나타난다는 의미다. 2019년 한국 GDP 성장률 추정치가 2%인 점을 감안하면 2019년 적자 비중 기업은 더 많이 증가했을 것이며, 코로나-19 상황인 2020년은 그 비율이 폭증했을 것이다.

〈그림 32〉와 〈그림 33〉이 시사하는 바는 적지 않다. 많은 진보적 경제학 연구자들은 중소기업에 대한 대기업의 '갑질'이 한국 사회의 주요 문제라고 입을 모은다. 〈그림 32〉와 〈그림 33〉이 나타내는 것은, 한국 대기업들이 공급 생태계를 활용해 다른 어떤 국가들보다 비용 절감 노력을 하고 있음에도 불구하고 적자 비율이 지속적으로 상승하고 있다는 점이다. 협력 기업들을 활용해 비용 절감 노력을 하는 것 자체가 대기업들의 경영 활동이며 그와 같은 비용

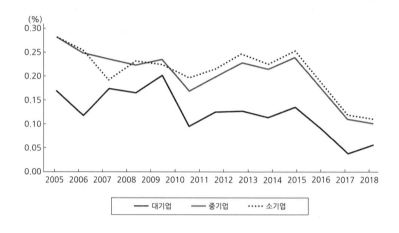

그림 34. 제조업 투자율

주: 투자율 = $((K_t - K_{t-1}) + \delta K_t)/K_{t-1}$ (K는 유형자산, δ는 감가상각율).
자료: 한국기업데이터㈜ 원자료 각 연도.

관리가 '효율적'으로 되지 않았다면 대기업 적자 비율은 훨씬 커졌을 것이고, 한국 경제의 불황은 더 심화되었을 것이다. 그리고 이는 더 많은 실업과 불안정 고용을 만들어 냈을 것이다. 그리고 적자 누적으로 인해 대기업의 퇴출이 증가하면 중간재를 공급하는 중소기업들의 파산 역시 더 증가했을 것이다. 이것이 바로 자본주의하에서 시장 경쟁이 작동하는 방식이다.[12]

12_경쟁 압력과 수익성 저하 국면이 기업들에게 비용 절감 노력을 강제하는 것이 '자본 간 경쟁'의 핵심 조건이다. 이 상황에서 중소기업과의 상생 협력이 얼마나 이뤄질지 의문이다. 그보다는 중소기업들이 경쟁력을 길러야 힘의 균형이 이뤄진다는 점을 냉정하게 직시하는 게 필요하다. 불법적인 기술 탈취, 계약에 명시되지 않은 일방적인 단가 인하, 구

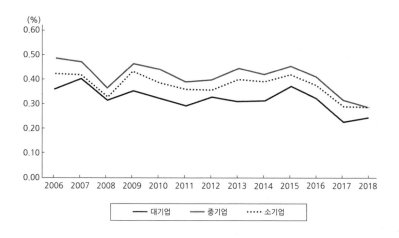

그림 35. 비제조업 투자율

주: 투자율 = $((K_t - K_{t-1}) + \delta K_t)/K_{t-1}$, K는 유형자산, δ는 감가상각율.
자료: 한국기업데이터㈜ 원자료 각 연도.

매출액 성장률 하락과 수익률 하락 및 적자 기업 비율의 증가는 투자율 하락으로 귀결된다. 〈그림 34〉와 〈그림 35〉는 미시 데이터로부터 생산된 기업 투자율이다. 기업 투자율은 당기 유형 자산액의 순증가분과 감가상각액의 합을 전기 유형 자산액으로 나눈 값의 비율이다. 〈그림 34〉는 제조업 기업 규모별 투자율을 나타내며 〈그림 35〉는 비제조업 기업 규모별 투자율을 나타낸다. 2010년 이전

___

매 계약의 임의적인 변화 등 대기업의 불공정 관행에 대한 법률적 규제는 매우 세부적으로 구체화되었고, 처벌 수위도 올라가고 있다. 그러나 대기업이 수요 독점적 지위를 누리는 이상 중소기업에 대한 우월한 협상력은 변하지 않는다. '갑질'의 근원은 중소기업의 경쟁력 부족이라는 의미다.

제조업 투자율은 15% 내외에서 움직이다가 2012~15년에는 10% 초반, 2015년 이후에는 5%대로 급속히 감소하고 있다. 중기업과 소기업의 투자율이 대기업의 투자율보다 높은 것은 투자율 계산의 분모 값에서 차이가 나기 때문이다. 대기업의 유형 자산이 압도적으로 크다는 의미다. 비록 투자율에서의 차이는 있지만 그 추세는 정확히 동일하다.

〈그림 35〉는 비제조업 투자율 추이를 나타낸다. 건설업, 유통업, 음식 및 숙박업 등 서비스업의 유형 자산 규모는 제조업에 비해 큰 차이가 나기 때문에 투자율은 제조업보다 훨씬 크게 나타난다. 그뿐만 아니라 비제조업 가운데 다수를 차지하는 서비스업은 제조업만큼 해외시장에 의존도가 높지 않기 때문에 경쟁 압력이 덜하며 수익성도 제조업보다 높게 나타난다. 그 결과 투자율의 하락 규모도 제조업에 비해 작다. 그러나 전체 투자율의 추이는 제조업과 크게 다르지는 않다. 2015년 이후 투자율은, 그 이전 30% 중반대에서 20% 초반대로 하락하고 있다. 이런 경향은 기업 규모에 상관없이 동일하게 나타난다. 물론 과거처럼 유형 자산 투자율이 기업 투자의 유일한 요소는 아니다. 〈그림 13〉에서 보았듯이, 한국의 투자율에서 지식 재산 생산물 투자율도 일정한 규모에서 꾸준히 유지되고 있기 때문이다. 그러나 지식 재생산물 투자율도 2015년 이전 5% 내외에서 2015년 이후 2~3%로 하락하는 추세에 있다. 수익성 하락의 결과이다.

2015년 이후 투자율 하락의 또 다른 이유는 해외 직접투자의 급속한 증가와도 관련이 있다. 〈그림 16〉에서 보았듯이 2015년을 전후해서 한국 기업들의 해외 직접투자는 아시아뿐만 아니라 유럽, 미국에서 급속히 증가하는데, 그 추세는 2019년까지 지속되고 있다. 그런데 베트남 등 아시아의 해외 직접투자는 제조업 등 생산 기반 확장을 위한 투자이지만 미국, 유럽으로의 투자는 금융 및 보험, 부동산업 투자가 많은 부분을 차지한다(기획재정부 2019).

반면 〈그림 34〉와 〈그림 35〉는 금융 및 부동산 투자가 아니라 한국 법인들의 유형 자산 투자율 추이를 나타낸다. 국내에서의 유형 자산 투자를 줄이고 해외에서의 금융 및 보험, 부동산 투자를 증가시키는 것 역시 '투자율' 하락과 같은 맥락임을 알 수 있다. 이 글 전체에서 논의하는 투자란 포트폴리오 투자를 의미하는 것이 아니라 '총고정자본 형성'Gross Fixed Capital Formation으로서의 '투자'이며 전자의 증가는 후자의 감소로 나타난다. 이는 한국 경제 금융화의 또 다른 증표 가운데 하나다.

투자율 하락은 장기적으로 한국 경제의 성장률 하락의 요인이 될 수 있다. 한 국가의 경제성장은 기술 진보율과 인구 성장률로 결정되는데, 투자는 기술 진보의 중요한 요소이기 때문이다. 앞에도 썼듯이 한국이 일본이나 유럽을 빠르게 추격할 수 있었던 것은 투자율에서 앞섰기 때문이다. 미국은 일본이나 유럽보다 기업들의 투자성향이 더 높을 뿐만 아니라 인적 자원의 생산능력에서도 다른 모든 국가들보다 우월하기 때문에 유럽 주요국과 일본보다 경제적으로 훨씬 역동적인 힘을 갖고 있다. 2000년대 이후 일본 기업들의 투자에서의 보수화는 일본의 노동생산성 상승률 정체와 밀접한 관련이 있었다.

앞서도 한국 기업들의 투자에서의 보수적 성향은 높아지고 있음을 보았다. 한국 기업들이 유럽이나 일본 기업과 같지는 않지만 투자에서의 보수적 성향이 높아지는 것은 분명한 사실이다. 그뿐만 아니라 투자의 위험성도 점증한다. 세계시장의 상대적 축소와 경쟁 압력만이 요인은 아니다. 추격 성장 과정에서 한국 기업들은 선진국에서 검증된 기술을 모방하며 변용하기에 집중했지만 이미 다양한 분야에서 선두 주자로 올라선 한국 기업들에게 모방의 대상은 사라졌으며 이제 스스로 새로운 제품들을 개발해야 하는 상황에 직면했다. 개념 설계라 알려진 제품 개발 전 과정을 만들어 갈 역량이 필요하지만 이는 단시일에 축적되지 않는다. 한국 기업들은 선두 주자가 치러야 할 대가, 즉 '선발성의 불이익'을 감수해야 하기 때문이다(이정동 2017).

5. 새로운 성장 체제의 모색?

이 글에서 필자는 마르크스주의자들의 위기 이론의 관점에서 2000년대 이후 한국 자본주의의 전개를 분석했다. 자본에 의한 투자 주도 성장, 계급 간 갈등이 자본축적에 미치는 영향, 국가 간 경쟁 체제가 국내 자본의 축적 체제에 미치는 영향, 자본 생산성 하락에 따른 이윤율의 하락 등을 통해 한국 자본주의의 성장과 위기를 분석했다. 필자는 이 과정에서 재벌 집단과 (준)계열화된 공급 생태계는 후발 주자로서 한국이 선진국을 추격하는 과정에서 만들어진 제도적 특징이라고 제시한다. 많은 이들이 재벌이 한국 경제 양극화 체제의 원인이라고 제시하는 데에 필자는 동의하지만, 재벌 중심으로 구축된 독특한 공급 생태계가 한국 경제성장의 주된 동력이었음도 간과해서는 안 된다.

(준)계열화된 공급 생태계를 통해 재벌 기업들은 거래 비용을 내부화하고 비용 효율성을 달성했으며 모듈화와 자동화를 통해 급속히 생산성을 상승시킬 수 있었다. 더불어 전투적 노조주의로 요약되는 한국의 노동 체제는 재벌 중심 자동화를 촉진하는 매개 역할을 담당했으며 노동자들은 그 과정에서 실질임금 상승의 혜택을 누렸다. 이와 같은 공급 생태계와 노동 체제가 한국 자본주의의 빠른 성장을 촉진하는 '제도적 특징'이었다. 그러나 한국 경제의 놀라운 성과를 낸 바로 그 요인이 동시에 우리가 직면한 사회적 모순의 핵심을 이루고 있다. 대·중소기업 간 격차, 노동자 내부의 임금격차가 바로 그것이다.

또한 이 글은 대기업이 한편으로 중소기업에게 '갑질'을 하며 수탈적 체제를 만들어 왔지만 동시에 중소기업에게 성장의 기회를 제공한 양가적 측면이 있음을 밝혔다. 대기업들은 준계열화된 협력 기업들에게 최종재라는 플랫폼을 제공함으로써 중소기업의 성장을 촉진했으며, 중소기업들이 공급 생태계 내부의 제한된 경쟁 구조 속에서 기술개발과 공격적인 투자를 할 수 있도록 했다. 그러나 동시에 대기업이 제공하는 중간재 시장에서 중소기업들은 기술혁신에 따른 '지대'를 누릴 수 있는 여지가 크지 않기 때문에 높은 수익성을 실현할 수 없었으며 이는 중소기업들이 대기업으로 성장하는 것을 제약하는 요소이기도 했다. 더불어 중소기업 노동자들도 생산성 향상만큼 실질임금이 상승했지만 생산성 상승률 자체가 대기업에 뒤지기 때문에 실질임금 상승에서도 대기업 노동자들의 상승액에 미칠 수 없었다. 그 누적적 결과는 대·중소기업 간 임금격차 확대였다. 이 글은 대기업과 중소기업 간 거래 관계에서 나타나는 협상력의 비대칭성이 중소기업이 '갑질'을 당하는 핵심 요인이며, 대기업이 제공하는 중간재 시장에만 중소기업이 의존하는 한 이는 극복할 수 없다고 주장했다.

마지막으로 필자는 2010년대 이후 선진 자본주의국가와 마찬가지로 한국 자본주의 역시 장기 불황에 진입했음을 여러 자료를 통해 제시했다. 진보적 개혁을 주장하는 많은 연구자들은 재벌 중심의 경제구조를 어떻게 개혁할 것인가에 대한 논의는 많이 해왔지만 경쟁 압력의 증가와 수익률 저하가 어떻게 한국 기업들의 선택을 강제하는가에 대해서는 상대적으로 덜 주목해 왔다. 한국의 성장을 이끈 힘은 고정자본 투자였는데, 고정자본 투자는 자본 생산성 하락으로 귀결되었으며, 이는 기업들에게 이윤율 하락의 '압력'을 가했다. 그뿐만 아니라 세계시장의 정체 국면에서도 저비용 신규 진입자들이 꾸준히 경쟁자로서 등장하면서 한국 기업들이 선도적인 지위를 차지하고 있던 산업들에서 시장점유율이 잠식당했다. 이는 한국이 선진국을 추격했던 바로 그 논리에 의해 후발 주자들도 한국이 누리는 세계경제의 지위를 위협하게 된다는 점을 상기시켰다. 그 결과 기업들의 수익성은 악화되고 성장률은 하락했으며,

점차 세계 평균 성장률보다도 하향하는 추세가 나타나기 시작했다.

수출 주도 대기업들은 생산 기지의 이전, 사내 하청 대규모 활용을 통한 비용 절감, 하도급 기업들에게 위험의 일부를 전가하면서 경쟁력을 유지하려 했다. 자본 간 경쟁 압력의 증가와 수익성 하락에 직면한 기업들은 노동에 대한 공격을 통해 비용 절감 노력을 계속하고 있고, 이것이 대기업 고용 비중 감소, 불안정 고용이 증가하는 주된 요인이다. 이와 같은 추세는 한국 제조업이 항구적인 구조 조정 시대로 진입했음을 시사한다. 이는 미국이 1980년대 이후 직면한 현실이고, 유럽과 일본이 1990년대부터 계속 진행해 온 일련의 구조 조정 과정에 이제 한국 기업들도 진입했다는 의미다. 이상이 결합 불균등 발전론의 함의다.

진보적 구조 개혁 세력이 직면한 문제는 한국 경제의 항구적인 구조 조정을 어떻게 실현함으로써 보다 평등한 경제적 질서와 지속 가능한 사회체제를 만들어 내는가이다. 그러기 위해서는 한국 자본주의 개혁 과제를 도출하기에 앞서 한국 경제가 직면한 현실을 냉정하게 평가하는 것이 우선되어야 한다. 도덕적 당위는 때론 현실에 대한 인식의 장애 요소가 될 수 있다. 기업 수익성 하락과 항구적인 구조 조정 상황에서 한국 경제는 어떻게 변모할 것인가를 적극적으로 토론해야 할 시점에 이르렀다. 이는 재벌로의 경제력 집중, 산업 조직의 변화, 공급 생태계 새로운 구성, 노동시장과 임금 구조 변동, 불평등의 문제를 아우른다. 우리는 쟁점을 구체화함으로써 대안의 모색이 가능하도록 해야 하며 이 글은 그런 노력의 일부이다.

| 5장 |

서비스산업의 발전 방향[1]

정준호

1. 서론

한국 경제는 제조업이 주도하고 있다. 이를 반영하듯이 제조업 부가가치 비중이 다른 선진국의 그것에 비해 상당히 높은 편이다. 제조업 고용 비중도 다른 국가들과 비교해 낮은 편이 아니다. 글로벌 금융 위기 이후 EU가 'EU 2020'에서 제조업을 재건하기 위해 내건 목표치가 제조업 부가가치 비중 20%이다. G7 국가 중에 이

---

[1]_이 글은 한국노동연구원의 고용노동부 수탁 과제인 보고서 『소득 불평등과 임금격차 해소를 위한 전방위적 제도 개선 방안』(조성재 편)의 8장 "서비스산업의 혁신 방안"을 수정·보완한 것임을 밝혀 둔다.

기준을 넘는 나라는 한국, 일본, 독일에 불과하다.

강두용·박성근(2019)에 따르면 제조업 고용 성장은 제조업 내부의 경쟁력, 제조업과 서비스 간의 생산성 격차, 그리고 인구구조 또는 경기변동에 좌우된다. 첫 번째 요인은 산업 정책이나 혁신 정책을 통해 어느 정도 문제가 해결될 수 있지만, 마지막 요인은 정책적으로 해결하기가 쉽지 않다. 그런가 하면 두 번째 요인은 서비스업의 생산성과 연관된 것으로서 부문 간 균형성장이 제조업 고용 성장에도 도움이 된다는 것을 함의한다. 한편, 2010년대 초·중반 이후 제조업 부가가치 비중과 고용 비중이 감소하고 있다. 이제 두 비중이 동시에 줄어드는 본격적인 의미의 탈산업화 징후가 나타나고 있는 것으로 보인다. 조선, 자동차 등 기존 주력 기간산업은 구조조정의 길을 걷고 있다. 이런 탈산업화 징후가 지속될 것인가, 아니면 일시적인가에 관한 논의는 제쳐 두고라도, 한국 경제에서 제조업과 서비스업 간의 불균형 성장은 문제이다. 서비스 부문은 고용 비중과 일자리 창출에서 중요한 역할을 하고 있지만, 서비스의 생산성은 제조업의 그것에 비해 낮다.

전술한 바와 같이, 경제가 성숙화되면서 제조업의 고용 창출 여력이 제조업에서 소진되고 탈산업화 징후도 나타나고 있다. 하지만 동시에 삶의 질 제고, 사회적 자본축적 등에 기여할 수 있는, 가령 사회 서비스업 고용 또한 성장에서 중요한 역할을 하고 있다. 도소매 및 음식·숙박업으로 대표되는 저임금 서비스업은 자영업 비율이 높고 생산성이 낮은 편이다. 그리고 제조업에 중간 투입재를 공급하는 생산자 서비스업은 경제 전반의 생산성 제고 효과가 크게 기대됨에도 주로 재벌 대기업에 일자리 몰아주기 등의 내부 거래를 통해 성장하고 사적 편취와 경영권 세습 수단으로 활용되고 있기도 하다(정준호 2018).

이처럼 서비스업은 고용 창출에서 중요한 역할을 하고 있지만, 낮은 생산성은 경제 전반에 이롭지 않은 영향을 미칠 수 있다. 이 같은 배경에서 본 연구는 서비스의 균형 발전을 위한 혁신 방향을 제시하려 한다. 이를 위해 2절에서는 서비스의 유형과 경제의 서비스화에 관한 논의를 개관한다. 3절은 우리나라 서비스업의 경쟁 구조 및 고용구조를 분석한다. 4절은 2절의 논의와 3절의 분석, 그리고 해외 사례에 관한 논의를 참조해 고임금 서비스업, 사회 서비스업, 저임금 서비스업 등 하위 서비스산업별로 서비스산업의 생산성 제고를 위한 정책 방향을 제시한다.

2. 서비스산업의 유형 구분과 경제의 서비스화

1) 서비스의 유형 구분

서비스는 흔히 농림어업·광업·제조업 등 직접적 생산 영역이나 전기·가스·수도 등의 인프라 영역 등과 직접적 연관이 없는 다양한 경제 활동을 의미한다. 이는 도·소매, 음식·숙박, 운수·보관·통신, 금융·보험, 부동산·사업 서비스, 사회·개인, 기타 서비스 등 다양한 영역을 아

그림 1. 공급자 및 최종 수요자에 따른 서비스의 유형

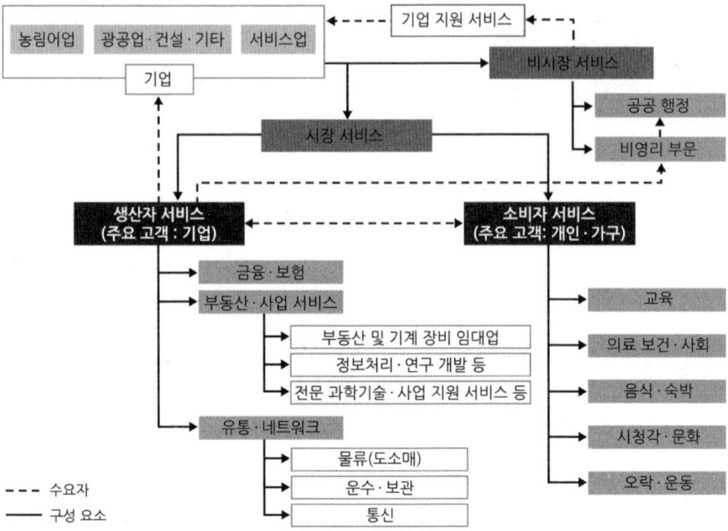

자료: EU(2003)의 일부 내용을 수정·보완.

우른다. 서비스에는 지식 집약적인 지식 노동만이 아니라 저숙련노동 집약적인 활동도 포함되어 있다. 이처럼 다양하고 복잡한 활동을 아우르는 서비스는 노동, 숙련 기술, 컨설팅, 오락, 교육 및 훈련, 중개 등의 형태로 무형의 부가가치를 만들어 낸다(OECD 2000).

서비스는 직접적으로 생산 활동을 담당하는 제조업과 달리 부가가치가 창출되는 장소에서 동시에 소비되어 보관·저장이 사실상 불가능하다. 하지만 최근에는 ICT 기술이 발전해 무형의 부가가치를 창출하는 서비스가 소프트웨어 상품처럼 유통되고 있다. 이에

190

따라 업종 간 경계가 무너지며 제조업의 서비스화가 나타나고 있다. 다양한 활동으로 이루어진 서비스는 단일한 실체로 규정될 수 없고, 이에 따라 다양한 방식으로 그 유형을 구분할 수 있다. 〈그림 1〉에서 보듯이 공급자에 따라 서비스는 시장 서비스와 비시장 서비스로 구분할 수 있다. 전자는 민간 부문이, 후자는 공공 부문이 담당한다. 서비스의 많은 부분이 시장에서 거래·공급되고 있지만, 공공 행정 및 사회 서비스 일부는 비시장 기제에 의해 공급되고 있다.

〈그림 1〉은 또한 EU의 서비스 공급에 대한 인식의 한 단면을 보여 주고 있다. (준)공공 부문이 공급·중개하는 영역으로 기업(사업) 지원 서비스가 설정되어 있다는 것이다. 이는 중소기업 지원과 지식 기반 활동의 시장 실패를 방지하기 위해 공공 부문이 공급하는 일종의 생산자 서비스 부문이다. 이는 산학연 연계를 도모하고 중소기업의 경쟁력을 높이기 위해 공공 부문 또는 민관 합동으로 공급하는 생산자 서비스로 미국에서는 '제조업 지원 서비스'Manufacturing Extension Service, MES로 알려져 있다(Jeong and Kim 2002).

최종 수요자에 따라 서비스는 생산자 서비스와 소비자 서비스로 구분된다. 이런 유형 구분은 수요 특성, 공간적 패턴과 입지 변화, 서비스와 기타 활동 간 연계를 이해하는 데 유용하다(Marshall 1985). 생산자 서비스는 금융·보험, 사업 서비스, 물류·유통 서비스 등과 같이 주요 고객이 기업인 경우를 일컫는다. 이는 일반 상품처럼 교역재로 유통 가능하며, 제조 기업에 중간 투입재로 공급되기에, 대도시 지향의 입지 분포를 보여 준다. 따라서 생산자 서비스는 대도시 중심의 집적 경제를 유지하는 주요 중간 투입재이기도 하다. 반면에 소비자 서비스는 주요 고객이 기업이 아니라 일반 개인이나 가구이며 대표적으로 교육·의료·음식·숙박 등이 이에 속한다. 이는 생산자 서비스와는 달리 교역재가 아니다.

하지만 이런 구분은 절대적인 것이 아니다. 또한 이런 구분은 재화 생산과 서비스 간, 그리고 다양한 서비스 영역 간 상호작용을 놓칠 수 있다(Britton 1990). 가령, 자료 처리업은 하드웨어와 소프트웨어가 사실상 통합되어 제조업과 서비스 간 상호 의존성이 높다. 이 경우 생산물은 유·무형의 부가가치가 형태적으로 구분되지 않고 통합되어 있다. 또한 생산자 서비스의 고객은 제조업체뿐만 아니라 다른 서비스업체도 포괄하고 있다.

OECD는 생산자 서비스의 정책적 중요성을 인식하고 지식 투입의 정도를 고려해 지식 기반 서비스 영역을 설정하고 있다. 이는 통신, 금융·보험, 사업 서비스, 교육, 보건 및 사회보장, 문화·오락 서비스 등을 포함한다(OECD 2000). 기존 생산자 서비스 이외에도 지식 투입 정도가 높은 교육·사회 서비스와 문화·레저 서비스가 들어가 있다.

2015~18년 국민 계정상의 산업별 실질 부가가치와 산업연관표상의 산업별 고용 계수 증감률에 따라 네 가지의 서비스 유형이 도출된 것이 〈표 1〉이다. 전반적으로 서비스산업의 고용 계수는 줄어들고 있지만 실질 부가가치가 늘어난 서비스산업이 많다. 이는 제조업만이 아니라 서비스도 예외가 아니어서 산업 전체적으로 고용 없는 성장이 최근 지속되고 있다. 이런 것을 염두에 두고서 유형 구분을 살펴볼 필요가 있다. 실질 부가가치 성장이 전 산업 평균 이상이고 고용 계수 증감률도 전체 평균 이상인 고성장-고고용 계수 산업

표 1. 일자리 창출 친화적인 서비스업의 분류: 2015~18년

	고고용 계수 산업	저고용 계수 산업
고성장 산업	정보 통신업	금융 및 보험업, 사업 지원 서비스업, 의료업, 보건업 및 사회복지 서비스업, 예술, 스포츠 및 여가 관련 서비스업
저성장 산업	운수업, 공공 행정, 국방 및 사회보장, 교육 서비스업, 기타 서비스업	도소매업, 숙박 및 음식점업, 부동산업, 전문, 과학 및 기술 관련 서비스업

주: 산업별 고성장 여부는 2015~18년 전 산업 실질 부가가치 성장률 이상이면 고성장, 그 이하이면 저성
　　장으로 했으며, 산업별 고고용계수 여부도 2015~18년 전 산업 평균 취업계수 증감률 이상이면 고고
　　용, 그 이하이면 저고용으로 분류한 것임.
자료: 한국은행.

에 해당되는 서비스업은 정보 통신업뿐이다. 저성장 산업-고고용 계수 산업은 운수업, 공공 행정, 국방 및 사회보장, 교육 서비스업, 기타 서비스업 등을 포함한다. 금융 및 보험업, 사업 지원 서비스업, 의료업, 보건업 및 사회복지 서비스업, 예술, 스포츠 및 여가 관련 서비스업 등은 고성장 산업-저고용 계수 산업이다. 마지막으로 도소매업, 숙박 및 음식점업, 부동산업, 전문, 과학 및 기술 관련 서비스업 등은 저성장 산업-저고용 계수 산업에 속한다.

2) 경제의 서비스화의 다양한 요인

대부분의 선진국에서 서비스업이 전체 부가가치에서 차지하는 비중이 가장 높다. 경제 발전에 따라 부가가치 비중이 농업, 제조업, 서비스업 순으로 나타나고 있다. 이처럼 서비스의 부가가치 및 고용 성장을 설명하는 몇 가지의 가설이 있다. 첫 번째 가설은 소비의

그림 2. 제조업의 가치 사슬에 따른 서비스의 역할: 스마일 곡선

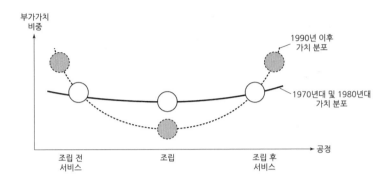

* 조립 전 서비스업: 연구/개발, 엔지니어링 설계, 전문 디자인 등
* 조립 후 서비스업: 광고, 시장조사, 시설 관리, 물류·유통, 인력 파견 등
* 백오피스 서비스업: 법무, 회계, 정보처리(SI) 및 컴퓨터 운영 관련 등

서비스화이다. 이는 소득이 증가하고 소비자의 선호가 변화하면서 서비스의 소득 탄력성이 커서 그 수요가 증대된다는 것이다. 여기에는 소득이 증가함에 따라 소비 구조가 재화에서 서비스로 이동해 서비스 지출이 증가해 서비스업 비중이 높아진다는 소비재 서열 가설(Clark 1940)과, 개인 선호 변화에 따라 서비스 수요곡선 자체가 오른쪽으로 이동하는, 경제구조 변화가 서비스업 비중을 늘리는 외생 수요 충격 가설(Fuchs 1980; Inman 1985)이 있다. 이를 반영하듯이 소득 상승과 선호 체계의 변동에 따라 여행, 문화·레저, 교육, 보건·의료 등의 다양한 소비자 서비스업이 성장하고 있다.

두 번째 가설은 비용 질병 가설 또는 탈공업화 가설이다. 전자는 생산성 증가율이 높은 제조업에서 그렇지 못한 서비스 부문으로

그림 3. 경제 서비스화의 다양한 파급 경로

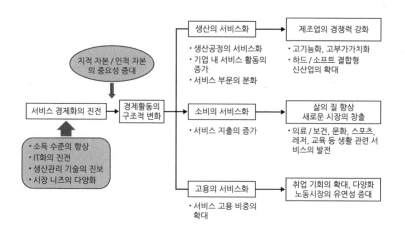

자료: 정준호(2018).

노동력 등의 자원 이동이 발생해 서비스의 명목 생산과 고용이 상대적으로 증가한다는 것이다(Baumol 1967). 예를 들면 도소매, 음식·숙박업이 고용 완충 지대 또는 배수통으로 역할을 하고 있다. 선진국과 개도국의 교역 확대로 노동 집약적인 산업의 개도국으로의 이전(제조업 공동화)이 발생하면서 선진국은 고부가가치화 추구 및 고차 서비스의 특화가 나타난다는 '탈공업화' 가설이 있다(Wood 1995; Freeman 1995). 〈그림 2〉에서 보는 바와 같이, 제조업 공장의 개도국으로의 입지 이전에 따라 선진국이 수행하는 서비스의 역할도 바뀐다. 이는 산업의 고부가가치화를 위한 지식 기반 서비스의 성장과 연관된다.

세 번째 가설은 고용과 생산의 서비스화이다. 서비스의 중간재로서의 역할 증대에 따른 제조업의 아웃소싱 증가, 여성의 경제활동 참가율 증대 및 생활 방식 변화 등에 따라 가계의 서비스 지출이 증가하고 있다. 이런 추세를 반영해 사업 서비스업 등 생산자 서비스와 사회·개인 서비스 등의 고용이 성장하고 있다.

서비스 고용 비중의 증가는 다양한 경로들을 통해 나타나고 있다(〈그림 3〉 참조). 전술한 바와 같이 다양한 요인들이 서비스 생산과 고용을 증가시킨다. 서비스의 생산과 고용의 증가를 통상적으로 '경제의 서비스화'의 진전이라고 일컫는다. 이를 추동하는 요인들로는 업종 간 생산성 격차에 따른 노동력의 서비스로의 유입, 여성의 경제활동 참여 확대 및 생활 방식 변화에 따른 고용의 서비스화, 여타 산업 중간재로서 서비스업의 역할 증대(생산의 서비스화 및 탈산업화), 소득 증가에 따른 서비스의 수요 증대(소비의 서비스화) 등이 있다. 경제의 서비스화는 이들 요인이 복합적으로 작용한 결과이다.

3. 우리나라 서비스산업의 경쟁 구조 및 노동시장

1) 이중의 이중구조

의료법인, 회계 법인, 법률 회사 등 전문 자격증이 요구되는 지식 기반 서비스업은 자체의 혁신보다는 '서비스와 인력의 질 저하'라는 그럴듯한 논리로 자격시험을 통해 인력 공급을 조정하고 있다는 점에서 지대 추구적인 행태를 보여 준다(차문종 2007). 시장 수요를 공급이 못 따라감에 따라 소비자의 서비스 선택권은 사실상 배제된다. 따라서 서비스 공급자는 자체적인 혁신 노력을 등한시해 서비스의 질이 저하될 수가 있으며, 서비스의 생산성이 기대만큼 제고되지 않을 수 있다. 즉 전문 인력의 제한적 공급으로 일종의 지대가 발생함으로써 이에 대한 이득을 전유할 뿐 혁신적인 서비스의 공급은 기대되지 않는다는 것이다.

기존 지식 기반 서비스 기업 간 시장 경쟁도 제한적이다. 여기에는 치열한 시장 경쟁을 고무하는 수단들이 제약되어 있다. 예를 들면, 의료 기관의 영리 법인화가 사실상 금지되어 있다.[2] 법무 법인의 광고 활동도 엄격하게 규정되어 사건 브로커가 근절되지 않고 있다. 그리고 보육 산업의 가격 책정도 정부가 규정한 보육료 상한선 내에서 이루어지고 있다. 하지만 이런 서비스업의 경우 자유로운 시장 경쟁의 제고는 서비스의 질을 오히려 떨어뜨릴 수도 있다. 따라서 지대 추구적인 행위를 방지하기 위해 시장 경쟁 강화만을 부르짖는 것은 이에 대한 만능 해법은 아니다.

이들 업종의 전문 인력 양성을 위한 교육기관 간 경쟁도 제한적이다. 이로 인해 실제 현장에서 요구되는 교육 내용이 곧바로 갱신

2_이 서비스의 경우 시장 경쟁의 강화는 다른 기준으로 접근해야 한다. 주지하는 바와 같이 공적 가치가 크기 때문이다.

되지 못하고 있다. 최근 디지털화에 따른 서비스 업종 간 융·복합화가 진행되고 있음에도 불구하고 이를 반영할 수 있는 융합적이고 통섭적인 교과과정이 제공되지 못하고 있다. 이런 문제들을 개선하기 위해 각종 전문 대학원 체제가 도입되었지만, 그 소임을 다하지 못하고 있다. 현실적으로는 전문 대학원의 설립 취지에 맞는 전문 인력을 양성하는 것보다는 자격증 시험 통과에 급급해하는 실정이다.

자격증이 필요한 지식 기반 서비스업의 시장 규모는 협소한 편이다. 이를 타개하기 위해 해외 시장을 개척하는 등 혁신을 배가하려는 노력은 제한적이다. 이는 무엇보다 전문 자격증이 국가별로 요구하는 바가 다르다는 것에 기인하기도 하지만, 현지 외국어의 구사 능력이 미흡하고 현지 시장에 대한 시장분석이 철저하지 못한 것에서도 기인한다. 이에 따라 제조업과 달리 해외 진출에 대해 소극적인 편이다.

자격증이 아니라 전문 지식을 활용하는 일부 생산자 서비스업종에도 경쟁이 제한적이다(이서원 2007). 대기업의 재벌 체제 아래에서 물류·경영 컨설팅·정보처리·금융·연구 개발업 및 수리업 등의 일부 생산자 서비스업체는 안정적인 수요 기반을 가지고 있다. 특히 이는 광고·물류·시스템 통합SI 업종 등에서 탁월하다. 소위 재벌의 준내부 시장quasi-internal market 기제를 이용해 타 기업의 진입을 제한하거나, 일감 몰아주기를 통해 내부 거래에 치중하거나, 모기업의 성과 제고를 위해 낮은 이윤을 감수하는 행태가 나타난다. 이는 재벌에 따라 산업 생태계를 구획화하거나 기존 시장 질서를 분절적으로 교란한다. 이들 업체는 시장 수요가 주로 해당 재벌 체제

그림 4. 서비스 업종 간의 이중구조

독과점 ⇒	생산자 서비스 (예: 변호사 등)	사회 서비스 (예: 의사 등)	⇒ 지대 추구
과당경쟁 ⇒	유통 서비스 (예: 편의점 등)	소비자 서비스 (예: 음식점 등)	⇒ 가격경쟁

자료: 차문종(2007)에서 수정·보완.

내로 국한되어 전문화·대형화로 나아가지 못하고 있다(정준호 2006). 최근에는 일감 몰아주기를 통한 계열사 간 내부 거래가 이전과는 달리 사적 편취와 경영권 세습 수단으로 변질하는 현상이 나타나 이에 대한 규제가 강화되고 있다(하준 외 2015).

다른 한편, 음식·숙박업과 도소매업 등과 같은 노동 집약적인 소비자 서비스업의 경우 자격증이 요구되기는 하지만 진입 장벽이 낮아서 과도한 시장 경쟁이 발생하고 있다. 이런 과당경쟁은 이들 업종의 생태계 기반을 무너뜨리고 있다(〈그림 4〉 참조). 주지하는 바와 같이, 도소매와 음식·숙박업 등과 같은 저임금·부가가치 소비자 서비스업은 자격 제한 또는 규모에 따른 진입 장벽이 상대적으로 낮아서 경기 조절의 완충장치로 이용되고 있다. 즉 제조업 또는 금융·보험 등 생산자 서비스업 구조 조정에 따른 잉여 또는 퇴직 인력이 계속해서 유입되고 있으며, 이는 과당경쟁을 초래하고 있다.

일부 사업 서비스업과 사회 서비스업의 종사자들도 과당경쟁에 내몰려 있다. 가령, 공인중개사나 복지 관련 종사자는 자격 제한을 하고 있음에도 불구하고 자격증의 남발로 전술한 도소매, 음식·숙박업, 개인 서비스 등 저임금·저부가가치 소비자 서비스업의 경우처럼 과당경쟁에 처해 있다. 〈그림 4〉에서 보듯이 사회 서비스업 전체가 지대 추구적인 행태를 보여 주는 것은 아니다. 하지만 강한 자격 제한과 높은 진입 장벽이 있는 의료법인의 경우 지대 추구적인 행태가 나타날 수 있다. 이처럼 전문 자격증이 요구되는 서비스 업종의 경우 전문 인력의 공급 조정에 따라 상이한 양상이 나타날 수가 있다. 실제로는 전문 자격사 협회의 사회·경제적 영향력과 정치권에 대한 로비력에 따라 시장 경쟁의 정도가 차별적일 수 있다. 최근 정부가 의사 정원을 증원하겠다는 계획을 발표하자 코로나-19 사태의 와중에도 이에 대한 의사들의 강력한 반발이 이어졌고, 해당 계획은 수면 아래로 들어갔다.

앞서 언급한 대로 자격 제한과 진입 장벽의 정도 등과 같은 경쟁 구조에 따라 서비스 업종 간에 이중구조가 존재한다. 이에 더해 동일 서비스 업종 내에서도 정규직과 비정규직 등과 같은 고용 형태와 기업 규모에 따른 이중구조가 있다. 1997년 외환 위기 이후 광범위한 규제 완화로 해외 기업과 대기업이 유통 및 음식·숙박업과 같은 노동 집약적인 서비스 업종에 진입하면서 경쟁이 심화하고 있다. 이런 경쟁을 우회하기 위한 수단으로 아웃소싱을 통한 수량적 노동 유연성이 광범위하게 활용되고 있다.

제조업과 마찬가지로 서비스업 내에서도 정규직 여부, 기업 규모, 노조 가입 여부에 따른, 즉 결합 노동시장의 지위에 따른 임금 구조의 심한 격차가 있다(이철승 2017; 정준호·남종석 2019). 예를 들면, 음식·숙박업과 도소매업 등의 노동 집약적인 소비자 서비스업은 금융, 정보 서비스 등 생산자 서비스업과 대비해 자격 제한의 정도에 따른 이중구조, 즉 과당경쟁에 처해 있을 뿐만 아니라, 업종 내에서는 고용 형태, 기업 규모, 노조 설립 등의 결합 노동시장 지위에 따른 이중구조에 처함으로써 '이중의 이중구조'를 보여 주고 있다.

2) 고용 및 임금구조

서비스업은 최근 우리나라의 고용구조에서 핵심적인 산업 부문이다. 이는 전체 취업자 대비 서비스업 고용 비중이 약 2/3 이상을 차지하고 있다(〈그림 5〉 참조). 서비스 고용 비중은 2013년 69.3%에서 2019년 70.3%로 증가했다. 반면에 우리나라 고용구조에서 중요한 역할을 해온 제조업의 고용 비중은 동 기간에 2013년 17.0%에서 2019년 16.3%로 떨어져 하향 추세를 보여 준다. 제조업의 고용 비중은 1980년대 후반 3저 호황 이후 떨어지다가 2008년 글로벌 금융 위기 이후 잠시 반등했으나 다시 2010년대 중반 이후 떨어지고 있다. 제조업 고용 비중이 계속해서 떨어진다면, 즉 탈산업화가 진행된다면, 농업이나 광업, 가스·수도·전기 등의 인프라 업종의 특성을 고려할 경우 서비스업이 고용 창출에서 차지하는 역할은 더욱더 증대될 수밖에 없을 것이다.

서비스업의 일부를 세부 업종별로 보면, 생산자 서비스업으로 대표되는 고임금 서비스업과 보건 및 사회복지 서비스업의 고용 비중은 증가했으나, 소비자 서비스업으로 대표되는 저임금 서비스업

그림 5. 최근 우리나라의 고용구조

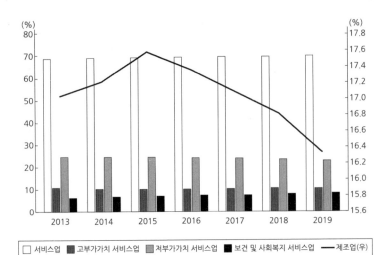

주: 1) 서비스는 도매 및 소매업, 운수 및 창고업, 숙박 및 음식점업, 정보 통신업, 금융 및 보험업, 부동산업, 전문, 과학 및 기술 서비스업, 사업 시설 관리, 사업 지원 및 임대 서비스업, 공공 행정, 국방 및 사회보장 행정, 교육 서비스업, 보건업 및 사회복지 서비스업, 예술, 스포츠 및 여가 관련 서비스업, 협회 및 단체, 수리 및 기타 개인 서비스업, 가구 내 고용 활동 및 달리 분류되지 않은 자가소비 생산 활동, 국제 및 외국 기관 등의 합계임.
2) 고부가가치 서비스업은 정보 통신업, 금융 및 보험업, 전문, 과학 및 기술 서비스업 등의 합계이고, 저부가가치 서비스업은 도매 및 소매업, 숙박 및 음식점업, 사업 시설 관리, 사업 지원 및 임대 서비스업, 협회 및 단체, 수리 및 기타 개인 서비스업의 합계임.
3) 한국표준산업분류 10차 개정(2017년) 기준임.
자료: 통계청(http://kosis.kr).

의 고용 비중은 감소했다. 고임금 서비스업의 고용 비중은 2013년 10.3%에서 2019년 10.4%로 증가했으나, 동 기간에 10%대에서 횡보하고 있다. 이는 최근 금융·보험업 등에서의 구조 조정을 반영하고 있는 것으로 보인다. 보건 및 사회복지 서비스업의 고용 비중은 2013년 6.2%에서 2019년 8.1%로 늘어나 계속해서 증가 추세이다. 반면에 도소매, 음식·숙박업, 개인 서비스업, 사업 시설 관리

그림 6. 서비스업 일자리의 증감 추이

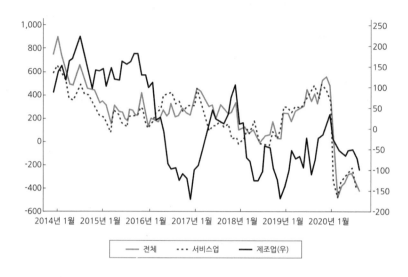

주: 1) 전년 동월 대비 취업자 수의 증감(단위: 1000명).
　　2) 서비스업 기준은 〈그림 5〉의 주 1과 동일.
자료: 통계청(http://kosis.kr).

서비스업 등으로 구성된 저임금 서비스업의 고용 비중은 2013년 24.4%에서 2019년 22.9%로 줄어들었다. 보건 및 사회복지 서비스업과 저부가가치 서비스 업종의 고용 비중은 약 30% 내외를 유지하면서 제조업 또는 생산자 서비스업에서 배출된 인력들을 흡수하는 고용 안전판buffer 역할을 하고 있다.

서비스업은 우리나라 전체 일자리 창출의 핵심 산업으로 자리 잡고 있다(〈그림 6〉 참조). 2014년 1월~2020년 10월까지 취업자 수의 전년 동월 대비 증감을 보면 알 수 있듯이, 서비스업의 고용 증가는 전체 고용의 증가세를 견인하고 있다. 전반적으로 동 기간에 전체 취업자 수의 전년 동월 대비 증감과 서비스업 취업자 수의 전년 동월 대비 증감은 동조화되어 있다. 반면에 제조업 취업자 수의 전년 동월 대비 증감과 서비스업 전년 동월 대비 증감은 반대의 대칭적인 모습으로 동조화되어 있다(〈그림 6〉 참조). 전술한 바와 같이, 제조업 일자리가 줄어드는 대신에 서비스업의 일자리가 증가해 늘어난 해당 서비스업이 제조업 고용 감소의 완충작용 역할을 하고 있는 것이다.

그런데 2020년 들어와서 코로나-19의 여파로 서비스업의 고용 증가와 전체 고용 증가 사이의 동조화와 제조업과 서비스 사이의 대조적인 동조화가 나타나지 않고 있다. 이는 코로나-19로 인해 경제활동이 위축되면서 전체 취업자가 감소하는 현상과 무관하지 않다. 또한 주로 대면 접촉에 의해 경제활동이 영위되는 서비스업이 보건 위기로 인해 가장 큰 타격을 입어서이기도 하다. 그리고 제조업 고용의 감소는 2010년대 중반 이후 지속된 제조업의 구조 조정을 반영하고 있다.

〈그림 7〉에서 보는 바와 같이, 제조업과 고부가가치 서비스업을 포함한 고임금 산업의 고용 증감과 저임금 서비스업과 보건 및 사회복지 서비스업 고용 증감은 대체로 대칭적인 관계로 동조화되어 있다. 이는 전술한 바와 같다. 제조업 및 금융 및 보험업, 전문, 과학 및 기술 서비스업, 출판, 영상, 방송 통신 및 정보 서비스업 등의 생산자 서비스업에서 경기변동에 따라 배출되는 인력들이 저임금 서비스업으로 유입되는 현상, 즉 도소매, 음식·숙박, 사업 시설

그림 7. 고임금 산업, 저임금 서비스업, 보건 및 사회복지 서비스업의 일자리 증감 추이

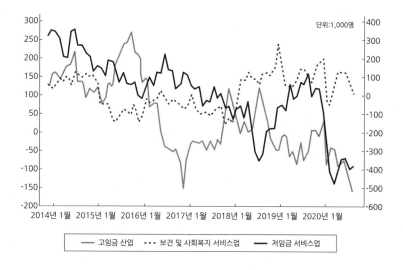

주: 1) 전년 동월 대비 취업자 수 증감.
    2) 고임금 산업은 제조업과 고부가가치 서비스업의 합계이고, 저임금 서비스업 기준은 〈그림 5〉의 주 1
    과 동일.
자료: 통계청(http://kosis.kr).

관리 및 사업 지원 서비스업, 개인 서비스업 등의 저임금 서비스업
이 고용의 완충작용의 역할을 하는 것이다.

이처럼 저임금 서비스업이 제조업과 생산자 서비스업 등의 고
임금 산업으로부터 배출되는 잉여 인력을 흡수하는 고용의 완충 역
할을 하고 있으므로 이에 따른 과당경쟁으로 동 산업의 경쟁력 제
고는 요원하다. 경쟁 제고가 소비자의 선택권을 확대하고 혁신과
생산성 향상을 도모하는 수단이기는 하지만, 낮은 자격 제한과 진
입 장벽으로 신규 인력이 계속해서 진입함에 따라 나타나는 제 살

그림 8. 제조업과 서비스업의 시간당 실질 임금수준 추이

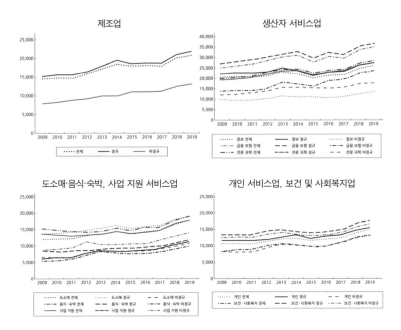

* 시간당 월 임금액=월 임금 총액/총근로시간(소정 실근로시간+초과 근로시간); 월 임금 총액=정액 급여+초과 급여+전년도 연간 특별 급여/12개월.
* 특수 고용 형태는 제외한 것임.
* 한국표준산업분류 9차 기준임.
* 2015년 소비자물가지수로 실질화한 것임.
자료: 고용노동부 고용노동통계(http://laborstat.molab.go.kr/), 고용형태별 근로실태조사.

깎아 먹기식의 과도한 경쟁은 도리어 영세 규모화를 촉진해 동 산업 부문의 혁신과 성장의 선순환을 훼손하고 있는 것이다.

주지하는 바와 같이, 제조업과 서비스 간 및 부문 내 고용 형태에 따른 임금격차가 존재한다. 〈그림 8〉에서 보는 바와 같이, 제조업과 서비스 전체를 보면 2009~19년 기간에 제조업의 시간당 실질 임금수준이 서비스의 그것보다 높다는 것을 알 수가 있다. 하지만 생산자 서비스업의 시간당 실질 임금수준은 제조업의 그것보다는 높은 편이다. 그리고 주지하는 바와 같이 모든 산업에서 정규직의 실질 시간당 임금이 비정규직의 그것보다는 높다. 따라서 고용 형태별 임금격차, 즉 노동시장의 이중구조가 존재하는 것이다.

서비스의 세부 업종 간에도 실질 시간당 임금격차가 존재한다. 이는 금융 및 보험업 〉 전문, 과학 및 기술 서비스업 〉 출판, 영상, 방송 통신 및 정보 서비스업 〉 도매 및 소매업 〉 사업 시설 관리 및 사업 지원 서비스업 〉 보건업 및 사회복지 서비스업 〉 협회 및 단체, 수리 및 기타 개인 서비스업 〉 숙박 및 음식점업 순으로 나타난다. 최근 고용 증가를 선도하는 보건 및 복지 서비스업의 시간당 실질임금이 낮은 편이라 이 부문에서 전달 체계의 개선과 같은 혁신이 일어나지 않으면 삶의 질 제고나 사회적 자본 확충을 통해 경제 전반에 미치는 긍정적인 효과가 크게 반감될 수 있다. 저부가가치 서비스 업종에서 음식·숙박업의 시간당 실질 임금수준이 가장 낮게 나오는 것은 규모의 영세화에 기인하는 바가 크다. 고용 형태별 근로 실태 조사를 이용한 통계는 민간 사업체를 대상으로 편제된 통계인데, 이는 음식·숙박업에서 법인과 같은 형태를 가진 업체들이 소규모 영세 업체들이라는 것을 보여 주고 있다.

기업 규모 및 정규직·비정규직 등과 같은 고용 형태가 근로자의 임금격차를 유발하는 주요한 요인들이다(정이환 2007; 조성재 외 2004). 규모와 고용 형태에 따른 임금격차와 그 기제에 관한 연구는 주로 제조업을 중심으로 진행됐다. 특히 비정규직의 경우 경력 및 생애 주기와 무관하게 직무급처럼 임금수준이 일정하다는 사실이 드러났다. 그렇다면 서비스업의 경우 정규직과 비정규직(특수 고용 포함) 여부에 따라 제조업과 유사한 임금격차가 나타나는지를 살펴볼 필요가 있다. 또한 서비스업을 고임금 서비스업과 저임금 서비스업으로 분류해 세부 서비스 업종별로 부문 내 이중구조가 나타나는지도 살펴볼 것이다.

여기서 고임금 서비스업은 출판, 영상, 방송 통신 및 정보 서비스업, 금융 및 보험업, 전문, 과학 및 기술 서비스업을 포함하고, 저부가가치 서비스업은 도소매, 음식·숙박, 사업 시설 관리 및 사업 지원 서비스업 및 협회 및 단체, 수리 및 기타 개인 서비스업을 포함하며, 보건 및 사회복지 서비스업은 분석에서 제외한다. 이런 분석에 사용된 자료는 2011년과 2018년 고용노동부의 '고용형태별 근로실태조사' 원자료이다. 2011년 시점의 자료를 사용한 것은 한국표준산업분류의 개정과 2008년 글로벌 금융 위기 여파의 효과를 배제하기 위한 것이고, 2018년 자료는 가용한 최근 자료가 2018년이기 때문이다.

〈그림 9〉는 생애 주기(연령)와 고용 형태에 따른 제조업과 서비스업 명목 임금수준의 분포를 보여 준다. 산업 부문과 무관하게 제조업과 서비스업에서 정규직 여부에 따라 임금격차가 두드러지게 나타난다. 즉 노동시장의 이중구조가 전 산업에서 형성되어 있다. 생애 주기 모형에 따르면 임금수준은 청년기에는 그 수준이 낮지만, 중장년기에는 그 수준이 최고조에 이르고 그 이후에는 감소하는 역 U자형의 형태를 따른다. 〈그림 9〉에서 보는 바와 같이, 제조업 및 고임금과 저임금 서비스업의 정규직은 대략 50대에 임금수

그림 9. 연령-고용 형태별 제조업과 서비스업의 시간당 임금 분포 비교

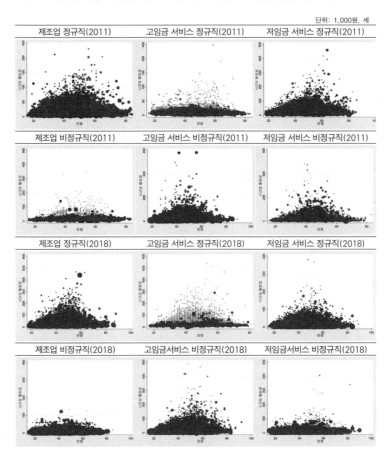

단위: 1,000원, 세

* 월 임금 총액=정액 급여+초과 급여+전년도 연간 특별 급여/12개월.
* 특수 고용 형태는 비정규직에 포함.
자료: 고용형태별 근로실태조사 원자료 각 연도.

준이 최고에 이르며 그 분포도 정규분포를 이룬다. 이는 제조업 및
고임금과 저임금 서비스업의 정규직이 50대에 임금수준이 최고가
되는 빈도가 평균적으로 가장 많다는 것을 의미한다. 이런 분포 패

턴은 2011년이나 2018년이나 차이가 없으며, 당연하게도 2018년 명목 임금수준이 2011년의 그것보다는 높다.

그런데 제조업 및 저임금 서비스업의 비정규직은 정규직과 달리 역 U자형의 정규분포를 보여 주지 않고, 생애 주기에 따라 임금수준의 차이가 거의 없는, 직무급과 유사한 평평한flat 형태를 보여 주고 있다(〈그림 9〉의 2011년 참조). 그런데 고임금 서비스업의 비정규직 임금 분포는 평평하지 않고 역 U자에 가깝다. 그러나 2018년은 2011년과 달리 그런 분포에서 벗어나고 있다. 따라서 고임금 서비스업의 정규직과 비정규직 간 임금 분포에서도 이중구조가 심화하는 방향으로 나아가고 있는 것으로 보인다.

세부 서비스 업종별로 보더라도 정규직 여부에 따라 임금격차가 존재하는 것으로 나타난다. 고임금 서비스업 정규직의 경우 2011년과 2018년 모두 역 U자형의 정규분포 형태가 나타난다. 비정규직 고임금 서비스업의 경우 2011년에 임금 분포의 형태가 평평하지 않고 역 U자형의 정규분포 모양을 드러낸다. 하지만 2018년에는 그런 분포 패턴이 다소 평평하게 바뀌었다. 저임금 서비스업의 연령-고용 형태별 임금수준의 분포에서도 마찬가지로 정규직과 비정규직 간의 임금격차가 나타난다. 정규직은 2011년과 2018년 모두 역 U자형의 정규분포를 보여 주고 있는데, 명목 임금임에도 불구하고 지난 7년 동안에 2018년의 전반적인 임금수준이 2011년의 그것에 비해 높지 않다. 비정규직 저임금 서비스업의 임금 분포는 생애 주기에 걸쳐 직무급처럼 임금수준의 차이가 거의 나지 않는 평평한 모양을 보여 준다. 하지만 명목 기준임에도 불구하고 임금

수준에서 2011년과 2018년 사이에 큰 차이가 나지 않아 저임금 서비스업의 임금 상승이 상당히 정체되었다는 점을 알 수가 있다.

전술한 바와 같이, 기업 규모와 고용 형태는 개별 근로자의 임금격차를 유발하는 핵심 요인이다. 그러나 이들 요인은 임금격차의 분석에서 각자가 개별적인 요인으로 분석됐을 뿐이다(이철승 2017; 정준호·남종석 2019). 이철승(2017)은 기업 규모(또는 사업체 규모), 정규직 여부, 노조의 존재(가입) 여부 등 세 가지 노동시장 지위들을 각각 독립된 변수들이 아니라 개별 임금노동자의 노동시장 지위를 구성하는 '복합 구성 요인'으로 간주하고, "세 수준의 변동이 '상호 결합·연동'되어 각 임금 생활자의 노동시장에서의 서열을 구조화한다"고 주장했다. 이는 규모와 고용 형태뿐만 아니라 노조의 영향력까지 결합해 동시적으로 보아야만 개별 노동자의 임금격차를 잘 드러낼 수 있다는 것이다. 규모는 세계화 효과, 고용 형태는 유연화 효과, 노조 조직은 조직 노동의 영향력 등을 반영하고 있다.

이어서 사업체 규모, 정규직·비정규직 등의 고용 형태, 사업장의 노조 가입 여부 등 세 가지 변수들을 이용해 제조업과 서비스산업에서 개별 근로자의 결합 노동시장 지위와 그에 따른 임금격차를 분석하고자 한다. 사업체 규모(대기업 여부), 정규직 여부, 노조 가입 여부 등 세 가지 변수들을 조합하면 2×2×2 = 8개의 조합이 가능하며, 기타인 특수 고용을 포함하면 9개의 조합이 가능하다. 8개의 조합은 '대기업-정규직-유노조', '중소기업-정규직-유노조', '대기업-정규직-무노조', '대기업-비정규직-유노조', '대기업-비정규직-무노조', '중소기업-정규직-무노조', '중소기업-비정규직-유노조', '중소기업-비정규직-무노조'이다. 여기에 기타(특수 고용)를 포함하면 9개의 조합이 나온다. 특수 고용의 경우 노조 설립 등이 가능한 업종들이 있지만 이를 세분하지 않고 기타로 처리한다.

사업체 규모에서 통상적으로 제조업에서는 300인 이상인 경우 대기업으로 분류하지만, 서비스업의 경우에는 대기업으로 분류되는 사업체 규모가 상이하다. 서비스업의 중소기업은 업종별로 상시 근로자 수 요건도 50~300인 미만으로 차등화되어 있다. 예를 들면, 부동산업 및 임대업(50인 미만), 하수처리, 폐기물 처리 및 환경 복원업, 교육 서비스업, 수리 및 기타 서비스업(100인 미만), 도매 및 소매업, 숙박 및 음식점업, 금융 및 보험업, 전문, 과학 및 기술 서비스업, 예술, 스포츠 및 여가 관련 사업(200인 미만), 출판, 영상, 방송 통신 및 정보 서비스, 사업 시설 관리 및 사업 지원 서비스업, 보건 및 사회복지사업, 운수업(300인 미만) 등이다. 하지만 '고용형태별 근로실태조사' 원자료에서 사업체 규모 정보가 세세하게 제공되지 않으므로, 300인 이상의 사업체를 대기업으로 규정하고자 한다. 따라서 서비스산업의 경우 규모 효과가 세부 산업별로 과소·과대평가될 수 있다는 점에 유의해야 한다.

제조업의 경우 2011년과 2018년 결합 노동시장 지위에 따른 임금수준을 중위 임금 기준으로 보면 근로자 집단은 상층과 하층 두 그룹으로 나뉘고, 상층은 다시 두 집단으로 구분된다. 상층은 '대기업-정규직-유노조', '중소기업-정규직-유노조', '대기업-정규직-무노조' 등이고, 중층은 '중소-정규-무노조'이고, 하층은 그 나머지이다. 그런데 기타가 2018년에는 중위 임금보다 높아 중층에 들어가지만, 그 수준이 2011년과 비교해 너무나 차이 난다. 제조업의 기타 경우는 통계조사상 한계가 있으므로 기타를 중층에 편입하는 것은 무리일 듯하다. 이런 구분에 따르면 각 집단의 점유율이 2011년 24.1%, 63.4%, 12.5%이고, 2018년에는 각각 22.8%, 65.7%, 11.5%이다. 중층도 사실상 거의 중위 임금수준에 근접하므로 사실상 상층과 하층 집단으로 나뉘고 전체적으로는 거의 2:8에 가깝다.

상층과 중층 그룹 간의 임금격차는 대기업의 생산성 제고, 노동시장 지위(예: 비정규직), 중소기업에 대한 이윤 압착, 규모의 경제에 따른 것이라면, 중층과 하층 간의 임금격차는 영세 기업 종사자와 그렇지 않은 자 간의 차이를 반영한 것으로 이해할 수 있다(이철승 2017). 임금격차는 대체로 상층과 중·하층 간의 격차가 가장 크고, 중층과 하층 간 임금격차는 그다음이다. 임금격차는 결합 노동시장 지위 내부보다는 지위 간, 즉 상층과 중층 또는 중층과 하층 간의 격차에서 크게 발생한다.

2011년과 2018년의 서비스업은 제조업과 달리 중층 비중이 더 높은 것으로 나타난다. 그러나 중층의 경우 중위 임금수준과 큰 차이가 없어 사실상 하층과 유사하다고 볼 수 있다. 서비스업의 임금집단은 중위 임금 기준으로 상층은 '대기업-정규직-유노조', '중소기업-정규직-유노조', '대기업-정규직-무노조'이고, 중층은 '대기업-비정규직-유노조', '대기업-비정규직-무노조', '중소기업-정규직-무노조', '중소기업-비정규직-유노조', '기타(특수 고용)'이고, 하층은 '중소기업-비정규직-무노조'로 구분된다.

이철승(2017)도 지적하고 있듯이, 서비스업 전체를 보면 사업체

표 2. 제조업과 서비스업의 결합 노동시장 지위 변화: 2011년과 2018년

	임금수준(단위: 1,000원)				점유율(단위: %)			
	제조업		서비스업		제조업		서비스업	
	2011	2018	2011	2018	2011	2018	2011	2018
대-정규-유노조	4,595	5,786	4,367	5,070	9.0	7.2	3.1	2.6
중소-정규-유노조	3,332	4,273	3,619	4,325	4.4	4.3	6.4	6.0
대-정규-무노조	4,520	6,025	4,208	5,002	10.7	11.4	6.2	7.5
대-비정규-유노조	2,233	2,965	2,215	2,645	0.01	0.03	0.3	0.2
대-비정규-무노조	2,077	2,716	1,721	2,292	0.8	0.8	2.4	2.4
중소-정규-무노조	2,369	3,158	2,379	2,952	63.4	65.7	50.0	51.8
중소-비정규-유노조	1,674	2,723	1,999	2,194	0.04	0.1	0.2	0.4
특수 고용	1,457	3,029	2,178	2,577	0.3	0.7	8.3	6.7
중소-비정규-무노조	1,420	1,857	1,080	1,294	11.3	9.9	23.2	22.4
전체 평균(월)	2,728	3,586	2,298	2,829	-	-	-	-
중위 임금(월)	2,268	3,000	1,696	2,126	-	-	-	-

자료: 고용형태별 근로실태조사 원자료 각 연도.

규모에 따른 대기업 정규직과 중소기업 정규직의 상층 내 임금격차
보다 고용 형태에 따른 대기업 정규직과 대기업 비정규직이라는 상
층과 중층 간 임금격차가 더 크다. 또한 노조 가입 여부에 따른 중소
기업-정규직-유노조와 중소기업-정규직-무노조라는 상층 그룹과
중층 간, 그리고 중소기업-비정규직-유노조와 중소기업-비정규직
-무노조라는 중층과 하층 간 임금 차도 크다. 따라서 사업체 규모
자체가 임금격차를 유발하는 유일한 핵심 요인은 아니며, 고용 형
태와 노조의 영향력이 서로 맞물리면서 복합적으로 작용하고 있다.

　　고임금 서비스업의 결합 노동시장 지위에 따른 임금 집단도 서
비스 전체의 구분과 대동소이하다. 하지만 저임금 서비스업의 결합

표 3. 고임금과 저임금 서비스업의 결합 노동시장 지위 변화: 2011년과 2018년

| | 임금수준(단위: 1,000원) | | | | 점유율(단위: %) | | | |
| | 고임금 서비스 | | 저임금 서비스 | | 고임금 서비스 | | 저임금 서비스 | |
	2011	2018	2011	2018	2011	2018	2011	2018
대-정규-유노조	4,875	5,995	3,751	4,154	5.8	3.9	0.9	1.1
중소-정규-유노조	4,646	5,610	3,806	4,200	10.4	10.4	3.0	3.5
대-정규-무노조	4,947	6,281	2,966	2,986	11.3	15.9	3.9	5.2
대-비정규-유노조	3,467	4,346	1,874	2,299	0.1	0.1	0.01	0.02
대-비정규-무노조	2,397	3,793	1,466	2,004	2.5	1.9	1.3	1.7
중소-정규-무노조	3,281	3,886	2,120	2,748	45.9	48.7	53.1	56.7
중소-비정규-유노조	2,963	2,589	2,090	2,042	0.1	0.2	0.1	0.3
특수 고용	2,857	3,080	1,463	2,065	17.2	12.5	5.1	3.3
중소-비정규-무노조	1,592	2,015	973	1,116	6.8	6.4	32.5	28.2
전체 평균(월)	3,494	4,305	1,803	2,329	-	-	-	-
중위 임금(월)	2,932	3,575	1,450	1,980	-	-	-	-

자료: 고용형태별 근로실태조사 원자료 각 연도.

노동시장 지위는 고임금 서비스업의 그것과는 다소 다르다(〈표 3〉 참조). 고임금 서비스업의 경우 상층 비중이 27.5%인 데 반해, 저임금 서비스업의 그것은 7.8% 정도이다. 이는 후자의 업종에서 나타나는 규모의 영세성과 연관이 있다. 그래서 후자에서 차지하는 중층과 하층의 점유율이 전자의 그것보다 더 크다. 저임금 서비스업의 경우 대기업과 중소 사업체 간의 임금격차가 매우 심하고, 또한 정규직과 비정규직 간의 임금격차도 더 심하다. 결합 노동시장 지위에 따른 유형 구분에서 임금 집단이 상층과 중·하층 그룹 간에 분절화되어 있다. 이는 해당 업종의 규모의 영세성을 반영하고 있다. 결합 노동시장 지위의 분석 결과를 요약하면 다음과 같다. 상기의

표 4. 내부 거래 비중이 높은 상위 5개 업종

단위: %, 조 원, 개, 개사

구분	주요 세부 업종	내부 거래		집단 수	회사 수
		비중	금액		
전문직별 공사업	통신 공사업, 건물 설비 설치 공사업	70.7	2.5	12	24
컴퓨터 프로그래밍, 시스템 통합 및 관리업	컴퓨터 프로그래밍 서비스업, SI업	58.4	8.6	27	42
사업 지원 서비스업	사업 지원, 보안 시스템 서비스업	50.4	3.9	31	76
전문 서비스업	광고업, 시장 조사업, 경영 컨설팅 서비스업	36.5	2.0	28	60
건축 기술, 엔지니어링 및 기타 과학기술 서비스업	건축 설계 서비스업, 엔지니어링 서비스업	34.5	4.6	8	13

주: 내부 거래 금액 2조 원 이상, 2019년 말 기준임.
자료: 공정거래위원회 보도 자료.

임금구조 분석을 통해 서비스업의 '이중의 이중구조'가 확인된다. 서비스업 내 고임금 서비스업과 저임금 서비스업 간 이중구조가 드러나고, 또한 기업 규모, 고용 형태, 노조의 영향력 등의 요인들이 서로 결합해 업종 내 이중구조가 나타난다. 업종별 결합 노동시장 지위의 구성 요소에서 차이가 존재하는데, 고임금 서비스업의 경우 중층 그룹의 비중이 상대적으로 낮고, 사실상 상층과 하층으로 구성되는 '양극화' 형태를 보여 준다. 반면에 저임금 서비스업의 경우 규모의 영세성을 반영해 소수의 상층 그룹과 다수의 중·하층으로 '분절화'되어 있다.

2019년 말 기준으로 대기업 집단의 내부 거래 금액이 2조 원 이상인 업종 중에서 내부 거래 비중이 높은 업종은 주로 서비스 업종이다(〈표 4〉 참조). 이는 전문직별 공사업, 컴퓨터 프로그래밍, 시

표 5. 최근 주요 업종의 내부 거래 비중 및 금액 변동 현황

	내부 거래 비중(%)					내부 거래 금액(조 원)				
	2015	2016	2017	2018	2019	2015	2016	2017	2018	2019
전문직별 공사업	32.6	52.6	57.6	63.2	70.7	0.3	1.7	1.6	2.2	2.5
컴퓨터 프로그래밍, 시스템 통합 및 관리업	63.6	69.8	67.1	67.2	58.4	7.6	7.6	7.0	9.1	8.6
사업 지원 서비스업	50.7	49.5	56.6	46.9	50.4	3.1	2.9	3.4	3.6	3.9
전문 서비스업	39.0	37.6	59.0	56.1	36.5	3.4	4.4	1.8	3.6	2.0
건축 기술, 엔지니어링 및 기타 과학기술 서비스업	26.9	35.6	43.3	39.8	34.5	3.6	4.9	5.6	4.9	4.6

자료: 공정거래위원회 보도 자료.

스템 통합 및 관리업, 사업 지원 서비스업, 전문 서비스업, 건축 기술, 엔지니어링 및 기타 과학기술 서비스업 등의 순이다.

〈표 5〉에서 보는 바와 같이, 2015~19년 기간에 전문직별 공사업, 건축 기술 서비스업의 내부 거래 비중이 많이 증가했고, 전문직별 공사업, 시스템 통합 및 관리업SI, 기타 과학기술 서비스업의 내부 거래 금액이 매우 증가했다. 이런 변동은 총매출액과 내부 거래 금액의 증감 폭의 차이, 합병 등에 따른 대표 업종 변경, 계열 편입 및 제외, 일부 업체의 내부 거래 금액·비중 증가 등 다양한 요인에 기인한다.

재벌 대기업이 준내부 시장을 형성해 시장 거래보다 값싸게 서비스를 공급받는 경우 서비스업 자체가 독자적인 시장으로 기능하거나 활성화되는 것을 방해할 수가 있다. 광고, 디자인, 기술·경영 컨설팅 등과 같은 생산자 서비스업 시장에서 준내부 시장을 활용한 내부 거래는 국민경제에서 규모의 확대를 통한 해당 기업의 전문화에 방애물로 작용할 수가 있는 것이다(정준호 2006). 왜냐하면 해당 생산자 서비스업체의 시장이 재벌별로 사실상 분절화되어 있어 계열사가 아닌 경쟁사의 물량을 확보하기가 어렵기 때문이다.

주요 생산자 서비스업, 즉 고임금 서비스업의 사업이 재벌 대기업의 계열사 간의 내부 거래로 주로 영위될 때 시장 경쟁이 회피될 수가 있다. 또한 이는 내부 거래에 따른 사적 편취와 경영 세습의 수단으로 악용될 수 있다. 이처럼 재벌 대기업의 생산자 서비스 업계에 대한 진출과 그에 따른 시장 분절화 및 해당 업체의 사적 편취 및 경영권 세습 수단으로의 변질 등은 시장 경쟁을 제한하고 지대 추구적인 행태가 빈발하게 함으로써 결과적으로 서비스 업종 간의 이중구조가 더욱더 강화될 수 있다.

4. 서비스산업의 발전을 위한 정책 방향과 대안

1) 서비스업의 발전을 위한 정책 방향

도소매, 음식·숙박업 및 개인 서비스업 등과 같은 저부가가치 서비스 업종은 경기변동에 따른 고용 완충 역할을 할 수 없을 정도로 고용 창출의 한계와 임금 상승의 정체에 직면해 있다. 금융·보험 및 지식 기반 서비스업 등을 영위하는 일부 재벌 대기업 고임금 서비스 업종은 계열사 간 내부 거래를 통해 시장 경쟁을 제한해 해당 산업의 성장이 저해되거나 총수 일가의 사적 편취 또는 경영권 세습 수단으로 이용되고 있기도 하다. 그리고 전문 자격증이 필요한 서비스 업종의 경우 과도한 진입 장벽과 강한 자격 제한 등으로 시장 경쟁이 왜곡되고 그에 따라 소비자의 선택이 제한받고 있다. 삶의 질 제고, 소비의 다양화·고급화, 고령화 추세 등을 반영해 보건 및 사회 서비스의 수요가 증가하고 있지만, 저생산성 및 저임금 문제에 직면해 있다.

이처럼 서비스업은 저생산성과 규모의 영세화, 소득수준에 걸맞지 않은 성장 등으로 혁신 역량이 취약하고, 상이한 서비스 부문 간에 지대 추구적인 행태와 과당경쟁이 발생해 '부문 간 이중구조'가 나타나고 있다. 또한 부문 내에서 규모, 고용 형태, 노조의 가입 여부 등에 따라 '부문 내 이중구조'가 형성되어 있다. 그 결과 부문 간 또는 부문 내 임금격차가 매우 심각한 상황이다. 따라서 부문 간, 그리고 부문 내 이중구조를 지양하기 위한 서비스업의 혁신 역량을 높일 수 있는 정책 방안이 요구된다.

제조업과 서비스 간 융합의 촉매제로서 지식 기반 서비스업의 발전은 혁신 제고 및 고급 일자리의 창출에 기여할 수 있다. 제조업의 고용 성장을 유지·창출하기 위해서도 서비스업의 균형 성장이 요구된다. 강두용·박성근(2019)에 따르면, 제조업 고용 성장은 제조업 자체의 경쟁력, 타 산업(예: 서비스) 부문과의 생산성 증가율 격차, 경기 또는 인구구조에 달려 있다. 따라서 서비스산업의 생산성 향상은 제조업 고용 성장에도 도움이 된다. 특히 지식 기반 서비스업은 중간 투입재를 제조업에 공급하기 때문에 제조업과 서비스 부문 간의 융·복합화를 고무할 수가 있다. 그리고 이는 서비스 전반의 생산성 향상을 선도할 수도 있다.

법률, 회계, 교육, 보건 등의 지식 기반 서비스업은 세부적으로 상이한 특성이 있으므로 이를 고려해 성장 전략을 가져갈 필요가 있다. 법률·회계 등의 생산자 서비스업은 업종별 규제 합리화(예: 자격증 제도) 및 혁신 유도를 위한 세부 업종별 대책이 마련될 필요가 있다. 가령, 시장 경쟁을 촉진하려는 의료 기관의 영리화 대책은 사회적인 합의를 거쳐야 할 것이다.

삶의 질 향상, 소비의 다양화·고급화, 고령화 추세, 양극화 해소, 일자리 문제 등을 반영해 보건 및 사회 서비스업은 최근 정책 관심의 대상으로 주목받고 있다. 이 부문은 사회적 자본의 축적과 밀접히 관련되어 있으므로 장기적으로 성장 잠재력의 향상에도 기여할 수가 있을 것이다. 또한 고용 흡수력이 높아 최근의 경제·사회적 문제로 대두되고 있는 양극화와 일자리 문제를 생산적으로 해결하는 데에도 역할을 할 수가 있다.

도소매, 음식·숙박업 등 저임금 서비스업에서는 영세 상인의 기업화 또는 법인화를 촉진해 고용의 질과 저임금 문제를 해결할 필요가 있다. 이런 산업에서는 개별 영세 자영업자들이 많으므로 사회적 경제, 협동조합, 주식회사, 기타 여러 가지 형태의 법인들을 통해 집합적으로 사업을 운영하는 방향으로 나아갈 필요가 있다.

2) 세부 업종별 정책 대안

(1) 지식 기반 서비스업

금융·보험, 법률, 회계, 소프트웨어, 통신 등의 고부가가치 지식 기반 서비스업이 서비스의 구조 고도화를 선도하며 경제 전반의 생산성 향상에 기여하기 위해서는 다음과 같이 조치들이 필요하다. 예를 들면, 서비스 기업화와 전문화를 촉진할 수 있는 공정한 시장 환경의 조성, 특히 재벌계 제조업의 아웃소싱 확대 유도, 서비스업의 혁신 체계에 대한 이해를 통한 제조업과의 차별대우 시정, 서비스 공급자의 자격 기준 강화 및 지속적인 모니터링 체계 구축 등이다(정준호 2018).

지식 기반 서비스업은 서비스업의 전반적인 생산성 제고와 제조업의 경쟁력 제고에 기여할 수 있어야 한다. 그런데 이 분야는 자격 제한 등으로 경쟁이 제한되는 지대 추구적인 행태를 보여 주고 있다. 따라서 공정한 시장 환경의 조성을 위한 제도적 혁신과 개혁이 필요하다. 이런 논리는 경쟁 노출 → 생산성 향상 → 가격 인하 → 서비스 수요 증가 → 부가가치 및 고용 창출 등으로 이어지는 선순환을 가정하는 것이다. 그렇다고 경쟁 강화가 서비스의 질 제고에 있어 만능 해법은 아니다. 예를 들면, 의료 기관의 영리법인 허용 등은 사회적 대화를 거쳐 신중하게 결정될 필요가 있다.

전문 자격사 간 경쟁을 강화해 지대 추구적인 행태를 제어하고 소비자 선택의 폭을 확대하기 위해서는 전문 자격사 제도의 개혁이 요구된다. 전문 자격사 제도의 규제 개혁을 통해 공급자 간 경쟁 수준을 높이는 것이 일차적 과제이다(고영선 외 2009). 이를 위해 각종 전문 대학원 제도가 도입되었으나 사실상 개혁의 본래 취지는 무색해졌다. 그럼에도 불구하고, 코로나-19의 와중에 의사 정원에 관한 논란을 두고 나타났듯, 소비자 선택의 폭을 넓히고 서비스의 질을 높이며 지대 추구적인 행태를 지양하기 위해서는 전문 인력의 공급에 대한 조정이 필요하다.

이 분야에 대한 규제 정비는 기본적으로 시장 진입 및 영업 활동에 관한 사전적 규제를 완화하고 소비자를 보호하기 위한 사후적 규제를 강화하는 방향으로 이루어질 필요가 있다(고영선 외 2009). 양질의 서비스를 저가로 제공하려는 의도를 가지는 지식 기반 서비스업 내 경쟁 제고는 상대적으로 소비자 후생과 경쟁력을 높일 수 있으므로 지대 추구적인 행태가 줄어들 수 있다. 또한 이런 시장 수요의 확대를 도모할 수 있는 공정거래의 강화를 통해 기존 지식 기반 서비스업이 대부분 개별 전문 인력을 중심으로 하는 개인 사업체 형태로 운영되는 것이 아니라 서비스업체의 대형화 및 전문화로 이어질 수 있어야 한다.

그렇다고 이런 개선 방향을 무차별적으로 적용해서는 안 된다. 전술한 바와 같이, 세부 산업별 특성을 고려해야 한다. 가령, 의료 법인의 영리화 같은 조치는 소비자 후생의 증진이라는 차원의 시장 경쟁 강화만의 문제가 아니라 보건·의료 체계 전반의 구조 개혁과 연관된 사안이다. 또한 사회적 취약 계층의 의료 서비스 접근 등과 같은 사회적 불평등에 대한 우려가 있는 것도 사실이다. 따라서 의료 영리법인(예: 원격 의료) 허용 등의 규제 완화에 대해서는 사회적

합의가 필요할 것으로 보인다.

생산자 서비스는 외부 경제, 공공재적 특성, 차별화에 의한 시장 분절화, 중소기업 접근성 제고의 어려움 등과 같은 시장 실패 가능성을 내재적으로 가지고 있으며, 교역재로 대도시에 입지하는 경향을 보인다(정준호 2006). 비수도권에 위치한 제조업 기업들은 주로 제조 기능만을 수행하고 있다. 최근 디지털화와 구조 고도화에 기민하게 대응하고 기업 경쟁력을 높이기 위해서는 지식 투입재를 공급하는 생산자 서비스 역할이 중요하다. 그러나 이들 업체는 주로 수도권에 입지하고 있어 비수도권 제조업 기업에 대한 밀착 지원이 이루어지지 못하고 있다.

이처럼 생산자 서비스의 소프트웨어, 브랜드, 훈련, 디자인, 연구와 개발 등과 같은 무형의 자산은 생산성 향상에 기여하지만(Thompson et al. 2016), 양질의 서비스가 시장 분절화로 인해 다수 중소기업에 공급되지 않고 있다. 이 경우 해당 서비스를 공공 부문이 제공할 수 있다. 기업이 필요로 하는 중간 투입물을 공공 부문(또는 비영리기관)이 제공하는 유사 생산자 서비스를 '기업 지원 서비스'라고 한다(정준호 2016). 예를 들면, 영국의 사례인 '크리에이티브 크레딧'Creative Credits은 온라인 장터를 통해 기업 지원 서비스를 저렴하게 중소기업에 지원하고 있다. 이는 중소기업에 제공하는 일종의 기업 간B2B 서비스로 공공 기관이 4000파운드 상당의 쿠폰을 제공하면 수혜 기업은 여기에 1000파운드를 부담하는 방식이다. 수혜 회사는 온라인 마켓플레이스인 '크리에이티브 갤러리'Creative Gallery에서 필요한 서비스를 구입하면 된다. 2010년 맨체스터시에서 시범적으로 시행되었으며, 자금은 국립과학기술예술기금National Endow-ment for Science, Technology and the Arts, NESTA, 맨체스터 시티 카운슬 Manchester City Council 및 이해 관계자 그룹이 공동으로 조성했다.

이런 방식의 기업 지원 서비스 제공은 혁신에 도움이 되었다는 평가가 나오고 있다(Bakshi et al. 2013). 창의적인 기업에서 창의적인 서비스를 구매할 수 있는 자금을 중소기업에 제공한 이런 프로그램은 창의적인 서비스 구매가 높은 수준의 혁신과 연계가 있다는 것을 예증하고 있다. 구체적으로 박시 등(Bakshi et al. 2013)은 수혜 기업의 기업 서비스 사용이 84% 증가하고, 제품 및 공정 혁신을 도입할 확률이 증가하고 매출이 증가했다고 보고한 바가 있다. 그러나 참여 기업 간 혁신적인 활동이 계속해서 증가하지는 않았으며, 중소기업과 서비스 공급 업체 간의 관계를 촉진하기 위한 새로운 중개 모델이 필요하다는 점을 한계로 지적하고 있기도 하다.

전술한 바와 같이 비수도권의 제조업체에 디지털화와 구조 고도화를 위해 수도권에 입지한 생산자 서비스업체가 현지에 내려가 밀착 지원하거나, 이 같은 업체가 비수도권에서도 창업되어 현지 제조업체와 연계되는 것이 바람직하다. 하지만 비수도권 시장이 협소함에 따라 그런 유인이 당장은 크지 않다. 양질의 기업 지원 서비스가 필요한 기업에 제공될 수 있도록 앞서 언급한, 영국이 시도했던 방식과 유사한 실험적 방식을 고민할 필요가 있다. 이 경우에 너무 비용 절감을 위해 검증되지 않은 서비스업체를 중개하는 것보다 뛰어난 전문 지식 역량을 보유한 서비스업체를 필요 기업에 연결하는 것이 중요하다. 이를 위해서는 정부의 지원도 높여야 한다.

소프트웨어, 컴퓨터, R&D 서비스, 통신 등의 분야에서는 지식 재산권, 개인 보안, 전자 결제 및 전자 배달 등에 따른 소비자의 피해 구제 등에 관한 제도 정비가 필요하다(OECD 2005). 서비스 기업의 혁신은 주로 연구 개발을 통해서가 아니라 신기술의 활용, 무형 자산에 대한 훈련과 투자에서 비롯되기 때문에, 이를 감안해 서비스업체와 제조업체의 차별 대우를 시정하는 것도 중요하다. 사업자가 적정 수준 이상의 품질을 가진 서비스를 공급할 수 있도록 자격 기준을 강화·심사하고, 일단 자격을 얻은 후에는 지속적인 교육을 통해 해당 분야의 기술 발전을 습득할 수 있는 시스템을 구축하는 것이 필요하다. 서비스 분야에 대한 규제 합리화와 함께 서비스 공급자들도 이에 상응하는 노력이 필요하고, 이를 위해 경영 및 회계상의 투명성을 제고할 수 있는 장치의 마련이 필요하다(정준호 2018).

기업 본사 자체가 유사 생산자 서비스 기능을 수행하는데, 우리나라의 경우 내부화를 통해 이런 기능들을 다수 수행하고 있으며, 이에 따라 본사 기능이 비대화되어 있어, 생산자 서비스 수요 자체가 늘어나지 않는다. 재벌 대기업과 계열 관계에 있는 생산자 서비스업체와 해당 계열사 간의 준내부 시장을 활용한 사업 거래는 규모의 확대를 통한 해당 기업의 전문화에 걸림돌로 작용하고 있다. 최근 논쟁거리가 되는 계열사 간 일감 몰아주기를 통해 부당하게 사적 이익을 얻는 것은 회사에 손해를 끼치고 중소기업의 사업 기회를 막으며, 재벌의 경제력 집중을 심화시키는 등 폐해가 큰 것으로 나타나고 있다(하준 외 2015). 일감 몰아주기는 시장 경쟁을 우회해 부의 이전과 경영권 세습을 용인하는 기제로 중소·중견 기업의 사업 생태계를 교란하고 공정거래 질서를 무너뜨릴 수 있다. 실제로 물류·광고·SI 등 생산자 서비스 분야에서 일감 몰아주기가 재벌의 계열사 간에 나타나고 있는 것이 현실이다. 이런 문제에 대처하기 위해 일감 몰아주기 규제법이 시행되고 있다. 그 이후 재벌 대기업은 규제 대상의 계열사 내부 거래는 줄이고 규제 대상이 아닌 계열사 내부 거래를 늘리는 등 소위 편법을 활용해 동 규제를 회피하고 있다. 이에 따라 합병, 상장이나 총수 일가의 지분을 규제 기준치 이하로 줄이는 등의 방법으로 일감 몰아주기 규제를 피하는 상황이다. 이런 문제를 해결하기 위해 무엇보다 규제 조건을 강화할 필요가 있다(하준 외 2015).

(2) 사회 서비스업

보건 및 사회보장 등의 사회 서비스 분야에서 우리나라는 선진국과 비교해 일자리 창출을 위한 정부의 역할이나 재정지출이 취약하다. 보건 및 사회보장을 위한 정부 지출 비중이 계속해서 상승하고는 있지만 선진국 수준에 비해서는 아직도 낮은 수준이다. 급속한 고령화 추세와 더불어 소득 증가에 따른 삶의 질 추구로 말미암아 사회 서비스 수요가 늘어나고 여성의 노동시장 참여가 선진국에 비해 미흡하다는 점에서, 사회 서비스의 공급을 확대할 여지가 크다. 특히 고령화에 따른 인력 부족에 대비하기 위해서도 양질의 여성 노동력을 적극적으로 활용할 필요가 있으며, 이를 위해서는 보육 시설의 대대적인 정비가 필요하고, 유연한 노동시간제 도입 등이 적극적으로 활용될 필요가 있다.

사회 서비스는 제조업의 고용 없는 성장에 따른 서비스업의 일자리 창출은 물론 장기적으로 인적자원의 확충과 사회자본의 축적에 기여할 수 있다. 사회 서비스의 미발달로 인해 보육, 간병 등이 개인적 부담으로 가중되면 출산율 저하로 연결되며 저출산의 악순환을 초래할 수 있다. 따라서 사회 서비스가 단기적으로 경제의 생산성 향상에 미치는 기여도가 낮다는 이유로 이를 평가절하하는 것은 사회 통합과 지속적인 장기 성장을 위해서도 바람직하지 않다.

사회 서비스의 생산성 수준은 상대적으로 낮은 편이다. 사회 서비스, 개인 서비스, 도소매업, 음식·숙박업의 생산성은 금융·사업 서비스업의 절반 수준에 불과할 정도로 매우 낮다. 저생산성 서비스 부문은 생산성 제고와 함께 맞춤형 고객 서비스 제공을 통한 공급과 전달 체계의 효과성 추구가 필요하다. 이를 위해 이런 공급 체계를 개편하려는 노력이 필요하다.

문재인 정부는 사회 서비스의 질을 표준화하고 업그레이드하기 위해 대선 공약으로 '(가칭) 사회서비스공단' 설립(안)을 제안한 바 있다. 이를 운영하는 원칙으로 공공 기관 확충과 직영 시설 설치 및 종사자 직접 고용을 표명했다. 대통령 직속 기구인 국정기획자문위원회는 2017년 7월 '사회서비스공단' 추진 계획을 발표했는데, 그 골자는 전국 17개 시·도별 사회 서비스 공단을 설립해 요양 시설과 공공 어린이집 등을 대폭 확충하고 이 시설들을 공단에서 직영 운영하는 체계를 구축한다는 것이다. 보건복지부는 2018년 4월 (가칭) 진흥원 추진 계획안을 통해 국공립 복지시설인 사회 서비스 공단을 '사회 서비스 진흥원'으로 변경하는 안을 제시했다. 이후 논의를 거쳐 보건복지부는 '2019년 사회서비스원 시범사업 추진계획'을 마련해 우선 4개 광역 자치 단체에 사회 서비스원을 설립·운영하고 2022년까지 17개 광역 자치단체로 확대하겠다고 밝혔다. 국회 입법 조사처는 보건복지부가 내놓은 초기의 '사회서비스(진흥)원' 설립 방안에 대해 대대적인 수정이 필요하다고 제안한 바 있다 (이만우 2018). 보건복지부의 안은 또 하나의 수탁 지원 기관이기 때문에 통합 서비스 제공이나 표준 운영 모델의 제공·전파를 통한 민간 제공 기관 서비스의 질 견인 등의 효과가 미미할 수 있다고 지적한 것이다. 또한 사회 서비스(진흥)원의 재원 조달 방식이 비현실적이라고 꼬집고 있다. 요양 및 보육 시설처럼 사실상 민간 사업자가 시장을 좌우하는 영역에서는 민간 시설을 매입하거나 장기 임대 형태로 국공립 시설을 확충하는 방법을 고려할 필요가 있다고 제시하고 있다.

이런 논의 과정에서 핵심적 이슈는 공공 인프라 구축, 직접 고용 및 정부·지자체의 재정 지원이고, 시설이든 재가이든 민간 자원의 공적 활용이라는 점이다. 이런 원칙을 고수한다면 사회 서비스 제공의 질적 제고를 견인할 수 있는 공적 허브 기관이 될 수 있다. 이와 같은 원칙을 가지고 운영되는 공적 사회 서비스 운영 기관이 설립되면 각종 사회 서비스의 표준화, 근로조건의 개선, 기타 사항 등에 대한 가이드라인을 시장에 제공할 수 있을 것으로 기대된다. 이를 통해 저생산성 및 저임금의 굴레를 벗어날 수 있는 계기가 형성될 수 있다.

(3) 저임금·부가가치 서비스업

저임금·부가가치 업종을 지원하기 위한 정책 방안은 대체로 세 가지 차원에서 유형화할 수 있다(Peck and Traub 2011). 정부 차원에서는 최저임금 인상, 자율적인 생활임금제 유도, 병가, 휴가 및 근로시간에 대한 감독을 통한 비임금 급여의 강화, 단체교섭을 할 수 있는 노동자(또는 자영업주)의 권리 강화, 기존 법률 조항의 효과적인 집행(예: 안전) 등이 있다. 반면에 고용주 차원에서는 고임금과 급여의 제공, 근로자의 경력 사다리 구축, 근로자의 각종 법적 권리 인정, 정부와의 계약관계를 활용한 민간 기업의 고용 관행 개선, 근로자 교육 프로그램의 개선과 확대, 인센티브 보상 확대 등이 있다. 그리고 지역공동체 차원에서는 지역사회 상생 협약 등을 통한 보조금 제공 또는 정부 계약에 참여한 기업체 고용의 양적·질적 측면에 대한 감시 등이 있다.

저임금 서비스 업종(예: 도소매업)이 직면한 어려움을 타개하고자 제시되는 비즈니스 모형은 크게 세 가지이다(Tait 2017). 첫 번째는 비용 압착이다. 이는 핵심 비즈니스 기능을 아웃소싱하고 공급망에 대한 적극적 압착, 노동비용의 최소화를 겨냥하는 것으로 긱 gig 유형의 일자리를 양산할 가능성이 크다. 두 번째는 효율성을 위한 자동화이다. 이는 새로운 자동화 기술에 투자(예: 무인 주문기 도입)하고, 이로 인해 기존 단순 일자리와 매장이 감소해 비용이 절감되면서 고숙련 일자리가 필요해진다는 것이다. 세 번째는 관계에 기반한 경쟁이다. 이는 근로자에 대한 투자 및 고객과의 관계 정립을 통해 서비스 본연의 대면 접촉 강점을 활용할 수 있는 것으로 다양한 취향의 고객 수요를 만족시키는 것이다. 하지만 세 번째 전략은 최근 코로나-19 사태로 인해 사용하기가 힘들어 주로 비대면 접촉을 위한 두 번째 전략이 선호되는 것으로 보인다.

코로나-19 사태가 진정된다고 한다면, 서비스업이 본질적으로는 대면 접촉에 기반하고 있다는 점에서 세 번째 전략을 무시할 수 없다. 이 전략은 인적자원으로서 근로자의 가치를 최대한 활용하는 전략이기도 하다. 태(Tait 2017)는 관계에 기반한 경쟁 모델이 저임금 서비스 업종에 지배적으로 파급되기 위해서는 근로자의 처지를 반영할 수 있는 권리의 보장, 사회적 숙련에 기반한 훈련 제공, 온라인 플랫폼 사업자에 대한 규제 강화, 최저임금제, 불공정 계약의 금지 등이 필요하다고 제안한다.

태(Tait 2017)는 저부가가치 서비스산업의 일터 혁신에 기반한 인적 경쟁력을 높이기 위해 기술 숙련의 강화뿐만 아니라 서비스 분야의 혁신 종합 지원 센터로서 기능할 '캐터펄트 센터'Catapult Center 설립 추진을 제안하고 있다. 캐터펄트 센터는 영국에서 기업가 헤르만 하우저Hermann Hauser가 기술 및 혁신 센터의 네트워크 형성을 제안하는 보고서를 발표하고, 제임스 다이슨James Dyson이 이를 강력히 지지하면서 설립된 것이다. 영국 정부는 2010년 10월 이후 이런 계획을 실천에 옮기기 위해 노력한 결과, 주로 전략적인 제조업 10개 분야의 캐터펄트 센터를 설립했다. 이는 우수한 연구를 상업적 성공으로 전환하려는 새로운 기술 및 혁신 센터들의 네트워크로서 산학 관민을 포괄하고 있다.

영국 노동당도 저임금 서비스업의 경쟁력 강화를 위해 제조업의 경우처럼 11번째 캐터펄트 센터 설립을 제안하고 있다(Labor 2018). 동 센터는 특정 분야의 혁신을 촉진하기 위해 설계된 허브 네트워크이며, 이는 기업과 연구 기관이 공동으로 협력해 혁신적인 아이디어를 실제 성과로 전환하고 기업의 성장을 도모하고자 하는 것이다. 현재 영국의 저임금 서비스업도 저임금·저안전·저숙련·자동화의 위협에 직면하고 있다. 이런 상황에서도 근로자의 현장 숙련이 향상되면 자동화에 따른 일자리 상실의 정도는 어느 정도 감소할 수 있다고 판단한다. 즉 도소매업과 같은 저임금 서비스업에서 경영 혁신과 모범 사례의 공유는 생산성 향상에 기여할 수 있다고 판단하고, 이를 위한 수단으로 전략적인 제조업 분야에서 최고의 기술과 숙련을 가진 산학 관민의 허브 네트워크를 활용하는 것과 마찬가지로 저임금 서비스 부문에 특화된 캐터펄트 센터 설립을 제안한 것이다.

영국의 제안처럼 종합적인 공공서비스 컨설팅 종합 센터의 설립을 검토할 필요가 있다. 도소매업이나 음식·숙박업 등 저임금 서비스 업종에 대한 체계적인 컨설팅과 관련 지식을 제공하고 축적할 필요가 있다. 현재 영세 중소 상공인에게 이런 경영 컨설팅이 제공되고 있으나 최상의 서비스가 제공되고 있지 않은 것이 현실이다. 창업을 하더라도 다양한 사업 모델을 검토할 기회와 노하우를 가짐으로써 과당경쟁을 제한하고 창업 성공을 배가할 수 있다.

우리나라도 저임금 서비스업에서 관계에 기반한 비즈니스 모델을 실현하기 위해서는 기술혁신뿐만 아니라 경영 컨설팅 지원을 공공 부문에서 제공해 생산성을 높일 허브 네트워크 기관이 필요하다. 즉 고객의 불편을 강요하는 생산성 향상이 아니라, 고객과 근로자 친화적인 생산성 제고를 위한 '(가칭) 서비스혁신종합지원센터'의 설립을 검토해 볼 필요가 있다. 이 기관을 통해 서비스산업의 혁신을 주도하고 모범 사례의 공유, 관리자와 근로자에 대한 체계적인 교육과 훈련 프로그램 수행, 지속 가능한 비즈니스 모형 개발과 전파 등이 가능해질 것이다.

저임금 서비스 부문에서 생산성을 높이는 혁신은 기술 주도보다는 사람 중심이라는 것을 명심할 필요가 있다. 개방적인 프로그램을 통해 직장 조직, 일자리 배치, 리더십 및 경영 혁신 노하우의 공유, 각종 모범 사례의 공유 등이 필요하다. 동 센터는 특정 지역에서 어떻게 기업을 시작하고 확장할 수 있는지에 관한 전 과정을 보여 줄 수 있어야 한다. 또한 이는 저임금 서비스 부문의 사업에 기반한 조언과 정보를 제공하고 경제의 모든 분야에서 기존 기업 또는 창업자에 새로운 '개방형 프로그램'을 제시해야 한다. 또한 저임금 서비스업에서 무인 주문기 도입과 같은 자동화의 진전으로 일자리가 대체될 수 있으므로 기존 인력에 대한 숙련 향상 프로그램이 필요하다. 동 센터가 저임금 서비스업의 혁신과 일자리의 질적 수준을 개선하는 데 필요한 숙련 기술을 제공할 수 있는 다양한 기관들을 조직하고 조정하는 역할을 할 수 있다.

도소매, 음식·숙박업 등 저임금 서비스업에서는 영세 상인의 기업화 또는 법인화 촉진을 통해 궁극적으로 고용의 질과 저임금 문제를 개선해야 한다. 동 분야에서는 개별 영세 자영업자가 많으므로 사회적 경제, 협동조합, 주식회사, 기타 여러 가지 형태의 법인

형태를 통해 집합적으로 기업 운영을 도모하는 방향으로 나아갈 필요가 있다. 이와 같은 종업원 소유 기업 및 다른 형태의 이해 관계자 기업은 근로자의 참여 및 생산성을 높일 수 있을 것으로 기대되므로 다양한 유형의 기업화와 법인화가 촉진되어야 한다. 이는 동 분야에 대한 투자와 혁신을 견인할 수 있다. 이 과정에서 협동조합과 사회적 기업 등과 같은 조직 형태는 다른 조직 형태와 비교해 차별받지 말아야 한다.

예를 들면, 근로자 소유 협동조합이 성공 사례 가운데 하나로 거론되고 있다. 영국 맨체스터 남부의 유니콘 식료품 회사는 곡물, 과일, 견과류 등의 건조식품을 전문적으로 공급하고 있으며, 직원 간, 직원과 고객 간, 기업과 공급 업체 간 관계를 중시한다. 동 회사는 장기 거래를 통해 신뢰에 기반한 공급망을 구축했다. 이 회사는 근로자 소유의 협동조합으로 직원이 소유하고 운영하며 사업 전략의 모든 측면에서 직원이 능동적인 역할을 수행한다. 수평적인 경영 구조로 인해 합의를 통한 의사 결정이 내려지고, 구성원 모두가 재무제표에 익숙해지도록 지속적인 교육이 이루어지며, 사업 수행에 대한 책임이 공유된다. 이런 민주적인 거버넌스 구조는 기업 경영에서 참여율을 높인다. 그 결과 동 회사가 경영상에서 어려움을 겪더라도 다른 회사에 비해 더 높은 직무 만족도를 보여 준다. 이는 낮은 수준의 이직률로 나타나며, 질병 등으로 인한 업무 손실 역시 작은 것으로 보고되고 있다(Thompson et al. 2016).

이처럼 경쟁의 구획화와 다양한 소유 형태의 실험이 필요하다. 오늘날 저임금 서비스업은 주로 자영업에 의해 유지되고 있고, 최근에 과당경쟁으로 자영업의 생존이 위협받고 있으며, 이에 따라 최저임금의 상승으로 갈등이 증폭되고 있다. 임대료 인하, 카드 수수료의 인하, 프랜차이즈 가맹점과 적정 수준의 계약 등을 통한 비용 완화도 자영업주의 생존에 중요하지만, 무엇보다 과당경쟁을 막는 것이 필요하다. 이를 위해서는 일정한 과당경쟁을 막는 경쟁 제한을 도입하는 경쟁의 구획화가 필요하다. 하지만 이는 조건부로 운영해야 한다. 동 분야에서 소비자 후생의 개선 정도에 대한 주기적인 평가가 이런 경쟁의 구획화에 피드백이 되어야 한다. 또한, 협회와 해당 지자체를 중심으로 일정한 상권 내에서 과당경쟁을 제한할 수 있는 상생 협약에 대한 자율적 체결을 고려할 필요가 있다. 자영업자 또는 근로자의 목소리를 반영할 수 있는 협동조합 또는 사회적 기업이 생존할 수 있도록 지역사회와의 다양한 협력이 필요하다.

6장

지속 가능하고 유연한 노동 체제 구축

권현지

1. 들어가며

평균 임금과 1인당 GDP가 이제 일본에 비해서도 높아진 한국[1]이지만 한국인의 삶은 그다지 여유롭지 않다. 직업 선택의 가장 중요한 요소가 임금이라고 생각하는 취업자는 여전히 상승 추세다. 취업자의 40% 이상이 그렇다(통계청 2021). 장시간 노동하는 사회에서 많은 사람이 일을 소득을 위한 도구적 수단 이상으로 생각하지 못하는 현실은 불행하다. 노동시장에서 상대적으로 열위에 놓인

사람들일수록 소득을 우선에 놓을 개연성이 높은 것으로 나타나는 현실은 더욱 그렇다. 대졸자(34.2%)보다 고졸자(42.6%)가, 전문 관리직 종사자(33.6%)보다는 서비스직(43.9%)이나 기능 노무직 종사자(48.2%)가, 600만 원 이상 가구 소득자(34.8%)보다 중하 수준인 400만 원 이하 소득자(400만 원 이하 모든 소득 구간에서 40% 이상)가 소득을 직업 선택의 최우선 순위로 꼽는 비중이 높았다(통계청 2021). 임금 불평등이 이런 결과를 낳았을 개연성이 높지만, 시각을 조금 바꾸어 보면 이들이 경험한 일터와 일이 임금 이외의 다른 가치를 주지 못하기 때문일 수도 있다.

한국은 중위 소득국의 덫 middle-income trap과 1990년대 말 고도 성장의 와중에 불어닥친 경제 위기를 벗어나 후기 산업사회에 빠르게 진입하는 예외적인 성장의 기록을 만들어 왔다. 하지만 성장의 뒤에 가려진 고통이 적지 않았다. 특히 최근 20여 년간 글로벌 경제에 급속히 편입되어 자유주의 파고를 겪는 과정에서 일자리의 불안정성과 노동시장의 격차가 커졌고, 사회적 위험도 커졌다. 구성원의 불행과 불안, 고립의 정도를 가늠케 하는 자살률의 상승이 하나의 단서다. 2020년 현재 인구 10만 명당 25명(남성 38명)에 이르는 한국의 자살률은 OECD 국가 중 단연 수위를 기록 중이다. 그런데 〈그림 1〉에서 보듯 높은 자살률은 한국 사회가 오랜 기간 고질적으로 겪어 온 문제가 아니라 지난 20여 년간 급격하게 상승한 문제라는 점을 상기할 필요가 있다. 21세기 한국 사회가 직면한 새로운 위험이 개인에게 투사된 한 단면으로 자살을 봐야 한다는 의미다.

노동은 성인이 감당하는 삶의 한 부분이지만, 현재의 삶을 지탱

그림 1. 자살률 추세: 한국과 OECD 회원국 비교

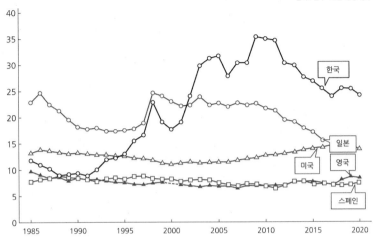

자료: OECD(2022b).

하고 미래의 삶을 그릴 수 있는 기반을 제공한다는 점에서, 그리고 하루하루 생활의 가장 많은 시간을 투여한다는 점에서 삶의 질을 구성하는 가장 중요한 요소 중 하나이다. 충족되지 못한 삶의 질을 반영하는 한 지표로서 높은 자살률은 역으로 노동의 질에 대해서도 생각하게 한다. 이렇게 보면 '좋은 일(자리)', '삶을 안정시키면서도 의미 있는 일'의 구축은 사회 구성원의 생존을 지키는 중요한 사회적 기획과 실천이다.

그런데 이런 사회적 기획은 빠른 추격을 강조하며 노동을 수단시했던 그간의 성장과 생산 패러다임으로부터의 탈피를 포함해야 한다. 양질의 숙련 노동을 매개로 하는 생산, 개개인의 노동자가 좌

절하지 않고 차별받지 않는 포용적 생산 체제로의 패러다임 전환이
필요하다. 개인 삶, 나아가 사회적 삶의 안정성과 미래 전망, 긍정
적 사회적 관계의 원천을 제공하는 '좋은 일'은 개인의 노력으로만
만들어질 수 없다. 제도와 조직이 좋은 일에 대한 사회적 정의와 실
천의 합의를 구축하고 공동의 노력을 경주해야 가능하다. 노동정책
의 목적은 그런 합의 도출을 지원하고, 제도를 구축해 개인과 조직
의 실천을 지원하고 모니터링하는 데 있다. 이런 노동정책은 이제
까지와는 다른 차원의 성장을 고민해야 하는 동시에 전 세계적인
전환의 시대를 통과하고 있는 한국 사회에 매우 중요하다.

  '좋은 일자리'를 많이 만든다는 목표를 포용 사회 구축의 한 축
으로 삼았던 문재인 정부의 실험은 이런 맥락에서 매우 중요했다.
그러나 그 목표가 성공적이었다는 평가를 내리기는 어렵다. '좋은
일자리' 창출을 '보호'라는 일면적 차원의 정책에 국한한 점, 산업
고도화의 맥락에 노동의 고도화를 연계하는 구상과 노력이 미흡했
다는 점에서 '포용 사회 구축'을 위한 노동정책은 한계가 있었다.

  정권 초기 드라이브를 걸었던 소득 주도 성장 기획의 조기 좌절
은 차치하고라도, 2020년 코로나-19 맥락에서 5년간 160조 원의
예산 책정과 함께 야심 차게 제시된 국가의 전환 경제, 미래를 위한
정책 기획, 즉 한국형 디지털 뉴딜, 그린 뉴딜의 틀에 노동의 고도
화와 사회적 지원을 통한 좋은 일자리 만들기 계획은 구체화되지
못했다. 문재인 정부의 '포용적 노동' 계획이 전환기 한국 사회에 제
기된 새로운 노동 패러다임 구축의 기회였다는 점에서 아쉬운 역사
적 장면이다.

올해 2022년 초 집권에 성공한 윤석열 정부와 여당이 구상하고 있을 노동정책의 전반적 프레임 워크는 이 글을 다듬는 8월 현재 제대로 드러나지 않고 있다. 그러나 앞서 언급한 생산 패러다임의 전환과 궤를 같이하는 노동의 포용적 고도화는 국정 과제의 우선순위에 올라와 있지 않다. 전환 경제의 이니셔티브나 지원 정책의 밑그림이 지난 정부의 연장선에서 어떻게 확충, 변화되는지에 대해서도 아직 알려진 바가 없다. 코로나-19 팬데믹의 긴 꼬리 속에 심화될 경제 불안정 및 전환 경제가 가져올 위험과 기회를 정부 여당이 적극적으로 다루고 있지 않다는 점은 분명해 보인다.

이 장은 이런 문제의식에 기반해 소극적 의미의 노동 '보호'를 넘어, 전환기를 함께 헤쳐 가며 노동하는 시민들이 삶의 안정감을 누리면서도 보다 적극적으로 미래 전망의 기회를 공유하는 포용 노동시장의 비전을 생각해 보는 데 그 목표가 있다.

2. 쟁점의 확장: 이중구조화 담론을 넘어

공공상생연대재단이 펴낸 연구보고서『상생과 연대를 위한 사회개혁 비전 수립 정책연구: 한국 사회가 풀어야 할 쟁점』(2020)의 노동편은 현재 한국 사회 노동문제의 핵심에 노동시장의 이중구조 및 불평등 문제가 있다고 진단했다. 한 축으로는 노동 생산 기여를 체계적으로 낮추는 자본 편향적 성장과 대공장 조직노동자에 편향된 노조 운동의 상호작용으로 자라난 대-중소기업 간 격차, 다른 한 축으로는 지난 20년간의 폭발적인 고용 관계 외부화와 함께 증폭된 정규-비정규 간 격차가 교차하는 노동시장 불평등이 이중구조 및 불평등의 핵심 양상임을 강조했다. 앞의 보고서는 21세기 한국 노동시장 불평등의 심화 요인을 이중의 이중화로 요약했다(전병유 2020). 저임금과 나쁜 근로조건, 불안과 차별 등 노동시장 문제의 해법도 이에 따라 이중화-분절화 경향의 차단 혹은 완화에서 찾았다.

공공 부문 비정규직의 정규직 전환 등 1차 노동시장 확장과 최저임금 인상 등 2차 노동시장에 대한 보호 강화를 정책 기조로 채택한 문재인 정부의 노동 개혁 역시 같은 문제의식에 기초했다. 정권 초기 정책 이니셔티브는 저임금 일자리 비중을 낮추고 근로시간을 단축하며 공공 부문 비정규직의 고용을 안정시키는 데 어느 정도 성과를 거두었지만, 집권기 전반에 걸쳐 상생과 연대의 노동 체제 구축이라는 기조를 전략적이면서도 일관되게 추진했다고 보기는 어렵다. 정책 환경과 조건에 대한 고려 부족이나 정책 간 전략적 배열의 실책 때문이라는 평가가 있지만 이런 평가는 표피적이다. 앞의 보고서(공공상생연대 2020)는 일자리 양과 질의 선순환 구조 구축, 산업-재정-복지 정책과 상보적인 노동정책 구상, 1차 노동시장과 2차 노동시장의 연대 전략, 사회적 타협에 기초한 정부 주도 노동시장 개혁의 비전과 종합적 정책 설계 등의 부재와 향후 정책적 필요를 진단했다.

이 글 역시 앞 보고서의 진단을 전반적으로 공유하지만, 한편으로 문제 인식의 축을 조금 옮길 필요가 있다고 주장한다. 노동시장 이중구조 문제 자체에 대한 지나친 집중은 ① 노동자 내부 임금-소득 격차 중심의 협소한 문제 제기에 그칠 위험, ② 문제 해결을 위한 정책 목표가 2차 시장을 1차 시장의 논리와 관행으로 끌어올려 통합하는 데 있다는 오해를 키울 위험, 그리고 ③ 소위 2차 노동시장을 한층 다양하게 변주하고 있는 논리와 관행, 그리고 그 안의 노동자들을 지나치게 단일하게 파악하는 위험을 초래하기 쉽다고 보기 때문이다.

더불어 ④ 내부자-외부자 격차를 재생산하는 내부자 정치에 과도하게 문제의 화살을 돌릴 위험도 적지 않다. 한국 노사 관계에서 내부자 정치는 명백하지만, 외부자 불안정성을 내부자의 배타적 독점 지위에 과도하게 귀인하는 경향은 자칫 불평등이 깊게, 그리고 급속한 속도로 증가한 애초의 이유에 대한 초점을 흐릴 위험도 있다. 이 장은 이 중에서도 ②와 ③에 집중해, 확대되고 있는 노동시장의 불안정성과 2차 노동시장의 다변화라는, 반드시 등치되지는 않는 노동시장의 양상에 대한 정책 함의를 고찰하고자 한다.

3. 이중구조화 너머 쟁점의 확장
: 불안정성을 중심으로

이 장이 노동시장의 이중구조화 너머로 쟁점의 확장을 제안하는 이유는 한국을 비롯한 대부분의 부유한 산업국가 노동시장에서 20세기의 고용 관계 규범 및 제도가 무력화되고 있기 때문이다

(Bourdieu 1998; Bauman 2000; Kalleberg and Vallas 2018). 달리 말하면 기존 제도에 포섭되지 않는 고용 관계 및 노동인구의 증가가 현저한데, 이들이 기존의 내부노동시장으로 포섭될 가능성이 크지 않기 때문이다.

한때 국내에서도 내부노동시장 해체 여부가 쟁점이 된 적이 있으나(김영미·한준 2008; 정이환 2013), 현재 내부노동시장에 대한 구조조정 압력은 크지 않다. 내부노동시장이 발달한 대기업의 경우, 그간 여유를 허용하지 않는 긴박한 인력 운용으로 현직 구성원의 조직 몰입에 대한 요구는 매우 높다. 이에 더해 터부시되던 노동자의 자발적인 직장 이동이 오히려 빠르게 새로운 규범으로 떠오르는 상황 속에서 기업은 오히려 기존 노동력 유지라는 새로운 과제에 직면하고 있다. 대기업이 기존 내부노동시장의 규모를 확대할 유인도 크지 않지만, 기존 관행을 무리하게 변경할 유인도 크지 않다는 의미다.

〈그림 2〉를 보면 300인 이상 대기업의 상용직 비중은 2008년 13.0%에서 2019년 13.1%, 1000인 이상도 동 기간 6.4%에서 6.8%로 거의 변화가 없다. 이중구조화를 강조하는 문제의식은 정당하지만, 불평등에 대한 해법으로 1차 노동시장의 규모나 관행을 변화시키려는 정책은 실효성을 거두기 어렵다는 점을 암시한다.

코로나-19 팬데믹 위기 중에도, 위기가 극적으로 고조되었던 2020년의 경우 예상과 달리 대부분의 산업에서 대기업 상용직의 비중에는 큰 변화가 없었다(〈표 1〉 참조). 2019년 상용직의 비중이 69.5%였던 데 반해 2020년 그 비중은 71.3%로 늘었다. 고용 감소

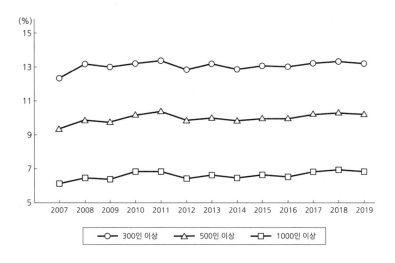

그림 2. 1인 이상 사업체 취업자 중 대기업 상용직의 비중

자료: 고용노동부(각 연도).

분이 매우 적을뿐더러 300인 이상 사업체를 비롯해 고용이 소폭 증
가(1.71%)하기도 했다. 전례 없이 전격적으로 빠르게 투입된 고용
유지지원제도가 주로 정규직에서 사용되었을 가능성, 그리고 임시/
일용직 축소로 상용직 비중이 늘었을 가능성을 모두 암시한다. 기
업이 직접 고용하고 있는 현직[取] 정규직이 사업 유지를 위해 필수적
으로 요구되는 규모에 매우 가까워 더 축소하기 어려운 수준이었다
는 유추도 가능하다.

　　반면, 임시직은 15% 이상 감소한 대규모 사업체 종사자를 포함
해 거의 전 부문에서 눈에 띄게 감소했으며, 일용직 역시 300명 이
상을 제외한[2] 전 부문에서 공히 줄었다. 전체 임금노동자 비중이

표 1. 종사자 규모별 종사상 지위별 2019년 대비 2020년 임금노동자 수 증감율

단위: %

	상용	임시	일용
1~4명	-1.55	-6.81	-3.52
5~9명	-0.56	-9.92	-9.78
10~29명	2.05	-4.49	-8.72
30~99명	4.04	-8.79	-3.00
100~299명	-1.40	1.74	-15.79
300명 이상	1.71	-15.22	42.19

자료: 통계청(2020).

1.25% 축소된 것과 상용직 비중 증가를 감안하면, 위기에 대응하는 고용 조정이 주로 임시직과 일용직을 중심으로 일어났음을 알수 있다. 또, 매년 실시되는 통계청의 경제활동인구조사에서 8월 근로 형태별 부가 조사는 팬데믹 상황에서 비정규직 비중이 증가했다는 사실을 추세적으로 보여 준다. 우선 지난 20여 년간 한국 노동시장에서 비정규직의 규모는 여러 정책에도 불구하고 전체 임금 근로자의 35% 전후 비중을 꾸준히 유지해 왔다. 2007년의 비정규직 사용과 관련한 법 개정이 없었다면 이 정도의 안정세도 유지되지 못했을 가능성이 있지만, 그럼에도 불구하고 한국 노동시장의 불안정성을 획기적으로 줄이지는 못했다는 점을 알 수 있다. 문재인 정부의 공공 부문 비정규직 정규화 정책 역시 민간 부문에 대한 영향이 미미했음을 유추할 수 있다.

　　팬데믹은 2000년대 초 이래 큰 변동이 없었던 비정규직 비중을

2_이는 공공 근로 사업 확대에 기인한 것으로 보인다.

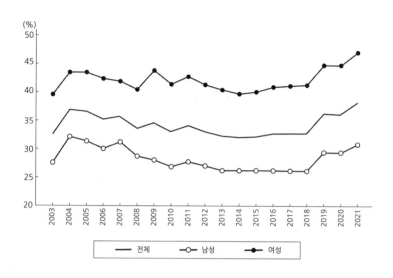

그림 3. 지난 20여 년간 비정규직 비중 변화

혼들었다. 2018년 32.9%였던 비정규직 비중이 2021년 38.4%로 증가했으며, 특히 여성은 같은 기간 41.5%에서 47.4%로 크게 상승했다. 2019년 통계치 추정에 다소 변화가 있었다는 점을 감안하더라도 코로나-19 동안의 비정규직 증가 추세는 뚜렷하다. 백신 접종과 함께 경기가 살아난 2021년 전체 임금 근로자의 수가 2019년에 비해 증가했지만, 정규직은 줄고 비정규직은 증가했다.

이렇게 보면 최근 노동시장 변화는 소위 '비'정규non-standard 혹은 a-typical로 분류되는 비정형적 고용 관계가 주도해 왔다고 할 수 있다. 특히 과거의 정형화되고 안정적인 고용 관계가 소수 대기업의 정규직에 국한되는 한국에서 이런 전개는 더욱 극적이다. 노동자의 대다수를 차지하는 소규모 사업체의 정규직과 비정규직 사이에 경계가 거의 의미가 없다는 점을 감안할 때, 앞서 보았듯이 내부 자로서의 안정적 위치에 있는 노동자의 비중은 전체 임금노동자의 13% 정도에 불과하기 때문이다. 대다수를 차지하는 비정형적 일자리는 그 비중이 대단히 높고, 경기에 대응해 주로 조정되는 대상으로 불안정성이 높을 뿐만 아니라 그 구성도 복잡해지고 있다. 최근 크게 주목을 받고 있는 플랫폼 노동이 비정형 일자리에서 차지하는 비중이 높아지고 있을 뿐만 아니라, 시간제 일자리의 비정규직 내 비중도 2005년 19%에서 2019년 43.8%로 폭발적으로 증가했다.

이렇게 보면, 확장되고 있는 비정형적 고용 관계가 소수화되고 있는 기존 관계를 포위해 기존 제도의 변화, 나아가 '장field의 파열 rupture'(Fligstein and McAdam 2013)을 압박하고 있다는 점이 최근 노동시장 변화의 핵심이다. 이렇게 보면 10~15%로 유지되고 있는 안정적 노동시장을 더 유연화하라는 정책 요구는 그다지 설득력이 없다.

4. 노동시장 규범의 변화
  : 일자리 안정성 개념에 대한 재고가 필요하다

한편 지난 20여 년간 전개된 이런 변화는 노동시장 규범의 전환을 의미한다. 이는 단순히 수요 측의 관행 변화뿐만 아니라 공급 측의 정체성 및 노동시장 행위 양상의 변화, 노사 관계 전반의 변화를

그림 4. 일자리 선택의 가치 변화: 20대 한국인의 일자리 선택 요인(2009년과 2019년)

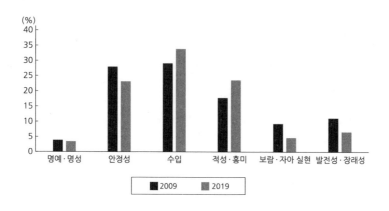

자료: 통계청. "사회조사." 2009년과 2019년 원자료.

함의한다. 개개 기업 조직에 대한 젊은 세대의 충성도가 철회되고 있고, 조직 내 고용 안정성에 대한 기대나 가치 부여도 퇴조하는 추세다(〈그림 4〉 참조). OECD 국가 평균에 비해 한국의 평균 근속년수, 혹은 직장 유지도가 한층 낮은 것은 비정규직의 비중이 높다거나 중소기업 부문의 인력 이동이 잦다는 것으로 주로 설명되어 왔다. 하지만 20대 청년들에게 일자리 선택에 중요하게 작용하는 요인이 2009년과 2019년의 10년 사이 어떻게 변화했는지 보면, 노동시장에서의 안정성이 가장 중요하다는 응답은 낮아지고 현재적 가치로서의 수입을 한층 중요하게 여기는 경향을 발견할 수 있다. 누구라도 더 높은 임금을 제시하면 현 직장을 떠날 수 있다는 의미다. 또현 직업이 자신에게 보람이나 자아실현의 도구가 된다거나, 장래에 대한 비전을 갖거나 자신의 직업 경력을 발전시키는 데 도움이 될 것이라는 기대는 2009년에 비해서도 낮아졌다. 반면, 현재 자신의 흥미와 적성에 따른 직업 선택의 경향은 증대하고 있다. 조직에 대한 기대나 조직과 자신의 요구를 일치시키는 경향이 전반적으로 낮아지고 있다는 해석이 가능하다. 여기서 정책가들에게 요구되는 것은 이런 장의 변화에도 불구하고 기존의 고용 관계와 그 규범을 복원할 수 있을지 혹은 복원이 최선일지, 아니면 다수화되고 있는 2차 시장의 고용 관계를 규율하는, 새로운 논리를 지닌 제도 구축이 필요한지에 대한 판단이다.

심화되는 노동자 불안정성precarity은 전 세계적 현상이지만, 기업 중심의 노동 체제를 만들어 온 한국에서 기업 울타리의 균열로 인한 충격은 더 많은 노동자에게 더 직접적으로 가해지는 양상을 보인다. 기업 울타리 밖 노동시장 및 노사 관계 제도의 완충 능력이 다른 산업국에 비해 크게 약하기 때문이다. 그런 면에서 앞에서 언급한 장의 변화로 인해 정도의 차이는 있지만 내부자로 인식되어 온 정규직 역시 전환기 노동시장에서 안정성을 구가하는 예외적 존재가 아니다. 현재 한국 노동시장 문제의 핵심은 담장 안팎의 격차뿐만 아니라 노동자 대중에 확대되는 불안정성 혹은 취약성에 있다. 후자가 더 본질적이다.

5. 노동자의 경제적 취약성, 불평등, 최저임금 정치와 정책

임금만 놓고 볼 때도 〈그림 5〉가 드러내듯이, 1987년 사회 및 노동 민주화 이후 지난 30년, 특히 1990년대 후반 한국 경제를 강타했던 아시아 경제 위기 이후 최근 20년은 노동자의 경제적 취약성이 심화되어 온 기간이라 할 수 있다.

1990년대 규범적 우위와 힘을 지녔던 노동운동의 퇴조와, 제조 기업의 해외 이전에 따른 안정적 생산직 일자리 축소, 경제 위기 이후 비용 논리를 앞세운 노동시장 고용 유연화가 그 주요 이유라고 할 수 있다. 해당 20년 동안 노동시장 전개의 한 결과는 경제 수준이 높은 여타 OECD 국가들과 비교할 때 한국의 저임금 노동자 비중이 미국, 아일랜드와 함께 수위를 달릴 만큼 높아졌다는 점이다. 한국에서도 노동시장 양극화 담론이 우세했지만 해당 기간 한국 노동시장의 불평등 심화는 엄밀히 말하면 숙련 친화적 기술 변화론이 힘을 얻었던 영미권과는 다소 다른 양상으로 노동시장의 꼬리 부분이 비대해지는 저임금화, 취약화가 주도했다고 할 수 있다. 〈그림 6〉이 제시하듯 2007~17년 10년간 임금노동자 가운데 약 4명 중 1명은 중위 임금의 2/3 이하 임금으로 생활하는 저임금 노동자인 상황이 유지되었다.

한편, 이런 상황이 최저임금의 대폭 인상(16.4%)이 있었던 2018년 이후 전환을 맞게 되었다는 점, 즉 저임금 노동자의 비중이 20% 이내로 급격히 떨어졌다는 점은 기억할 만하다. 특히 2018년에 저

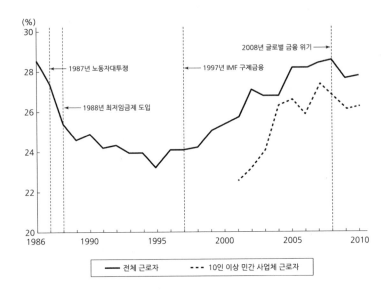

그림 5. 20년간 주요 노동/산업 환경 변화와 저임금 발생 비중: 1990~2010년

주: 저임금 근로자 비율은 전체 임금근로자 중 임금수준이 전체 근로자 중위임금의 2/3 수준 미만인 근
로자의 비율임.
자료: 고용노동부. "임금구조기본조사." 각 연도; 통계청. "경제활동인구 근로형태별 부가조사." 각 연도
8월.

임금 노동자 비중이 줄어드는 속도가 커져 비중 하락이 5%포인트
를 넘었다. 노동시장 상위와 하위 10% 임금 분위에 해당하는 노동
자들 간의 임금격차도 4.13배에서 3.75배로 줄었다(김유선 2018).
최저임금 인상에 대한 공격적 담론이 주로 부정적 고용 효과에 초
점을 맞추었지만, 정작 최저임금 인상의 고용 효과는 분명치 않았
다. 실증 연구 결과 역시 엇갈렸다(김대일·이정민 2019; 황선웅 2019;
홍민기 2018). 그러나 저임금 분포에는 확실한 개선이 있었다. 그럼

그림 6. 저임금 발생률 국제 비교(위), 지난 10년간 한국의 저임 발생률 추이(아래)

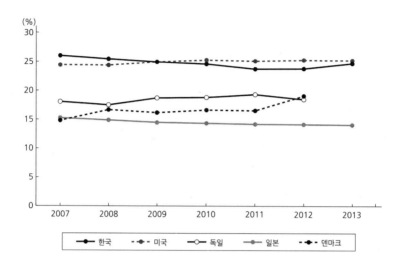

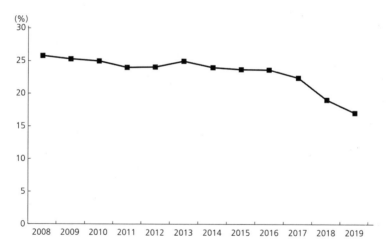

주: 저임금 발생률=(중위 임금의 2/3 미만을 받는 임금 근로자 수÷임금 근로자 수)×100.
자료: OECD Stat.

에도 불구하고 최저임금 인상의 정치적·정책적 어젠다를 효과적으로 유지하지 못한 것은 아쉬운 대목이다.

함께 기억할 통계가 있다. 최저임금 인상으로 저임금과 중위 임금 사이 구간 임금노동자의 비중이 상대적으로 많이 증가했지만(〈그림 7〉), 비중이 낮아진(약 17%) 저임금 노동자의 최저임금 미만율은 증가했다는 점이다. 2018년 8월 최저임금 미달자의 비중은 15.5%로 한 해 전의 13.6%에 비해 증가했다(이기쁨 2019). 특히 숙박 및 음식점업(43.1%), 예술/스포츠 여가 관련(33.9%), 사업 서비스 및 개인 서비스 등 대면 서비스 부문에 미만율이 높았다. 공공 부문이 집중된 보건업 및 사회복지 서비스업에도 미만율이 17.4%로 높았던 점은 특기할 만하다.

최저임금이 급하게 오르면서 이를 따라가지 못하는 영역이 커질 수 있다는 점은 충분히 예상 가능하다. 그러나 빠르게 증가했던 최저임금의 수혜를 가장 취약한 집단이 받지 못했다는 점은 여전히 고민해야 할 지점이다. 이뿐만 아니라 국가가 실질적인 고용주라 할 수 있는 보건, 사회복지 서비스 섹터에서 사회적 덤핑social dumping이 적지 않았다는 점은 해당 분야 노동시장의 구조나 작동에 대한 재검토가 필요하다는 점을 보여 준다.

그림 7. 성별 임금 4분위별, 지난 10년간 한국의 저임 발생률 추이

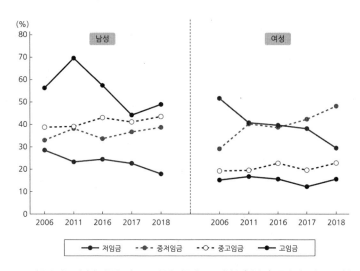

주: 임금 분위는 시간당 임금을 기준으로 중위 임금의 2/3 미만을 '저임금', 중위 임금의 2/3 이상
중위 임금 미만을 '중저임금', 중위 임금 이상 중위 임금 3/2 미만을 '중고 임금', 중위 임금의
3/2 이상을 '고임금'으로 정의했음.
자료: 통계청, "경제활동인구조사 근로형태별 부가조사." 원자료 각 연도 8월.

그림 8. 최저임금 미만 근로자 수 및 비중(오른쪽)

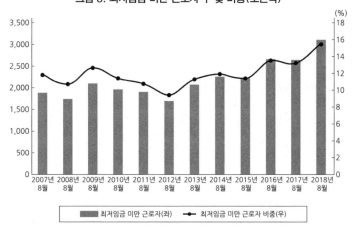

출처: 통계청, "경제활동인구조사 8월 부가조사." 이기쁨(2019)에서 각 연도를 재인용.

6. 경제 영역에 국한되지 않는 노동자 불안정성

노동시장 분석의 주류인 경제학에서는 주로 임금을 분석 대상으로 노동시장의 불안정성에 대해 논의하지만, 실제 불안정성은 소득에 국한되지 않는다. 예측 가능성, 일자리 안정성, 경제적·심리적 안정성을 대체로 결여하고 있는 상태[3]로 정의되는 불안정은 비단 소득뿐만 아니라 정체성·사회적 인정·건강과 안전·직업 및 생애의 안정성과 전망 등 삶의 전방위적 영역에서 발생하고 있다(Kalleberg 2018).

예컨대 2020년 코로나-19는 기존에 가려져 있던, 건강과 직결되는 노동의 불안정성이 환기되는 계기를 제공했다. 일터 집단감염의 첫 사례로 꼽힌 콜 센터나 물류 센터, 그리고 과로사가 이어진 택배 산업은 공히 위기로 인해 오히려 고용이 늘어난 경우지만, 코로나 감염이라는 새로운 생존 위험에 노출되었다. 사회적 거리 두기로 인한 대면 서비스가 위축되면서 집의 안팎을 연결하고 비대면성을 보조하는 다양한 부문의 서비스 노동, 소위 필수 서비스 영역에서는 일자리가 크게 늘었다. 그러나 이런 일자리 증가와는 무관하게 나쁜 작업환경과 장시간 근로가 지난 10년간 크게 늘어난 아웃소싱과 결합하면서 생존을 위협하는 건강 위기로 이어졌다. 비용 절감과 사용자의 책임 전가가 주된 동인이 된 아웃소싱은 사용자의 공동 책임을 묻지 않는 한국의 제도적 환경에서 급속히 노동 불안

3_Kalleberg and Vallas(2018)는 취약한 일을 불확실, 불안정, 불안전하고 노동자가 위험을 감수하며 제한적인 사회적 혜택과 법적 보호를 받는 일로 정의한다.

정성과 연계되었다. 시민단체인 노동건강연대에 따르면 2020년 한 해만도 676명의 노동자가 일터에서 목숨을 잃었다. 물론 2020년 특히 문제가 된 15건이 넘는 택배 기사 과로사도 이에 포함된다 (http://laborhealth.or.kr/). 직접적 연관을 찾기는 어렵지만, 크게 늘어난 20대 청년 여성의 자살이 노동 불안정성의 간접적 결과라는 데는 전문가들 사이에도 이의가 없는 듯하다.[4] 코로나-19의 발발과 더불어 가장 크게 타격을 입은 업종은 대면성에 기반한 서비스업이고, 이들 업종의 주력이라 할 젊은 여성 노동자들 특히 비정규 노동자들이 직격탄을 맞았다. 그리고 2020년 상반기에 전년 동기에 비해 20대 여성 자살 시도가 32.1%, 자살자가 43% 증가했다. 지난 10여 년간 청년 여성 자살률이 특히 꾸준히 높은 수준을 유지하고 있으며 높은 증가세를 기록해 온 배경에는 좋은 일자리의 진입 장벽과 차별, 고용 및 소득 상실을 비롯한 노동 불안정성, 그리고 가족 및 사회적 지원 네트워크의 상대적 취약성 등이 복합적으로 작용하고 있다고 유추해 볼 수 있다.

일터 문제에 대해 목소리를 내고 연대할 수 있는 제도적 권리를 향유하는 노동자가 소수라는 점은 불안정성을 배가하는 요인이다. 그나마 제도적 대변 기제 확보 역시 더 나은 근로조건을 영위하는 노동자에 집중되어 있어 이런 노동 불안정성을 심화한다. 노동조합

4_젠더 미디어 <슬랩>(2020/11/12)의 "조용한 학살이 시작됐다" 속 다양한 분야의 전문가 인터뷰, 같은 시기 신문 기사 "20대 여성 '조용한 학살', 첫 대책이 나왔다" 참조. http://www.hani.co.kr/arti/society/women/972163.html#csidx82c54b9a2c203bfab6304e0e77eb4d0

가입률은 2020년 현재 전체 임금노동자의 14.2%로 최근 이례적인 성장세를 보여 주고 있다. 2019년 12.5%에 비해 한 해 동안 1.7% 포인트가 증가했다. 노동조합 조합원 수 역시 2017년 약 208만 8000명, 2018년 약 233만1000명, 2019년 약 254만 명, 2020년 약 280만5000명 등 3년 사이 80만 명에 육박하는 증가를 보여 줘 조직률 증가가 실질적인 조합원의 증가에 근거한다는 점을 분명히 보여 준다. 그러나 이런 고무적 현상에도 불구하고 조직의 격차는 크다. 근로자 300인 이상 사업장에서 일하는 노동자 가운데 49.2% 가 노동조합에 조직되어 있는 데 반해, 30~99인 사업장의 2.9%, 30인 미만 사업장의 0.2%가 조직되어 있을 뿐이다. 비정규직이 조직에 가입하고 있는 경우도 3%에 불과하다. 노동조합 조직률의 최근 증가에도 불구하고 노동조합 대표성의 격차가 과도하게 크다.

한편, 노동 불안정성은 특정 시기 지나가는 에피소드적 상황이 아니라 노동자 생애 과정 전반을 지배할 개연성이 높다는 점에서 문제적이다(Butler 2015). 〈그림 9〉는 대졸자 노동 이력을 비취업, 자영, 대기업 정규, 중소기업 정규, 비정규 등 5개 상태로 구분해 10년간의 이행 확률을 그림으로 나타낸 것이다. 각 상태 가운데 노동시장에서 안정적 위치를 점하고 있다고 생각되는 대기업 정규직의 비중이 상당히 낮다는 점은 차치하고라도, 그림의 좌측 상단에서 우측 하단으로 연결되는 대각선에 위치하는 그래프들의 일관되게 높은 고용 상태의 유지율은, 한번 시작된 노동시장 위치가 10년간 크게 변하지 않는다는 것을 알려 준다. 비정규직과 정규직 간에는 물론 고용 안정성이 상대적으로 높은 대기업 정규직과 중소기업

그림 9. 시점에 따른 상태 간 이행 확률

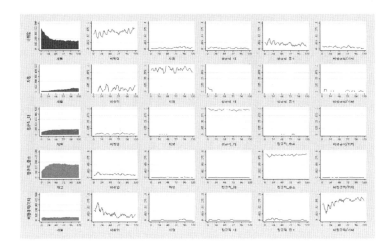

자료: 이상직·김이선·권현지(2018).

정규직 사이에도 이동 장벽이 높다. 단, 비취업과 대기업 진입을 제외한 여타 고용 관계 간의 넘나듦(특히 졸업 후 노동시장 진입 초기)은 상대적으로 많아 취약한 노동자들이 실업과 불안정 노동의 다양한 상태를 유지·반복하고 있다는 것을 암시한다.

게다가 기존의 사회질서, 즉 포드주의적 생산 복지 체제가 구성했던 '정상적' 삶의 제반 조건이 흔들리고 있는 전환기에 이 공백을 채울 새로운 규범과 제도는 정립되지 못하고 있다. 특히 젊은 세대는 기존 세대가 정상화했던 직업의 안정성뿐만 아니라 친밀성(사적) 영역에서의 규범적 정상성이 흔들리는 상황을 경험하고 있다. 자발적인 선택으로 규범적 정상성으로부터 이탈하는 젊은 세대도

그림 10. 재미와 미래 전망의 계층화

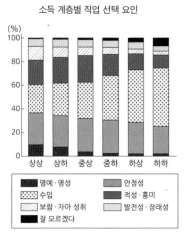

소득 계층별 직업 선택 요인

- 명예·명성
- 수입
- 보람·자아 성취
- 잘 모르겠다
- 안정성
- 적성·흥미
- 발전성·장래성

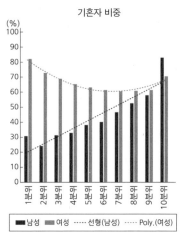

기혼자 비중

- 남성
- 여성
- ······ 선형(남성)
- ······ Poly.(여성)

자료: 통계청(2017) 사회조사 원자료.

늘고 있지만, 직업 선택에 있어서, 그리고 재생산 영역인 결혼에서 계층화 양상이 뚜렷하게 나타나고 있다(〈그림 10〉의 오른쪽). 이는 생산 영역 불안정성이 재생산 영역 불안정성으로 전이되는 경향을 함의한다. 이 점에서 다시 한번, 정책 영역 간 통합적 접근이 요구된다는 점을 강조하게 된다. 또 한 가지, 앞에서 언급했듯이 노동에 대한 긍정적 기대도 계층화된다. 즉, 계층적 위치에 따라 일자리 선택에 있어서 수입을 가장 중요하게 생각하는 경향은 체계적으로 높아지고, 적성과 흥미에 대한 고려는 체계적으로 낮아진다. 여기에 저임금 일자리가 제공하는 좋지 않은 일 경험이 더해지면 일에 대한 만족도, 삶의 질은 크게 저하될 수밖에 없다. 앞의 분석 결과, 즉 노동시장 내 계층적 이동 기회가 제약되면서 이런 노동 경험과 기대도 노동 생애에 걸쳐 누적될 개연성이 크다.

7. 불안정성에 대한 접근: 울타리 밖 노동시장에 대한 원칙적이고도 유연한 정비

이후에는 앞서 검토한 노동 불안정성의 완화를 위한 접근을 생각해 보려고 한다. 노동 취약성이 주로 울타리 밖 비정형 고용계약의 확대와 이를 실질적으로 규율할 수 있는 제도적 사각지대에서 비롯된다면, 그에 대한 정책적 대응으로는 두 가지의 선택지를 생각해 볼 수 있다. 내외부를 가르는 규칙과 선을 다시 그어 밖에 있는 일부를 재진입시킴으로써 내부 영역을 확장하는 방법(선택지 ①)과 울타리 밖을 대폭 정비하는 방법(선택지 ②)을 대별할 수 있다.

이 중 첫 번째 접근, 즉 기업 울타리, 즉 내부의 경계를 정책 압력을 통해 확장하는 선택지 ①은 문재인 정부가 공공 부문에서 단행한 비정규직의 정규직화를 비롯해, 동일한 비정규직 노동자를 일정 기간 이상 반복 고용할 수 없도록 하는 조치를 통해 이미 시도된 바 있다. 가장 최근의 울타리 확장 정책인 공공 부문의 비정규직 해소 정책의 예를 보면, 일부 공공 부문에서 일었던 공정성 시비는 차치하고라도, 정책 의도와는 달리 공공 부문의 변화가 민간 부문을 견인하지 못한 채 대기업-공공 부문 노동시장 대 그 밖의 노동시장

(즉, 중소 규모의 민간업과 자영업 부문) 간 분절선이 강화되는 결과를 초래했다. 정책 기조를 공공 부문을 넘어 광범한 민간 부문으로 확장할 수 있는 효과적인 정책 수단을 찾지 못해 비정규직을 실질적으로 줄이는 데 크게 기여하지 못한 것이다. 또 각 조직의 다양한 상황을 고려하기엔 도덕적 해이 발생 가능성이나 정책의 동력 상실이 염려되어 예외 없는 엄격한 기준을 적용한 것도 예상치 못한 부작용을 초래했다. 이는 조직 내외의 조정 역량 및 기업의 규율 역량 부족, 신뢰 부재가 치러야 했던 비용이지만, 각 조직은 정책 시행후 제도 경직성을 감당해야 했다. 더불어 인력을 직접 고용하는 내부화 방법보다 시장과 공공의 중간 형태 조직을 활용하는 또 다른 방식의 아웃소싱이 확산되기도 했다. 이런 점들을 고려하면, 향후 비정규직의 정규직화 등 정부 정책에 의한 일률적인 경계 확장은 효과적인 대안이 되기 어렵다는 것을 알 수 있다. 또 이미 너무 많은 노동자가 고용 유연화, 아웃소싱에 의해 울타리 밖으로 밀려나 있기 때문에 일부 내부화를 통해서는 문제가 해결되기 어렵다. 앞에서 제시한 비정규직 통계만 보더라도 지난 20년간 어떤 정책이 구사되든 비정규직은 여성의 경우 40% 이하로, 남성의 경우 30% 이하로 떨어지지 않았으며(〈그림 3〉 참조), 정규직 대비 비정규직 임금은 50% 전후를 벗어나지 못하는 추세였다.

요컨대 내외부를 가르는 선을 다시 그어 밖에 있는 일부를 재진입시킴으로써 내부 영역을 확장하는 데 초점을 두는 선택지 ①을 효과적인 포용 노동시장의 현실 대안으로 삼기는 어려울 것으로 보인다.

8. 울타리 밖 노동시장을 정비할 세 가지 원칙

만연한 불안정성에 대한 접근법 ②는 울타리 밖을 대폭 정비하고, 울타리 안팎 노동자 간 격차를 줄이고, 연대를 강화하는 다양한 방법을 찾는 것이다.[5]

우선 노동자의 고용 형태와 위치를 이유로 하는 임금 및 근로조건 제반의 차별 규제를 위한 기준 마련, 사용자의 입증 책임, 적극적 판단, 처벌 강화를 통해 노동시장 내외부 간 격차를 줄이는 노력이 실질화되어야 한다. 차별 규제는 그 자체로 공정성과 평등에 기반한 노동시장 질서를 확립하고, 노동시장에 만연한 소위 갑을 관계에 개입하는 의미를 가진다. 그뿐만 아니라 사용자로 하여금 노동력의 외부화에 따른 보이지 않는 비용에 대한 감수성과 계산 능력을 높여 같은 비용을 지불해야 한다면 굳이 외부화에 의존하지 않도록 하는 선택을 유도할 수 있다. 이는 정규직화를 통한 울타리 확장이 아니라, 기업 손익계산에 따라 자발적으로 울타리를 확장하도록 하는 접근이다. 유럽이나 미주 국가들과 비교할 때, 한국에서 상대적으로 만연한 비정규직 사용과 고용 외부화는 부분적으로 이 차별 규제의 공백이 만들어 낸 결과라고도 볼 수 있다. 차별 규제는 노동시장의 불안정성과 긴밀히 교차되는, 한국 사회의 가장 고질적인 불평등인 젠더 불평등에 대한 적극적 개입으로서의 의미도 크다.

5_이 방법과 관련해서는 『성공의 덫에서 벗어나기 2』에 수록된 박명준, "새로운 사회적 대화 체제 구상: 포용적 코포라티즘의 이론화와 문재인 정부 시도에 대한 성찰"을 참조.

그런데 동일노동 동일임금 정책을 비롯해 고용 형태를 이유로한 차별 금지 등 명시적으로 차별을 '금지'하는 제도가 없지 않음에도 차별 규제가 지난 30여 년간 실질적으로 작동하지 못한 이유를 구체적으로 들여다보아야 할 때가 되었다. 가장 중요한 이유 가운데 하나는 우리 노동시장이 동일 노동, 즉 '직무'를 비교할 만한 준거와 체계를 제대로 갖추지 못했다는 점이다. 체계를 갖춘 기업 내부노동시장은 주로 직무보다는 기업 내 개개인의 범용성을 증진하는 데 초점을 맞춰 제도를 전개해 왔으며, 그 밖에 기업 조직과 인력이 긴밀히 결합되지 않는 외부노동시장은 전문 자격증이 중요한 일부를 제외하면 거의 비교 체계를 발전시키지 못했다. 현재 한국 사회는 이 두 영역 모두의 변화 압력에 직면해 있다. 한편으로 글로벌 기업은 경쟁력을 고도화하기 위해 직무 전문성에 기댄 노동시장의 재편이 필요한 상황이며, 다른 한편으로 약 10%의 일자리를 만들어 내는 글로벌 기업 밖 대부분의 노동시장이 보다 원활하고도 평등하게 움직일 수 있도록 하는 체계의 구축이 필요하다. 결국은 좁은 직무 경계의 경직성에 갇히지 않고 조직과 개인이 모두 변화에 민감하게 움직일 수 있도록 유연한 직무 노동시장의 구축이 요구된다.

선진 산업국가 혹은 글로벌 기업의 기술력과 생산력을 추격하던 따라잡기 시대의 초점은 개개인의 역량보다는 일사불란한 움직임을 가능하게 하는 조직의 위계를 갖추고, 의사 결정의 권한과 자원을 위계의 상부에 집중시키는 시스템을 구축하는 것이었다. 그러나 한국도 포춘 글로벌 500대 기업Fortune Global 500 리스트에 이름을 올리는 기업이 일본과 같은 수준인 15여 개로 늘어날 만큼 산업의 국제 경쟁력을 갖춘 시대에 접어들었다. 기업의 과제는 따라잡기에서 선도성을 유지할 수 있는 혁신 역량을 장착하는 것이며, 이는 위계적 내부노동시장의 시대의 종언과 관련이 깊다. 따라잡기 시대의 종언은 개개인의 전문성에 기반한 혁신 역량을 집중시키려는 글로벌 기업의 요구로 연결되고 있으며, 이는 개별 직무 영역에서 심화된 전문성을 요구한다. 기업 내 직무 단위 인사관리가 채용에서부터 서서히 시작되고 있는 것이 그 신호탄이다. 여기에 1990년대 말 아시아 위기 이후 지난 20년 동안 경영학에서 소위 '심리적 계약'psychological contracts이라 부르는 기업-개인 간 상호 의존에 기댄 장기적 관계, 한국에서는 '정년 근속'의 신화가 잦은 구조 조정과 비정규직 대체로 사라지면서 개인의 조직 신뢰와 헌신의 약속도 급격히 철회되었다. 개인들은 안정감을 바라지만, 누구도 그 안정감이 어느 한 조직에서 평생에 걸쳐 지속되기를 기대하지도 바라지도 않는 상황이 되었다.

한편, 지난 20여 년간 포스트 민주화 시대의 교육은 스스로의 판단과 목소리 내기를 주저하지 않는 개인들을 키워 내는 방향으로 전개되어 왔고, 그 수혜자들이 노동시장의 다수를 차지하기 시작했다. 또 이 시기는 한국 경제의 비약적인 경제 발전에 힘입어 교육 역시 비약적으로 팽창한 시기다. 양적 팽창이 어느 정도 고점에 이르면서 개개인의 교육투자가 질적인 차별을 기하려는 방향으로 전개되었다. 교육 경쟁의 가열화 양상에 질적 변화가 생겨났으며, 학습, 네트워크, 문화적 측면에서 차별화된 교육 경험을 지닌 젊은이들이 노동시장 기회에서도 우위를 점하는 상황이 전개되고 있다. 자기주장이 강하고 상당한 역량을 지닌 청년들이 좁은 대기업의 문을 통과하면서 이들은 역설적으로 기업 간 이동을 상대적으로 자유롭게 감행할 정도의 역량을 갖추게 되었다. 전문성을 요구하는 노동시장의 전개는 이런 이동을 더욱 가속화하는 요인이다. 기존 기업 내부노동시장의 작동은 한편으로는 조직과 개인의 심화된 전문성에 대한 요구, 다른 한편으로는 명목적 위계보다는 참여와 효능감을 요구하는 노동력의 등장과 함께 더 이상 지속 가능하지 않은 이전 시대의 유물이 될 운명에 처했다. 이는 내부노동시장에 이미 진입한 인력은 물론이고 울타리 밖의 노동자들을 위계적 내부노동시장에 통합하는 정책이 더 이상 효과적일 수 없다는 점을 의미한다.

직무 노동시장, 그것도 유연한 직무 노동시장의 구축은 한국의 제도적 상황에서는 상당한 발상의 전환, 그리고 상당한 투입이 요구되는 일이다. NCS 개발 등 이와 관련된 문제의식이 없지는 않았다. 그러나 현장의 전개와 유연성에 기반하지 않은 탁상의 개발물이 현실 노동시장에서 제대로 작동하기는 쉽지 않다. 직무를 현장성 있게 정의하고 직무 간 연계성을 살펴 수평적 수직적 이동의 통로를 열어 주는 고도화된 고용 서비스와 직무 훈련 체계의 정립이 요구되며, 이런 시스템을 정립하고 지속 가능성을 담보하기 위해 전문가뿐만 아니라 현장에서 일을 다루는 사람들이 참여하는 의사결정과 운영 거버넌스를 구축해야 한다.

직무가 제대로 정립되면 2020년 현재, 대기업 대비 57%에 불과한 중소기업 평균임금, 정규직 대비 44.5%에 불과한 비정규직

평균임금, 남성 대비 65%에 불과한 여성의 평균임금 등의 임금 불평등에 본격적으로 대응할 수 있다. 대부분의 저임금 부문은 임금 체계를 갖지 있지 않으며, 이 '체계 없음'은 사용자의 자의성을 높여 저임금을 유지하는 데 기여한다. 직무 체계는 특히 저임금 서비스 부문에 만연한 이 '체계 없음'에 근본적으로 대응하려는 시도다. 또 생산성 격차를 인정하고도 설명되지 않는 광범한 차별적 임금에 본격적으로 대응할 수 있는 토대도 직무 체계를 만드는 일로부터 시작된다. 적어도 차별 여부를 가릴 수 있는 비교 준거를 만들어 주기 때문이다. 그러나 직무가 아닌 사람을 중심으로 정착된 한국의 노동시장 상황에서 직무 중심의 노동시장 재편은 상당한 발상의 전환, 인프라 구축이 필요한 일로 쉬운 길은 아니다.

한편 '유연한 직무 노동시장' 구축이라는 대전제 속 비정규직과 정규직 간 격차 대응은 우리 노동시장의 가장 심대한 격차를 다루는 의미뿐만 아니라 대-중소기업 간 및 젠더 격차의 중첩성을 다루는 것으로서도 매우 중요하다. 2007년 비정규직 보호법, 2017년 문재인 정부 초기 비정규직 정규직화 등 지난 20년간 노동시장의 비정규직 이슈는 늘 정책적으로 중요한 과제였지만, 비정규직에 대한 접근은 대개 발생한 문제나 이슈를 중심으로 한 사후적 성격을 띰으로써 일관되고 효과적인 비정규 고용정책의 흐름을 만들어 왔다고 보기 어렵다(〈표 2〉 참조). 그 결과 줄곧 비정규 고용 혹은 비정규직 격차 축소를 강조한 정부 정책에도 불구하고, 앞에서도 줄곧 강조했듯이 비정규직의 비중과 정규-비정규직 노동자 간 격차를 줄이지 못했다.

표 2. 지난 20년간 주요 비정규직 관련 정책의 추이

정부	추진 정책	시사점
김대중 정부	- 2001년 비정규직 통계 기준 마련(노사정위원회) - 구체적인 입법 없음	- 외환 위기로 노동 유연화 정책 추진
노무현 정부	- 차별금지법 시행 - 2006년 〈기간제 및 단시간근로자 보호 등에 관한 법률〉 제정, 〈파견근로자보호 등에 관한 법률〉 개정 - 2007년 공공 부문 비정규직 정규직화 정책 도입	- 유연 안전성 추구 - 차별 완화 - 보호 효과 미지수 - 공공 부문 정규직화
이명박 정부	- 2011년 비정규직 차별 개선 - 2011년 기간제, 사내 하도급 가이드라인 발표 - 2012년 고용 형태 공시 제도 도입 - 공공 부문 비정규직 정규직화 추진	- 차별 완화 - 비정규직 근본 대책과 무관
박근혜 정부	- 특수 고용 일부 직종 표준 계약서 도입 - 특수 고용 일부 직종 산재보험 적용 - 공공 부문 비정규직 정규직화 추진	- 특수 고용, 공공 부문에 국한된 정책
문재인 정부	- 공공 부문 비정규직 정규직화 대폭 확대 - 특수 고용 일부 고용 보험 적용, 산재보험 확대	?

자료: 정흥준(2020).

비정규직 관련 정책의 정비는 앞서 언급했던 시장을 작동시키는 전반적인 (직무) 원칙의 수립과 지난 10여 년간 훨씬 복잡하고 다변화되고 있는 울타리 밖의 노동에 대한 보다 세밀한 맞춤 정책이 병행되어야 한다는 것으로 요약할 수 있다. 특히 후자가 요구되는 상황 변화로는, 예컨대 2018년 한국고용정보원 추산으로 대략 55만 명, 2020년 한국 노동연구원 추산으로 170만여 명 등으로 확대되고 있는 온라인 기반 종속형/독립형 노무 계약을 생각해 볼 수 있다. 이 형태는 기존의 오프라인 기반 노동과는 계약 및 노동 통제의 형태 등에서 차별되는 고유의 논리가 만들어지고 있으며, 이들 계약 노동이 파트타임 등 기존의 유연 고용 형태와 교차되는 지점에서 발생하는 복잡성 역시 증가하고 있다. 그뿐만 아니라 생산물

시장의 영역에서도 전례 없는 비즈니스 모델이 계속 만들어지고 있어 이 영역에 특화된 맞춤형, 변화 적응형 정책 구사가 요구되고 있다. 만일 이렇게 변화무쌍한 영역에 경직성이 높은 법률을 적용한다면 역설적으로 정책의 유명무실화로 연결될 개연성이 커진다. 온라인 플랫폼 노동뿐만 아니라 최근 예술 문화 스포츠 계통의 산업이 확대되면서 오분류 시비가 상존하고 있는 독립 계약형(이른바 프리랜싱) 노무 제공도 확대되고 있는데, 부문의 특성상 작업 과정과 일의 결과를 정형화하기 어려울 뿐만 아니라 노동자로서의 정체성을 갖지 않는 경우도 많아 일률적인 노동법의 적용이 까다롭다.

한편, 이런 온라인 플랫폼 기반 노무 제공이나 오프라인 프리랜싱을 비롯해 끊임없이 오분류 문제를 일으키고 있는 특수 형태 근로, 여전히 다수인 한시적 계약 기반 고용 등 다양한 유연 고용을 관통하는 정책의 원칙을 수립함으로써 여기에 일관성을 기하는 노력도 맞춤형 정책 못지않게 중요하다. 세밀한 맞춤형 정책과 구체적 원칙 관련 정책에 대한 모색은 이 글의 목적을 넘어서지만, 몇 가지 원칙에 대해서는 여기서 논의할 수 있겠다.

첫째, '정규직'=정상(혹은 이상적理想的)이라는 전제의 전환이다. 한국 사회정책 담당자, 노동조합은 물론 일반 시민들의 인식 속에 유연성은 곧 고용 유연성과 등치된다. 또 고용 유연성에 녹아 있는 부정적인 뉘앙스와 차별적 대우로 인한 조직 내 이중 시민화 현상으로 말미암아 고용 유연성은 극복되어야 할 대상이 되어 왔으며, 유연성 역시 적어도 노동 분야에서는 일종의 금기어가 되어 왔다. 만연한 비정규화에 대해 재정규직화만이 답이라고 생각하는 발상도 이에 따른 것이다. 유연화를 인력 구조 조정, 비정규직화, 비용 절감으로 협소하게 남용해 온 기업 관행이 이 문제의 중심에 있는 것도 사실이다.

그러나 유연 고용이 극복되어야 하는 대상이 되면서, 40%에 육박하는 유연 고용에 대한 세밀하고도 정교한 정책, 차별 금지 정책은 정작 지체되어 왔다. 이는 비대화된 고용 외부화의 현실과는 괴리되는 현상으로, 이로 인해 다종의 비전형적 고용 형태에 대한 구체적인 정책 수립이 지체되는 경향이 발생했을 뿐만 아니라, 대부분의 정책이 정규직을 레퍼런스로 삼아 수립되고 시행되었다. 그로부터 발생하는 제도의 공백이 크다. 여기에는 특정 비정규 고용에 대한 사회적 관심이나 비판적 여론이 비등해지면 해당 고용 형태에 대한 땜질 정책을 시행함으로써 오히려 문제가 복잡해진 측면도 있다. 개별 형태의 비정규직에 대한 특별 정책을 그때그때의 필요에 따라 새로 만들기보다는 기업이 고용 형태를 이유로 한 차별을 할 수 없게 하듯, 제도 역시 고용 형태를 이유로 한 차별을 최소화하는 접근이 필요하다. 비정규직의 남용을 차별 금지를 통해 규제하고, 사용자는 물론 노동자의 필요에 따른 비정형적 고용 형태의 활용에 대해서는 정책적 지원을 세밀하게 고려할 필요가 있다. 다시, 정규직 규범을 전제하는 정책적 접근을 수정해야 한다.

고용주의 배타적 책임과 의무가 특별히 강조되어야 하는 경우가 아니라면, 대부분의 정책에 고용 형태를 이유로 한 구별을 최소화하고 노동시장을 포괄적으로 규제하고 노동자를 포괄적으로 보호하는 원칙에 대한 정비가 필요하다. 또 인력 운용 정책의 복잡성

(혹은 개별 근로자의 요구에 대응하는 번거로움)으로, 유연성에 대한 부정적 인식으로 노사 모두에게 환영받지 못해 온 근로 방식의 유연화를, 노동자 친화적인 노동 유연화 정책을 통해 확산할 필요도 크다. (정규직이) 일하는 방식의 경직성이 한층 완화될 경우, 노동자가 유연 고용을 선택해야 할 부담이 한층 줄어들 수 있다.

단, 이런 정책적 접근 전에 노동자 간 제도적 형평성 및 평등 제고 문제를 먼저 다루어야 한다. 가장 긴급한 조치는 (정규로) 고용 관계를 유지하더라도 5인 미만의 사업장에서 일할 경우 근로기준법의 예외로 두는 법적 사각지대를 먼저 해결하는 일이다. 2019년 3월 기준 임금 근로자의 25%를 상회하는 580만여 명의 노동자가 5인 미만 사업장에서 일한다. 가장 기본적인 근로 환경에서의 기본권과 노사 의무를 규정하는 근로기준법적 권리로부터 배제된 채 기본법의 사각지대에서 일하는 노동자의 규모가 과도하게 크다. 행정력의 미비나 기업의 사정을 먼저 고려해야 한다는 논리를 거론하기에도 이 사각지대가 너무 넓다.

또 근로 환경과 관련된 제반 법의 신설 및 개정에서 되도록 기업 규모나 고용 형태를 중심으로 한 단계적 시행이나 지연에 신중한 접근이 필요하다. 특히 취약 부문을 중심으로 법의 사각지대를 이용한 소셜덤핑social dumping이 특히 취약 부문을 중심으로 발생해 불안정성을 심화하고 법의 실효성을 크게 낮추는 상황을 최대한 막기 위해서다. 최근 크게 논란이 되었던 중대재해(기업) 처벌법의 제정 과정이 좋은 예다. 시민사회의 강력한 압박 속에 고용노동부의 손을 거쳐 최종 국회에 제출된 법안은, 주로 영세 하도급 업체에서 중대 재해가 발생하고 있음에도 원청의 책임을 명백하게 묻지 않고 있다. 그뿐만 아니라, 소규모 기업에 최대 4년의 적용 유예를 둠으로써 법 제정과 그 효과를 형해화할 위험을 안고 법이 제정되었다. 노동시장 구조의 어디에 위치하는지에 따라 노동의 기본권이 심각하게 제약된다면 이는 상당히 엄중한 제도적 차별에 해당한다.

두 번째는 노무 계약 형태와 관련해 끊임없는 논란을 만들어 내는 근로자성의 문제를 해결하는 일이다. 이는 비단 한국에 국한되지 않는다. 특히 온라인 플랫폼 기반이 확산되면서 임금 근로자 여부에 대한 논란은 미국을 비롯해 전 세계적으로 더욱 확산되는 경향이다. 그럼에도 불구하고 최근 우버에 대한 K. Thelen(2018)의 연구에 따르면 이 논란도 독일이나 스웨덴에 비해 미국이 상대적으로 크게 높아 제도적 특성에 영향을 받는다고 볼 수 있다. 미국 내부에서도 최근 캘리포니아는 AB5법을 통과시키고 독립 자영자임을 인정하는 세 가지 기준에 대한 ABC test를 도입해 해당 논란을 줄이려는 제도적 노력을 하고 있다(*The New York Times* 2020/02/10). 또, 영국이나 유럽 등지에서도 확대되는 비전형 노동 계약, 특히 독립 자영자의 제도적 사각지대가 증가하면서 이들 중간 지대 노동자들workers을 별도로 구분하고 기본적인 법제도적 적용력(예를 들면 최저임금, 사회보험)을 높이는 제도적 정비를 단행하고 있다. 최근 영국의 최고법원도 우버 운전자가 '노동자'에 해당한다는 결정을 내린 바 있다. 현재 정책에 일관성을 갖추기 위해 적어도 고용, 노무 제공, 완벽한 자영업을 구분하고 각 범주에 적용되어야 할 기준 노동권에 대한 일관된 법적 정립의 필요성이 높아지는 세계적 추세를 보인다. 특히 취업자 가운데 자영자의 비중이 단연 높고 각종 아웃소싱이 만연한 한국에서 이런 법제도의 정비는 매우 시급하다. 이때에도 외국의 사례에서도 보듯이 고용과 노무 제공 간 경계의 모호함으로 인한 막대한 혼란과 조정 비용에 대한 우려는 여전히 남는다.

여기서 면밀히, 신중하게 고려할 대안 가운데 하나는, 노동자성에 대한 복잡한 테스트에 선행해, 제공된 노무를 사용하는 사용자라면 어느 상황에서나 누구나(예를 들면 가사 노동자를 사용하는 개인 소비자) 감당해야 하는 책임의 기본선을 법적으로 정비하는 방법이다. 법이 규정하는 피고용인employee 활용에 대한 법적 고용주employer의 의무뿐만 아니라 노무work를 사용하는 자user의 일반 책임과 의무를 법적으로 규정함으로써 피고용인이 아닌 노무 제공자에 대한 보호를 노동법이 구체화해야 할 시점이 되었다는 의미다. 더불어 이미 프랜차이즈, 노동자 임대 등 한국에 특히 만연한 삼자 관계와 그 남용을 방지하기 위한 공동 사용자 의무에 대해서도 적극적으로 고려해야 한다. 외국에서는 이미 공동 사용자 의무를 부과하는 법과 정책적 제도가 시행되고 있는 데 반해 한국에서는 이 영역이 공백으로 남아 있고, 이에 따라 상당히 많은 분쟁과 노동자의 고통이 발생하고 있다. 비단 특수형태근로종사자나 긱 노동에 대해서뿐만 아니라, 사용과 고용이 분리되는 용역과 파견 노동에 대해서도 공동 사용자 책임을 명확히 하는 법적 정비를 통해 울타리 밖 노동시장에 대한 일관된 규율을 정립할 필요가 있다.

한편 이런 법적 규제를 보완하고 앞서 언급한 맞춤형 정책의 실효를 높이기 위해, 직종·산업·지역 혹은 적절한 단위 기업집단의 생태계를 중심으로 노사 간의 자율 협약이 제도적 보조 기제로 활용될 수 있도록 하는 정책적 유연성을 갖추는 일도 중요하다. 노동조합과 단체협약이 주로 대기업에 집중되면서 울타리 밖 노동자의 대변 기제는 거의 공백으로 남아 있다. 노조 여부와 무관하게 노동자의 (근로조건과 직결되는) 의사 결정 참여에 대한 정책을 기업 단위가 아닌 생산과 서비스의 가치 사슬을 중심으로 구사한다면, 이런 자율 협약을 통해 노조 부문과 비노조 부문을 연결할 수 있는 가능성이 열린다. 그뿐만 아니라 사용자 특히 공동 사용자로서 대기업의 사회적 책임을 통한 도덕 경제를 확산하고, 변화에 대한 정책의 적응 능력adaptability을 높일 수 있다.

마지막으로, 그러나 가장 주목해야 할 검토 사항은 앞에서 언급한 '유연한 직무 노동시장' 구축을 위한 정책 과제이다. 이를 위해 변화하는 환경에서도 노동자들이 넓은 범위의 직무 스킬을 유지, 심화할 수 있도록 돕고, 일자리 연계성을 강화하는 직무 중심의 고용 서비스 고도화가 요구된다. 이는 또한 대기업 내부노동시장 중심의 한국 노동시장 및 노사 관계의 분산성을 대체할 초기업적 노동시장 제도를 직업 단위로 구축하는 시도를 의미한다. 이런 구조가 내포하는 가장 큰 위험인 경직성과 관료성을 방지하기 위해 중범위의 직업 경계를 설정하고, 앞에서 언급한 기업 생태계 노사의 자율 규제 시스템 등 적절한 노동 거버넌스 혹은 지역사회 거버넌스의 적극적 포섭 등을 통해 변화에 대한 적응력이 높은 직업-지역 권역 단위 노동시장 인프라를 구축하는 작업을 K-뉴딜의 주요 과

표 3. 서비스화/창의, 지식 서비스 산업화와 지난 10년간 청년층 직업 구성의 변화

	2007		2017	
	15~29세	30~39세	15~29세	30~39세
1	일반 사무 관련 종사자	일반 사무 관련 종사자	경영 및 회계 관련 사무직	경영 및 회계 관련 사무직
2	도소매 판매 종사자	도소매 판매 종사자	매장 판매 및 상품 대여직	**보건·사회복지/종교 관련직**
3	교육 전문가	조리/음식 서비스 종사자	조리 및 음식 서비스직	교육 **전문가** 및 관련직
4	조리/음식 서비스 종사자	교육 전문가	**보건·사회복지/종교 관련직**	매장 판매 및 상품 대여직
5	고객 서비스 사무 종사자	운전원 및 관련 종사자	교육 **전문가** 및 관련직	공학 **전문가** 및 기술직
6	대인 서비스 관련 종사자	**기계 설치/정비 기능 종사자**	**문화·예술·체육 전문가 및 관련직**	조리 및 음식 서비스직
7	공학 관련 기술 종사자	공학 관련 기술 종사자	공학 **전문가** 및 기술직	**문화·예술·체육 전문가 및 관련직**
8	**기계 설치/정비 기능 종사자**	**추출 및 건설 기능 종사자**	상담·안내·통계 및 기타 사무직	**정보 통신 전문가 및 기술직**
9	보건의료 전문가	경영 및 재정 준전문가	**돌봄·보건·개인생활 서비스**	경영·금융 **전문가** 및 관련직
10	**조립 종사자**	**기계 조작원 및 관련 종사자**	전기·전자 관련 기계 조작직	영업직

주: 2017년 자료의 경우 상반기 조사 결과이며 한국표준직업분류 7차 개정(2018년) 기준임.
자료: 통계청(2007, 2017).

제로 삼는 것이다. 중범위 직업 노동시장은 고용 지원 시스템의 작동을 통해, 디지털화가 가속화되면서 숙련 퇴조를 겪고 있는 수많은 노동자들이나 부침을 겪는 지역 산업으로 하여금(예: A 지역 조선산업 용접공이 인근 B 지역 기계 산업 용접공으로 이전) 노동력의 노동시장 정착도/안정성을 기하는 데 도움을 줄 수 있다. 이를 위해 변화하는 노동환경에 대한 적응력과 복원력을 키워드로 숙련, 중범위 직무, 고용 서비스, 안전망 관련 서비스를 통합하고 각 지역의 직업

구조상의 특성을 반영하는 노동시장 인프라를 구축할 필요가 있다.

한국의 직업 구조 변화는 이미 상당히 빠르게 진행되고 있다 (〈표 3〉참조). 2007년에 비해 보건 사회 전문직의 비중과 문화, 예술, 스포츠 분야 전문직 및 관련직, 그리고 정보 통신 전문가 및 기술직은 지난 10년간의 청년층 직업 구조에서 그 비중이 수위로 올라왔다. 산업의 변화와 교육의 폭발적 확대, 소비사회로의 사회 수요 변화를 모두 반영하는 것이다. 이는 한국 사회가 지향하고 있는 지식 산업화(한국의 주력인 제조업의 지식산업과의 결합을 포괄한다)의 단면이기도 하다. 이런 변화는 대기업과 소수의 기술 엘리트들에 의존하는 경제의 지속 가능성, 혁신을 의문시한다. 산업 저변에 있는 다수의 노동자가 안정성과 숙련을 가지고 일에 참여하고 재미를 붙일 때 산업적 융성을 꾀할 수 있는 산업적 구성의 변화다.

또 이런 직업 구성은 개별 노동자가 기업 논리와 관행에 종속되지 않고 노동시장 내 이동에 좀 더 자유로울 수 있는 직업군 중심의 노동시장 유효성과도 관련된다. 울타리 밖(아직은 존재하지 않는) 직업 노동시장에 추후 1차 노동시장으로의 역류reverse spillover를 일으킬 정도로 생기를 불어넣을 대대적인 제도적 실험이 필요한 이유다.

9. 일터 혁신의 과제: 고학력 소비사회의 노동자, 직업 변화, 그리고 일터의 아이러니

활력과 안정성을 갖춘 노동시장의 가장 중요한 요소는 시장에 숙련 형성·유지·재형성 시스템이 어떻게 구축되어 있는가에 대한 질문과 직결된다. 그런데 이는 정책 담당자들이 편리하게 생각하듯이 학교의 질을 높이고 학위 수여자를 많이 생산하고, 직업 훈련생을 기업에 보내는 것으로 담보되지 않는다. 한국의 숙련 정책에는 현직 노동자들의 재숙련, 생애 숙련의 개념과 방법론이 공백으로 남아 있다. 하루하루 바쁘고 고되게 일하는 노동자들에게 빠르게 변화하는 기술과 숙련 요구를 알아서 인지하고 적극적으로 대응하기를 기대할 수도 없다. 정보 비대칭의 문제를 각 조직에 흩어져 그달 그달의 생계를 위해 일하는 개별 노동자가 스스로 해소할 수 없다는 의미다.

정부의 교육-훈련 정책이 현재 노동시장에서 일하고 있는 현직자, 그리고 직장 이동기에 있는 전직자들에게 가서 닿도록 하는 것이 중요하다. 보다 적극적으로 전직 기간의 소득 보전을 체계화함으로써 재훈련을 실질화하는 정책이 전환기 노동시장의 중요한 과제다. 이에 못지않게 중요한 것은, 생산이 일어나고 일이 조직되는 일터가 숙련이 요구되는 생산 시스템으로 혁신하고 숙련을 요구하고 키우는 데 참여하는 것이다. 기업은 시장의 현재 혹은 미래 흐름을 읽고 그에 맞는 생산을 조직하고 노동력을 배치·사용하는 생산의 최전선이다. 소비 시장의 전반적인 요구와 추세가 다양성과 개별성을 강조하는 유연 맞춤형flexible specialization, 도덕적(환경과 사회적 가치를 모두 아우르는) 생산/서비스를 요구한 지 상당한 시간이 흘렀음에도 불구하고, 한국에서는 일부 글로벌 대기업과 지식·문화산업 등을 제외하고 다양한 이유로 (아마도 가장 주요한 이유로는 생산 시장의 수요독점으로) 새로운 생산방식의 흐름을 따라가지 못하는 지체를 보이고 있다. 유연 맞춤형 생산/서비스를 제공하는 일부 기업의 경우도 이런 요구를 기술technology의 고도화로 달성하려는 경향이 강하다. 그러나 유연 맞춤형 생산/서비스의 고도화는 상당 부분 인간 노동력의 판단과 지식, 창의성에 달려 있고, 이에 따라 일터의 기능적 유연화의 필요성, 이를 위한 일하는 방식의 변화를 자각하고 실천하기가 요구된다. 굳이 생산의 측면에서 생각하지 않더라도, 일하는 방식과 작업 조직의 유연화는 노동자의 삶의 질에도 깊이 관여된다. 앞서 언급했던 유연화를 생각할 때 자동으로 떠올리는 고용 유연화 일변도로부터 일하는 방식과 작업 조직의 유연화, 노동자의 자율성과 참여, 조정에 기반한 유연화가 기초가 되는 일터의 변경이 요구된다. 고학력 사회로의 진입, 삶의 방식과 가치가 변화된 세대의 노동시장 진입은 이런 요구를 진지하게 고민해야 하는 상황으로 한국 사회가 변해 가고 있음을 의미한다.

〈그림 11〉에서 보듯이 한국의 고등교육 진학률은 아시아, 미주, 유럽 전역의 다른 선진 산업국에 비해 압도적으로 높다. 교육 선진국이라 알려진 핀란드, 유럽에 비해 대학에 많이 가는 미국 등과 비교해도 한층 높다는 것을 확인할 수 있다. 주요 국가 가운데 미국 다음으로 높은 비중의 사람들이 대학 등록금을 사적으로 충당한다.

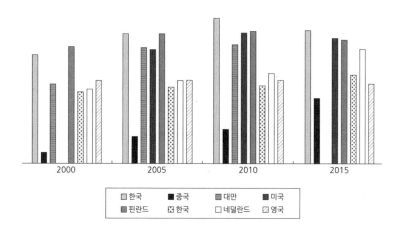

그림 11. 주요국의 대학 진학률: 2000~15년

범례: □ 한국 ■ 중국 ▨ 대만 ■ 미국
      ■ 핀란드 ⊠ 한국 □ 네덜란드 ⊘ 영국

이런 고학력 사회, 높은 교육 투자 사회에서 고용 유연화 일변도의
기업 정책으로 인한 취약 노동의 만연, 위험의 전가는 노동시장에
나오기까지 어느 사회보다 긴 교육 기간을 거쳐 온 다수의 사회 구
성원, 젊은이를 좌절케 한다. 그뿐만 아니라 자율성, 일의 재미를
박탈하는 일터에 대한 이탈 역시 과거에 기업들이 경험하지 못한
수준으로 전개되고 있다. 기업이 주도했던 낮은 근속률은 부메랑이
되어 기업의 안정성을 위협하는 상황으로 전개될 개연성이 크다.

　한국은 세계적으로 높은 교육적 성취에도 불구하고 노동자가
직장에서 자신의 숙련을 활용하는 지수로 볼 때는(OECD의 PIAAC 자
료 활용) OECD 국가 가운데 최하위에 랭크되어 있다. 숙련을 요구
하지 않은 직장이 만연하고, 그런 직장에서는 일을 통해 숙련이 향
상될 개연성이 존재하지 않는다. 실제 한국의 노동자는 근속이 진

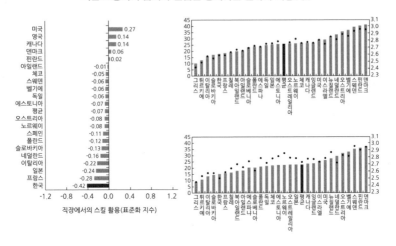

그림 12. 직장에서의 스킬 활용 지수(좌),
숙련 노동자의 참여와 몰입을 장려하는 일자리 비중(우)

행될수록 대체로 숙련이 떨어지는 상황을 겪는다. 이런 작업장에서 숙련 노동력의 참여와 몰입을 장려하는 일자리를 기대하기 어렵다. 소위 고성과 고몰입 작업장이라고 불리는 작업장의 비중이 국제적으로 비교할 때 매우 낮다. 앞에서 언급한 유연 맞춤형 생산/서비스를 할 수 없는 조건의 작업장이 대세라는 의미다.

〈그림 12〉로 표현하자면, 우리가 유연성을 활용하는 방식은 지나치게 고용 유연화, 즉 수량적 유연화, 외부적 유연화에 치중되어 있고, 숙련된 노동력이 참여하고 몰입함으로써 만들어지는 일터의 기능적 유연화는 경제 수준에 비해서는 지나치게 억제되어 있는 상태다. 한국은 선진 기술 도입에 가장 적극적인 사회 가운데 하나이지만, 역설적이게도 노동의 영역으로 오면 신기술 도입에 대한 불안이 매우 높은 사회에 속한다. 숙련을 통한 직무의 자율성, 전문성

이 지체되어 있기 때문이다. 최근 코로나-19 팬데믹과 함께 재택근무를 비롯해 일하는 시간과 장소의 유연화에 대한 대중적 관심과 요구가 폭발하고 있지만, 2020년, 2021년 경제활동 부가조사 결과에 따르면 실제 유연 근무를 활용한 경험이 있는 임금노동자는 각기 전체의 14%, 18%에 불과했다. 필요를 반영하는 특성을 지닌 노동자가 유연 근무를 더 많이 사용할 수 있었던 것도 아니다. 규모와 고용 형태 등에서 노동자가 노동시장의 어떤 위치에 있는지는 유연 근무 활용 빈도의 차이에서 확연하게 드러났다. 이는 다시 불안정성 문제로 환원된다. 이런 일터, 경제로는 우리가 지향하는 지속 가능하고 복원력 있는 경제를 만들기 어렵다. 특히 시장과 환경이 상시적으로 가공할 만한 위기를 만들어 내고 있는 상황에서 지속 가능하고 복원력 있는 일터와 노동자를 만들어 내는 것은 우리 사회가 풀어야 할 매우 시급한 과제다.

당장 고통스럽더라도 많은 일터가 저비용과 저숙련의 덫에서 벗어나야 기술과 노동을 좀 더 유기적으로 통합하는 유연한 노동환경을 만들 수 있다. 전혀 예상치 못했던 감염병 위기 상황에서, 한국 사회의 노동은 오래되고 새로운 도전에 직면해 있다고 할 수 있다. 코로나-19는 한편으로 가려져 있던 취약 노동의 다양한 문제를 드러내 보여 주는 극적인 계기가 되고 있으며, 다른 한편으로는 한국 사회가 그 전에 경험하지 못했던 일하는 방식의 변화를 촉구하고 있다.

두 문제를 관통하는 의제는 유연화다. 노동 유연화는 양날의 칼이다. 이미 살펴보았듯 노동비용 절감을 극단적으로 추구하는 유연화는 취약한 노동을 양산한다. 그러나 자발적으로 필요에 따라 긴박한 고용 관계로부터 벗어나 유연한 노동 계약을 선택하는 사람들도 늘고 있고, 이제 피고용자뿐만 아니라 다양한 방식으로 노동을 제공하며 생활하는 사람들에 대해 포괄적인 노동권을 보장해야 할 시대가 오고 있음을 설명했다. 또 일하는 방식이나 작업 조직에서 참여와 일의 효능감이 성취되지 못하는 일터는 앞으로 지속 가능성을 담보 받지 못할 가능성이 크다. 작업 조직에 대한 개개인의 참여도 중요하지만, 열위에 있는 노동자들의 참여를 제도화하고 지속할 수 있는 거버넌스도 중요하다. 최근 재택근무와 함께 관심이 높아지고 있는 일하는 방식의 유연화 역시 노동자에게 자신의 일에 대한 통제, 즉 자율의 원천이 될 수도 있지만, 변화하는 기술 환경과 함께 고립감과 과노동 등 여러 가지 문제를 야기할 수 있다. 결국, 양날의 칼이라 할 수 있는 유연화를 노동 친화적으로 만들며 지속 가능성에 부합시키기 위해서는 노동자의 참여가 긴요하다. 참여와 조정된 자율을 유도하는 거버넌스 구축이 핵심적인 개혁 의제로 다루어져야 하는 이유다.

10. 노동의 질을 복원하는 적극적인 구상이 필요하다

지난 문재인 정부 후기, 정책 이니셔티브는 총 160조 원의 예산을 5년간 투자하는 K-뉴딜 기획에 집중되었다. 이는 대한민국 미래 비전을 구축하는 총체적인 정책 구상이었다고 할 수 있다. 정부가 바뀐 현재 향후 K-뉴딜의 연속성과 향방을 가늠하기 어렵지만, 지난 정부가 추진했던 프레임 워크는 노동 거버넌스를 전반적으로 결여해 아쉬움이 컸다. 경영·정책·과학 엘리트가 끌고 가는 기존 성장주의 맥락 위에 서있다는 점에서 노동 포용 국가의 면모를 구체화하고 있지 못했다. 1차 연도 K-뉴딜의 구상에서 노동자는 디지털과 그린을 축으로 하는 변화에 능동적으로 적응하고 참여함으로써 지속 가능하고 복원력 있는 생애, 일을 통해 미래 사회에 적극적으로 기여하는 존재로 통합되기보다, 기술 실업을 포함한 불안정한 일자리와 불안한 미래 걱정을 경감한다는 취지의 복지 안전망 속에 소극적으로 편입되어 있었다. 정부 초기 정책 기조로서 노동 존중 사회, 포용 노동시장은 K-뉴딜의 프레임 워크 안에서 실종 상태였다고 할 수 있다. 대기업과 과학기술 엘리트가 주도하는 기술 한국, 미래 친환경적 디지털 세계에서 그 낙수의 수혜로 살아가는 노동자 대중을 그리는 구도라면, 이는 은연중에 노동이 배제된 한국 사회 성장 모델의 무의식이 작동한 결과였다고도 추론해 볼 수 있다. 노동조합은 이런 문제를 적극적으로 제기하고 개입할 수 있는 영향력 있는 존재지만, 한국의 노동조합은 아직 그런 문제의식을 적극적으로 제기하지 못하고 있다. 흥미롭게도 초기 K-뉴딜의 사람 투자[6]는

6_문재인 정부는 혁신적 포용 국가의 미래 인재 양성을 목표로, 개인에게 고용 가능성을 높이고, 사회적으로 인적 자본 축적을 가속화하는 투자를 사람 투자로 정의했다.

기술이 주도하는 디지털과 그린 뉴딜의 본 게임에 편입되지 못하고 고용 사회 안전망과 함께 세 번째 축인 '안전망 강화'의 구성 요소로 상정되었다. 이 사람 투자에 편성된 예산은 5년간 전체 예산의 3% 남짓했고 노동정책을 지휘하는 고용노동부의 역할도 안전망 강화에 국한되어 있었다. 사람 투자의 내용 역시 세계 최고 수준의 석·박사급 인재를 다량 육성하고, 전 국민의 디지털 불평등 해소 및 역량 강화를 위해 수많은 디지털 역량 센터를 운영하며, 그린 뉴딜을 뒷받침할 인재 양성 목적의 환경 특성화 대학원을 확대 운영하며 실무 인력 양성 목적의 환경 특성화 고등학교를 지원하는 등, 공교육 투자와 지원에 치중되어 있었다. 사람 투자 구상이 노동시장 진입 전前 인력의 공급 확대에 집중되어 있다는 점에는 설명이 필요했다. 디지털 및 그린 뉴딜 구상에 포섭되는 통합적no one left be-hind이고 적극적인 노동시장 구조 재편의 구상이 드러나지 않기 때문이다. 새 술을 많이 만들어 새 부대에 넣겠다는 포부가 강조되는 K-뉴딜의 사람 투자 구상에 막대한 양의 묵은 술은 어디에 담아야 하는지, 구체적인 계획이 부재했다.

넓어지고 있는 안전망 사각지대가 시급히 해소되어야 한다는 데는 이론이 있을 수 없다. 노동자의 불안정성이 한층 심화되는, 그리고 노동시장에서의 취약성이 삶의 취약성으로 직결되는 한국 사회에서 가장 시급한 과제 가운데 하나는 안전망 강화와 사각지대 해소로, 그 중요성은 더욱 강조되어야 한다. 그러나 안전망 강화만으로는 충분하지 않다. 거의 모든 인구가 고등학교에 진학하고, 고졸자 가운데 70% 정도가 대학에 들어가며, 상당수 대졸자가 시장 진입을 유예한 채 노량진 등 전국 각지 취업 학원에서 취업을 위해 스스로 투자하는[7] 21세기 한국 사회에서 노동자들이 복지 사각지대 축소가 주는 안도감에만 만족하리라 기대하기 어렵다. 급속한 디지털화와 코로나-19 팬데믹이 일으키고 있는 대전환의 급물살 속에서 오히려 노동의 의미와 기여를 적극적으로 끌어올리는 발상의 전환이 필요하다. 불안정성에 대한 소극적 정책은 취약성으로 인한 충격을 줄일 수는 있지만, 불안정성을 줄일 수는 없기 때문이다. 또 오프라인으로, 온라인으로 균열이 확대되고 일터가 파편화되면서 노동자 개개인에게 더 많은 책임과 짐을 전가해 왔지만, 역설적으로 노동자 개개인이 이 급물살을 헤쳐 나올 가능성은 더 희박해지고 있기 때문이다.

여기에 디지털과 그린 교육의 고도화가 답이 될 수 있을까? 디지털/그린 시대를 이끌고 갈 후속 세대에 대한 교육 역시 아무리 강조해도 지나치지 않다. 그러나 일터의 변화가 수반되지 않는 교육의 고도화는 공허하고, 실망을 누적한다. 한국의 공적·사적 교육 시스템이 과도한 경쟁 속에서 길러 내는 잠재력과 역량이 일터에서 발휘되거나 키워지지 못하고 있다는 통계, 괜찮은 일터에 청년 노동력의 진입이 막혀 있다는 통계나 분석 결과는 어렵지 않게 나열할 수 있다(권현지 외 2017; 반가운 외 2018; 이우영 외 2019; 장홍근 외

7_필자와 동료들의 대졸자 노동 이력 연구에 따르면, 남녀 모두 경제 위기 후 최근 졸업한 사람들일수록 짧든 길든 유예기간을 거치고 노동시장에 진입하는 이력을 밟는 경우가 많아졌다(이상직 외 2018).

2019). 정책의 시선이 주목해야 할 곳이 교육을 통한 인력 공급에 국한되어서는 안 된다는 의미다. 정부의 공교육 투자 못지않게 중요한 것은 숙련 형성에 대한 기업의 책임과 참여다. 기업은 막상 사람이 없다며 숙련 부족과 노동시장 부조화에 대해 불평하지만, 숙련 투자에 대해서는 매우 인색하다(반가운 외 2018). 그러나 어떤 숙련이 필요한지, 숙련을 확보하기 위해 어떤 훈련이 요구되는지는 현장이 가장 먼저 파악하고 능동적으로 움직일 수 있다. 따라서 공교육의 투자 확대에 걸맞은 일터의 변화, 기업의 숙련 투자를 적극적으로 견인하는 정책이 요구된다. 숙련 투자에 적극적이고, 훈련된 인력에 의존하는 기업과 노동시장은 노동력의 이탈을 최소화하려는 정책을 펴지 않을 수 없다. 숙련 투자와 고용 안정은 선순환적 관계를 맺을 수 있다는 의미다. 그러나 숙련 투자를 하기 어려운 열악한 조건에 있거나, 투자 여력이 있더라도 투자하지 않는 기업의 인력 탈취를 염려하는 기업이 많다면 이런 선순환 관계는 달성되기 어렵다. 숙련에 대한 사회적 투자가 필요하다는 의미다. 특히 숙련 인프라를 갖추기 어려운 중소기업의 현실적 상황, 갈수록 기업 간 네트워크에 기반한 생산 단위의 전환이 확대되는 상황을 고려할 때 기업집단·지역·직업 단위의 공동 숙련 체제 구축에 대한 투자, 초기업 단위 공동 숙련의 필요성에 대한 고려가 긴요하다. 한 기업에서 필요가 줄어든 숙련이라도 노동시장 전체적으로는 여전히 상당한 수요를 가질 수 있다. 매칭 시스템을 품는 공동의 숙련 인프라를 적극 고려해야 하는 또 하나의 이유다. 같은 맥락에서 노동이 참여하는 거버넌스는 숙련 인프라의 뼈대다. 숙련 수요·투자·훈련·활용이

노동을 존중하고 통합하는 방식으로 이루어지기 위해서 노동의 참여와 참여 역량 강화는 필수적이다.

이 문제는 결국 기술에 종속된 노동의 복원, 기업에 온전히 운명을 맡기지 않고 안전하지만 다양한 형태의 노동 생애를 지원하는 노동시장 구축으로 접근될 필요가 있다. 또 노동시장 재편은 노동 정책과 타 정책, 특히 산업 경제정책 및 복지 정책과의 유기적 연계, 상보성 강화를 요구한다. 변화하는 시대, 취약성과 좋은 일자리 모두에 대한 보다 풍부한 논의가 필요할 뿐만 아니라, 산업 및 복지 정책과 노동정책이 상호 견인하는 지속 가능 경제의 모색이 포용적 노동정책의 핵심이기 때문이다.

따라서 포용 노동시장의 의미는 안전성의 강화뿐만 아니라 노동자와 일에 의미와 활력을 불어넣고 지속 가능 경제를 주도할 수 있는 노동시장으로 확대되어야 한다. 한층 다양한 형태로 전개되고 있는 2차 노동시장의 비정형성을 단순히 부정하기보다 실질적으로 규율할 제도의 새로운 장이 필요하다. 우리 사회가 초고속 성장의 기억을 잃어버리지 않을까, 급변하는 시대에 뒤처지지 않을까 조바심 내며 기존의 성장 패러다임 속에서 기술혁신을 주창하는 K-뉴딜의 접근은 일부의 부와 성공을 끌어낼 수는 있지만, 노동 패러다임 전환 기회의 상실로, 사회적 연대의 상실로 이어질 수 있다.

2021년 7월 종합 계획이 발표된 한국판 뉴딜 2.0에서는 다행히 지역 균형 뉴딜과 함께 휴먼 뉴딜이 전체 K-뉴딜의 프레임의 주요 축으로 포함된 바 있었다. 뒤늦게나마 노동에 대한 문제의식과 주장이 K-뉴딜의 전반적인 구상에 포함되었다는 것은 반길 만한 일이었다. 일자리 창출의 목표를 높이고, 사람 투자 확대를 통해 경제 구조 변화에 대응하면서 고용/사회 안전망 및 청년 정책 강화, 불평등·격차 해소 등 포용 성장을 꾀한다는 것이 골자였다. 한국판 휴먼 뉴딜의 구상이 디지털, 그린 전환의 맥락에서 사회적 포용성과 활력을 꾀하는 데 중요한 정책적 마중물이 될 수 있을지, 앞으로 몇 년간의 정책 방향이 어느 때보다 중요하다.

7장

상생과 연대를 위한
조세 재정 개혁 과제

정세은

1. 서론

코로나-19 발생 이후 전 세계는 전대미문의 위기를 겪고 있다. 대면 경제활동이 거의 불가능해지면서 시작된 경제 마비는 전체 시스템으로 퍼졌고 이로 인해 특히 취약 계층의 고통이 심각하다. 다행히 2020년 말경 백신 개발이 완료되고 미국에서부터 접종이 시작되면서 곧 이 위기에서 벗어날 것이라는 기대가 점점 커지고 있다. 그러나 변이 바이러스와 돌파 감염 문제가 발생하고 있어 접종이 완료된다고 해도 전염병 위기가 언제 완전히 종결될지는 미지수이다. 또한 지금 당장은 코로나-19 위기 극복이 문제겠지만, 과연 전염병만 잡히면 우리는 다시 살 만한 세상으로 돌아가게 되는 것인가?

생각해 보면 코로나-19 위기 발생 이전에도 세계경제와 한국 경제는 썩 좋은 상태가 아니었다. 한국 경제의 경우, 외환 위기 이후 신자유주의적 개혁과 기업 편향적 규제 완화, 자본에 유리한 글로벌 밸류 체인Global Value Chains, GVC의 형성 등으로 몇몇 대기업들은 세계적 차원에서 입지를 다졌지만, 이들의 국내 산업과의 연관 관계는 줄어들어 국내의 괜찮은 제조업 일자리는 감소하고 비정규직, 취약한 일자리들이 증가했으며 소득 불평등 문제가 심각해졌다. 이런 문제를 해결하기 위해 복지를 확대하는 노력을 기울여 왔지만 생산 및 고용 현장에서 나타나고 있는 1차 소득분배 악화와 자산 양극화를 상쇄하기에는 역부족이었다.

문재인 정부는 집권과 동시에 한국의 경제 패러다임을 바꾸겠다고 천명했고, 구체적으로는 소득 주도 및 일자리 주도 성장, 공정과 혁신 경제체제로의 전환을 발표했다. 그리고 그런 비전을 실현하기 위한 100대 국정 과제를 발표했다. 그러나 발표된 구체적인 정책은 기대에 못 미치는 수준이었고, 그나마도 집권 이후 제대로 추진되지 못했기 때문에 진보 및 복지 진영의 실망이 컸다. 특히 소득 주도 성장을 추구하겠다고 공약했으나 중요한 중심축인 복지 정책이 기대만큼 적극적으로 추진되지 않았다. 물론 복지 부문에서 진전이 없었던 것은 아니다. 다른 부문보다 예산 증가율이 빨랐던 것은 사실이다. 그러나 현재 한국 사회가 당면한 구조적인 문제들, 저출산·고령화·이중 노동시장·소득과 부의 대물림 등과 같은 문제의 심각성에 비하면 아쉬운 수준에 머물렀다.

이 장에서는 문재인 정부의 조세 재정 정책의 전개 과정을 살펴보고 복지국가 실현 비전과 코로나-19 위기의 엄중함에 비추어 적절한 정책이 추진되었는지 평가해 볼 것이다(2절). 그리고 포스트 코로나 시대의 바람직한 조세 재정 정책으로 적극적인 재정 정책을 제시하고, 국채를 GDP의 60% 내로 유지하는 엄격한 재정 준칙의 도입은 적어도 현시점에서는 부작용이 더 크다고 주장할 것이다(3절). 또한 제대로 된 복지국가를 건설하기 위해서는 증세가 뒷받침되어야 한다. 따라서 바람직한 증세 방안의 일환으로 직접세 위주의 증세 방안이 선행되어야 함을 주장하고자 한다(4절).

2. 문재인 정부 재정 정책의 전개

1) 집권 초기의 소극적 재정 정책 기조

문재인 정부는 소득 주도-공정 경제-혁신 성장-일자리 경제를 핵심 정책 방안으로 내걸었다. 대·중소기업 상생의 시장 질서를 만들고 혁신 기업들이 활발히 창출되게 할 뿐만 아니라 비정규직의 정규직화, 일자리 창출, 가계소득 확대를 통해 분배와 성장을 동시에 도모하겠다는 것이다. 문재인 정부는 이런 내용을 담은 '국정 운영 5개년 계획'을 2017년 7월에 발표했는데, 여기서 핵심적 위치를 차지하는 소득 주도 성장은 임금 근로자와 자영업자, 중소기업의 이익을 제고하는 시장 제도 개혁, 그리고 복지 시스템의 확대를 의미하는 취업 안전망, 사회 안전망 강화를 정책 패키지로 포함한다. 여기에는 최저임금 인상을 포함한 가계의 1차 소득분배 개선뿐만 아니라 복지 제도 개선을 통한 2차 소득분배 개선도 포함되어 있었다(국정기획자문위원회 2017).

그러나 이런 계획은 발표 직후 정책 기조에 찬성했던 진보 진영으로부터의 비판에 직면했다. 방향은 맞긴 하나 제안된 복지 정책들의 규모와 수준이 현 상황의 획기적인 개선을 원하는 국민의 기대를 충족하기에는 부족했기 때문이다. 무엇보다도 근본적인 개혁은 재정이 뒷받침되어야 가능한데 재정 투자 계획을 살펴보면 '더불어 잘사는 경제'와 '내 삶을 책임지는 국가'에 투입되는 예산은 5년간 110조 원(전체 178조 원)으로서, 5년 임기 중 연간 20조 원 정도의 규모, GDP의 1%를 조금 넘은 수준에 불과했다. 또한 이와 같이 빈약한 재정 투입도 적극적 증세 없이 달성하겠다는 계획을 발표했다. 세출 구조 조정으로 95.4조 원, 초과 세수로 60.5조 원을 기대하고 있었으며 비과세 정비를 포함한 과세 기반 강화 등 적극적 증세의 비중은 매우 작았다.[1] 즉 조세부담률을 올리거나 국가 채

1_초과 세수란 예산에서 전망한 것보다 더욱 많이 들어온 세수입을 의미한다. 이는 사실 미리 전망할 수는 없는 부분이다. 따라서 이것이 무슨 의미인지는 이해하기 어렵다. 적극적 증세안으로는 소득세와 법인세의 상위 구간에 대한 과세 강화가 포함되어 있었다. 2017년 세법 개정을 통해 이를 실현했는데 세수 증가액은 5년 동안 5.5조 원이 될 것으로 전망되었다(정세은 2018).

무를 증가시키지 않는 수준에서 복지 확대 계획을 짠 것이다. 그러나 이 정도의 예산 증가로 공공 부문 일자리를 늘리고 국가 복지를 의미 있는 수준으로 확충할 수 있을까?

이런 실망스러운 국정 과제의 배경에는 다음과 같은 고정관념이 존재하고 있는 것으로 보인다. 첫째, 경제가 성숙기에 접어들었으니 저성장은 어쩔 수 없다. 현재의 저출산 경향도 쉽게 바꾸기 어렵다. 이런 상황에서 경제성장을 주도하는 것은 생산성 향상이므로 기업에게 우호적인 경제 환경을 조성해야 한다. 기업과 산업을 지원하는 재정 정책은 효과가 있겠지만 복지는 소비지출에 불과하므로 성장에 도움이 되지 못하고 국가 채무만 늘린다. 둘째, 기업과 국가 경쟁력을 위한 중요한 환경이 바로 낮은 조세부담률과 낮은 국가 채무이다. 기업들은 큰 세 부담 없이 사업을 할 수 있으며 해외에서 자금을 조달하기에도 수월해진다. 사실 이런 생각들은 신자유주의적 개혁의 전성기에 유포된 생각들인데, 이미 낡은 것임에도 불구하고 여전히 강력한 지배력을 행사하고 있었던 것이다.

국정 계획 발표 후 얼마 지나지 않아 문재인 정부의 의지를 담은 첫 예산으로 2018년 예산이 수립되었다. 이와 동시에 "2017~2021년 국가재정운용계획"도 발표되었다(기획재정부 2017). 이에 따르면 재정지출은 동 기간에 연평균 5.8% 증가하는 것으로 계획되었는데, 박근혜 정부 전 기간 연평균이 3.5%였던 것에 비해 다소 높은 수준이었으며, 복지 지출은 연평균 9.8% 증가하는 것으로 계획되어 복지 지출이 재정지출에서 차지하는 비중은 확대되도록 설계되었다. 그러나 2018년에 대규모의 초과 세수가 발생하자 예산

운용이 실제로는 적극적 기조가 아니었던 것으로 드러났다. 이에 정부는 2019년 예산을 수립하면서 총수입이 크게 증가할 것으로 전망하고 그에 맞추어 총지출도 크게 증가하도록 계획을 수립했다. 5년간 총지출의 평균 증가율은 2018년 발표된 계획에서는 7.3%로 상향 조정되었다. 그러나 2018년과 2019년의 중기 계획에서는 재정 적자나 국가 채무 규모가 5년 동안 큰 변화가 없도록 계획되었다. 2019년의 예산까지는 기존의 재정 정책 기조가 큰 변화 없이 유지된 셈이다.

그러다 2019년 일본과의 무역 분쟁으로 인해 국내 소재 부품 기업들을 육성할 필요성이 제기되자 2019년에 발표된 2020년 예산과 5년 중기 재정계획에서는 R&D 지원, 기업 및 산업 지원을 위한 지출이 확대되었고 재정 적자와 국가 채무 규모가 과거보다 크게 발생할 것으로 계획되었다. 조세부담률은 유지하되 재정 적자를 허용해 2023년에 국가 채무는 GDP 대비 46.4%가 되는 것으로 전망되었다. 기획재정부는 전통적으로 국가 채무 증가에 상당히 부정적 입장을 취해 왔지만 일본과의 무역 마찰 대응을 위한 지출은 한시적 지출이며 기업 및 산업 육성책이기 때문에 용인한 것으로 보인다. 즉 재정 정책의 기조가 바뀐 것은 아니었다.

2) 2020년 코로나-19 위기와 재정 정책 대응

그러나 2020년 초 코로나-19 위기가 시작되자 정부는 추경을 편성하는 등 적극적인 재정 대응에 나설 수밖에 없었다. 3월 1차 추경에 11.7조 원, 4월 2차 추경에 12.2조 원, 6월 3차 추경에 35.3조 원이 집행되었다.[2] 2020년 여름 무렵에는 신규 확진자 숫자가 크게 줄어 국내에서의 코로나-19 위기는 지나간 것이 아닌가 하는 희망적인 분위기가 형성되기도 했다. 다른 국가들에 비해 역성장도 심각하지 않았고 중국이 경기 급반등에 성공하며 중국으로의 소비재, 자본재 수출이 증가하기도 했다. 그러나 8월 중순부터 수도권을 중심으로 코로나가 재확산됨에 따라 사회적 거리 두기 조치가 강화되었고, 이로 인해 소상공인·자영업자들이 피해를 보게 되어 9월 7.8조 원 규모의 4차 추경이 편성되었다. 〈표 1〉에 따르면 경기 급락과 4차례의 추경 편성으로 인해 국가 채무는 2019년 GDP 대비 37.1%에서 2020년 43.9%로 급증하게 되었다.

정부는 단기적으로는 추경 편성으로 대응하는 한편 코로나-19로 인해 중기적으로 예상되는 경기 침체, 고용 부진에 대한 대응책으로 2020년 7월 14일에 '한국판 뉴딜' 종합 계획안을 발표했다. 이들 통해 1930년대 대공황을 뉴딜을 통해 극복한 것처럼 코로나-19 위기를 도약의 기회로 삼아 추격형·탄소 의존형 불평등 사회에서 선도형·저탄소형 포용 사회로 도약하자는 비전을 제시했다. 정부는 이런 목표를 달성하기 위한 구체적인 정책으로서 디지털 뉴

2_1차 추경은 저소득층 현금 지원, 중소기업 및 소상공인 지원, 방역 체계 보강이 주 내용이었고 2차 추경은 전 국민 재난 지원금 지급이 주 내용이었으며 3차 추경은 세입 경정, 금융 지원, 고용 안전망, 소비 및 투자 진작 지원 등이었다.

표 1. 2020년, 2021년 본예산과 추경예산

단위: 조 원, %

	2020년		2021년		
	본예산	4차 추경	본예산	1차 추경	2차 추경
◇ 총수입	481.8	470.7	482.6	483.0	514.6
(증가율)	(1.2)	(▲1.1)	(0.2)	(0.3)	(6.8)
■ 국세 수입	292.0	279.7	282.7	282.7	314.3
(증가율)	(▲0.9)	(▲5.1)	(▲3.2)	(▲3.2)	(7.6)
◇ 총지출	512.3	554.7	558.0	572.9	604.9
(증가율)	(9.1)	(18.1)	(8.9)	(11.8)	(18.1)
■ 통합재정수지	▲30.5	▲84.0	▲75.4	▲89.9	▲90.3
(GDP대비, %)	(▲1.5)	(▲4.4)	(▲3.7)	(▲4.5)	(▲4.4)
■ 국가 채무	805.2	846.9	956.0	965.9	963.9
(GDP대비, %)	(39.8)	(43.9)	(47.3)	(48.2)	(47.2)
※ 국가 채무 순증	82.0	123.7	109.1	118.9	116.9

주: 증가율에서 괄호 안은 전년도 본예산 대비.
자료: 기획재정부(2021).

딜과 그린 뉴딜, 고용 안전망 및 사회 안전망 강화를 제시했다. 그리고 문재인 정부 임기 말인 2022년까지 67조7000억 원을 투입해 일자리 88만7000개를 만들고, 2025년까지 총 160조 원을 투입해 일자리 190만1000개를 창출할 계획임을 밝혔다.[3]

이런 중기 계획의 틀에 맞추어 558조 원 규모의 2021년 예산안이 통과되었다. 2020년 본예산에 비해 48조 원 정도 증가한 예산이다. 규모가 커진 예산을 가지고 정부는, 첫째, 한국판 뉴딜을 본

3_ 정부는 한국판 뉴딜의 10대 대표 과제로 데이터 댐, 지능형(AI) 정부, 스마트 의료 인프라, 그린 스마트 스쿨, 디지털 트윈, 국민 안전 SOC 디지털화, 스마트 그린 산단, 그린 리모델링, 그린 에너지, 친환경 미래 모빌리티 등을 지목했다.

격 추진하고, 둘째, 촘촘한 고용·사회 안전망을 구축하며, 셋째, 자연·사회 재난 대응 역량 강화, 튼튼한 국방 및 한반도 평화 경제 기반 조성 등을 통해 전 국민 안심 사회를 구현하겠다고 밝혔다. 그러나 2021년 예산은 2020년 본예산에 비해 크게 증가했으나 2020년 4차 추경안 554.7조 원과 비교하면 거의 변화가 없으므로 이는 코로나-19 위기의 종결을 상정하고 수립한 것으로 보는 것이 맞을 것이다.

사실 이 예산안은 2020년 여름에 초안이 수립되었고 그때만 해도 코로나가 거의 잡힐 듯한 시기였기 때문에 2021년 경제를 다소 낙관적으로 본 상태에서 작성되었다. 그러나 2020년 12월 예산안이 통과될 시기에 3차 대유행이 시작되면서 경기는 다시 악화되었다. 그리고 2021년 들어 경기 위축 상태가 지속되어 두 차례에 걸쳐 추경이 편성되었다. 코로나-19 위기 종결이 불확실함에도 불구하고 가능하면 적게 예산을 사용하려다 보니 계속해서 추경을 편성하는 일이 되풀이된 것이다. 물론 추경을 편성하지 않는 것보다는 낫겠지만 이런 식으로는 코로나-19 위기에 충분히 대응하기 어려울 수밖에 없었다.

〈그림 1〉은 2021년 예산에서 제시한 사회 안전망 및 고용 안전망 구축 계획이다. 다양한 영역에 걸쳐 제도 개선이 설계되었지만 이 중에서 핵심은 국민 취업 제도 도입, 고용 유지 지원금 확대, 전국민고용보험 확대이다. 첫째, 정부는 고용 보험 사각지대에 있던 취약 계층에 대해 취업 지원 서비스와 생계 지원을 동시에 제공하는 국민 취업 지원 제도를 본격 시행하기로 했다. 이를 위해 청년

그림 1. 2021년 예산안의 '포용적 사회 안전망 및 고용 안전망'

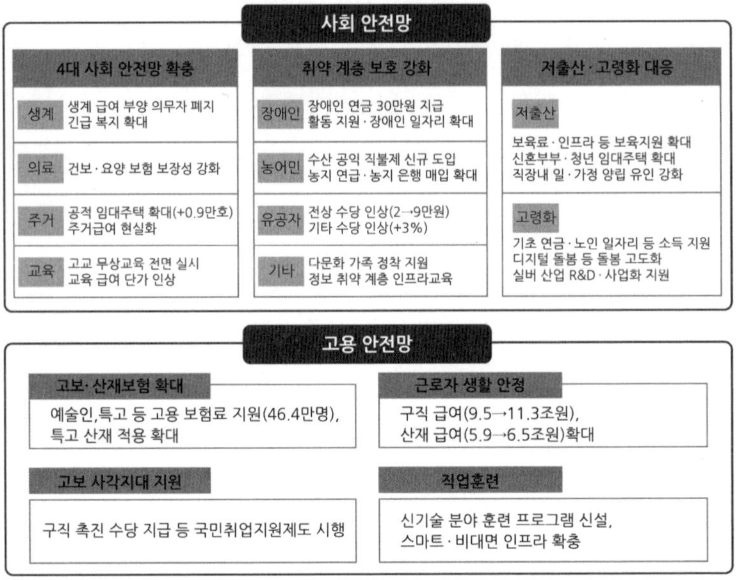

사회 안전망

4대 사회 안전망 확충

생계	생계 급여 부양 의무자 폐지 긴급 복지 확대
의료	건보·요양 보험 보장성 강화
주거	공적 임대주택 확대(+0.9만호) 주거급여 현실화
교육	고교 무상교육 전면 실시 교육 급여 단가 인상

취약 계층 보호 강화

장애인	장애인 연금 30만원 지급 활동 지원·장애인 일자리 확대
농어민	수산 공익 직불제 신규 도입 농지 연금·농지 은행 매입 확대
유공자	전상 수당 인상(2→9만원) 기타 수당 인상(+3%)
기타	다문화 가족 정착 지원 정보 취약 계층 인프라교육

저출산·고령화 대응

저출산
보육료·인프라 등 보육지원 확대
신혼부부·청년 임대주택 확대
직장내 일·가정 양립 유인 강화

고령화
기초 연금·노인 일자리 등 소득 지원
디지털 돌봄 등 돌봄 고도화
실버 산업 R&D·사업화 지원

고용 안전망

고보·산재보험 확대

예술인, 특고 등 고용 보험료 지원(46.4만명),
특고 산재 적용 확대

근로자 생활 안정

구직 급여(9.5→11.3조원),
산재 급여(5.9→6.5조원)확대

고보 사각지대 지원

구직 촉진 수당 지급 등 국민취업지원제도 시행

직업훈련

신기술 분야 훈련 프로그램 신설,
스마트·비대면 인프라 확충

자료: 기획재정부 2021년 예산안(2020/09/01).

구직 활동 지원금은 국민 취업 지원 제도와 통합하고 취업 성공 패키지는 국민 취업 지원 제도와 긴밀히 연계·운영하기로 했으며 여기에 총 1.2조 원을 투입해 59만 명에게 혜택이 돌아가도록 설계했다.[4] 둘째, 고용 유지 지원금을 대폭 확대해 2020년 351억 원에서

4_국민취업지원제도는 1, 2유형으로 나뉘는데, 먼저 1유형(8367억 원, 40만 명)은 구직 의사와 능력이 있으나 취업하지 못한 사람 중 15~64세 이하이고, 월평균 총소득이 기준 중위 소득 100% 이하인 가구원을 대상으로 한다. 이들에게는 취업 지원 프로그램을 제공

1조1844억 원으로 늘려 45만 명 수준으로 지원하기로 했다. 셋째, 고용 보험 혜택을 확대하기로 했다. 2020년 12월 예술인 고용 보험 적용 등에 따라 구직 급여와 출산 전후 급여를 증액 편성했는데, 구직 급여는 2020년 9조5158억 원에서 2021년 11조3486억 원으로, 출산 전후 급여도 예술인·특수 형태 근로 종사자를 위해 94억 원을 신규로 편성했다. 더불어 2021년부터는 월 평균 보수 220만 원 미만인 저소득 예술인 3만5000명과 특수 형태 근로 종사자 43만 명 등이 납부할 고용 보험료의 80%를 정부가 지원하기로 했다.

2021년 8월 31일 정부는 604.4조 원 규모의 2022년도 예산안을 발표했다. 문재인 정부가 수립하는 마지막 예산안인데 정부는 통합 수지 기준 55조6000억 원 규모의 재정 적자가 발생할 것으로 전망했으며 이런 확장적 재정 운용을 통해 경제 회복, 세수 증대, 건전성 개선 등 재정이 선순환되는 모습을 보일 것이라고 자신했다. 본예산 기준으로는 2021년에 비해 46조 원 정도 증가하는 셈인데, 탄소 중립과 뉴딜 2.0 등 핵심 분야에 12.4조 원, 병상 확보, 기준 중위 소득 5.02% 인상, 한국형 상병수당 시범 실시, 전국민고용보험 추진 등 보건복지고용 부문에 17조 원을 더 투입할 계획이다. 그 외에 소상공인 손실 보상 소요 지원, 재도약을 위한 맞춤형

하고 중위 소득 50%(청년 120%) 이하 및 재산 3억 원 이하인 구직자에게 최대 6개월 동안 월 50만 원의 구직 촉진 수당을 지급한다. 또 기존 취업 성공 패키지를 국민취업지원제도 2유형으로 운영해 3681억 원의 예산으로 19만 명의 취업을 지원하기로 했다. 아울러 542억 원, 2만9000명 규모로 취업이 어려운 취약 계층에 대한 일 경험 기회 제공을 위한 프로그램도 신설한다.

지원에 1.8조 원 더 투입할 것으로 계획했으며 그 외는 국세 증가로 자동적으로 증가하는 지방재정 몫이었다.

3) 문재인 정부의 조세 재정 정책 평가

문재인 정부의 조세 재정 정책을 어떻게 평가할 것인가? 사회 안전망이 제대로 갖추어지지 않은 상태에서 코로나-19 위기가 발생하자 여러 차례 추경을 편성해 대응했는데 이런 적극성은 일단 긍정적으로 평가할 만하다. 그러나 취약 노동자, 자영업자, 프리랜서 등이 처한 어려움이 매우 심각하다는 점을 고려하면 규모에 있어서는 매우 부족했다고 할 수밖에 없다. 황선웅(2020)의 분석과 같이 다른 국가와 비교해 우리나라는 코로나-19 위기는 상대적으로 약한 편인데 노동시장에 미치는 강도는 그에 비해 강한 편이었다. 가계 대출이 급증한 것은 자산 시장에 대한 투자 때문이기도 하지만 생계를 보전하기 위한 용도도 컸다. 2021년 1/4분기 가계의 주택 담보 대출은 931조 원으로 전년 동기 대비 8.5% 증가했는데 신용 대출을 포함한 기타 대출은 735조 원으로 전년 동기 대비 10.8% 증가했다. 물론 기타 대출도 자산을 구입하는 데 일부 사용되었겠지만, 경기 침체로 인한 생활 자금 용도도 작지 않을 것이다(한국은행 2021).

극심한 위기에 대한 대응이 충분하게 이루어지지 않은 것은 자동적으로 작동해야 할 복지 체제가 갖추어지지 않은 것에 일차적 책임이 있다. 특히 심각한 경기 침체기에 효과를 발휘해야 할 고용 보험이나 실업 부조 제도가 제대로 마련되지 않은 것이 문제였다. 만일 고용 보험 확대나 실업 부조 제도 도입이 미리 이루어졌더라면 이번 코로나-19 위기에 대해 신속하고도 적절한 대응이 가능했을 것이다. 그러나 그렇지 못했기 때문에 긴급 재난 지원금이나 고용 안정 지원금 등의 프로그램이 충분한 규모로 신속히 운영되는 것이 중요했는데 국민들의 소득 활동에 대한 실태 파악이 제대로 되어 있지 않은 상태였기 때문에 우왕좌왕했고 규모도 불충분했으며 사각지대가 매우 컸다.[5] 가장 심각한 타격을 입은 계층이 바로 대면 접촉이 필수인 자영업자들인데, 정부는 손실 보상 소급 적용을 거부함으로써 이들은 충분한 정부 지원을 받지 못한 채 대출에 의존할 수밖에 없는 상황에 처하게 되었다.

2020년 중반에 발표된 한국판 뉴딜에 대해서도 실망스럽다는 평가가 지배적인데, 그 이유는 '사회 안전망 및 고용 안전망'의 내용이 불충분하기 때문이다. 1930년대 미국 뉴딜은 경제 회복과 일자리 마련은 물론이고 빈곤 퇴치, 노동권 강화, 연방 복지 강화 등 '사회정의'가 주요 정책 의제였다. 자유 방임형 자본주의가 체제 위기를 초래했기 때문에 이런 틀을 완전히 바꾸는 패러다임 전환을 이루자는 의미에서 뉴딜이었다. 그런데 한국판 뉴딜의 경우 고용 보험 확대, 부양 의무자 기준 폐지, 상병수당 등 몇몇 개혁안이 포

5_문재인 정부 들어 최저임금 인상과 비정규직의 정규직화, 복지 확대 등을 통해 분배를 개선하고자 했고 성과가 없었던 것은 아니지만 서둘렀어야 했을 복지 제도 확충은 느렸다. 사실 집권 초기 발표한 국정과제에 이미 고용 보험 확대, 실업 부조 도입이 포함되어 있었다.

함됐지만 우선 구체적 내용이 충실하지 않고 공공 보건의료·돌봄 확대, 노동시장 이중화 대응책, 새로운 노동 형태의 보호 등 이 시대의 굵직한 의제들은 아예 빠졌다(김진석 2020).

박용석(2020)은 민간 일자리 창출을 유도하기 위한 시장 환경 조성에만 방점을 둔 점, 디지털 뉴딜, 그린 뉴딜의 산업 전환 국면에서 필연적으로 발생하는 구조 조정에 대한 대책이 부재한 점, 급변하는 경제구조에 부합하는 새로운 노사 교섭 구조를 제시하지 않은 점을 '노동 없는' 한국판 뉴딜의 한계점으로 짚었다. 상황이 이런데도 문제인 정부는 한국판 뉴딜의 일자리 창출 효과를 대대적으로 선전했다. 물론 일자리 창출 효과는 있다. 그러나 계획된 일자리는 좋은 일자리와는 거리가 멀다. 5년간 총 39만 개의 '디지털 댐' 일자리를 마련한다는데 그중 75%가 4개월짜리 '데이터 레이블링'이란 단기 계약 일자리였다.

2020년 12월에 통과된 2021년 예산안에 대해서도 시민사회는 냉정한 평가를 내렸다(참여연대 2020a). 첫째, 코로나-19 감염병 상황이 장기화되고 있는 상황에서 급격하게 늘어나는 확진자를 수용할 수 있는 병상 부족이 심각한 문제로 대두되고 있지만, 공공 병원 확충 예산은 전혀 배정하지 않았다. 둘째, 2021년 예산에서 다함께 돌봄, 초등 돌봄 활용, 아동 학대와 노인 학대에 대한 예산을 일부 증액한 것은 그나마 다행이나 국공립 어린이집과 노인 요양 시설 등의 확충과 기능 보강을 위한 예산은 정부안대로 삭감되는 등 돌봄 공백에 대한 대응이 부족했다.

셋째, 취약 계층 고용 및 소득 보장을 위한 예산은 여전히 턱없이 부족했다. 정부는 코로나-19로 인한 고용 위기 극복을 위해 고용 유지 지원금 확대, 일자리 확대 등의 예산을 증액 편성했으나 상황의 심각성에 비해 충분하지 않았으며, 사회보험 사각지대를 해소하겠다며 '전국민고용보험'을 구축하겠다고 공언했지만, 정작 2021년도 '사회보험 사각 지대 해소' 사업 예산과 지원 규모는 축소되었다. 또한 예술인과 특수 고용 노동자에 대한 고용 보험 지원 예산을 새로 책정한 것은 긍정적이나, 저임금 노동자에 대해 기존에 지급되던 보험료 지원을 중단했다. 한편 한국형 실업 부조 관련 예산(국민 취업 지원 제도)도 미흡했다. 코로나-19로 인한 고용 위기 상황에서 제도를 최대한 확장적으로 운용해야 함에도 정부는 구직자 취업촉진법 시행령 안에서 지급 대상을 법률이 정한 최고 기준보다 낮게 설정했다.[6]

2022년 예산안도 복지 측면에서는 마찬가지로 여전히 만족스럽지 않았다. 본예산을 기준으로 한다면 2022년도 예산안은 본예산 558조 원보다 8.3% 늘어난 규모이지만, 2차 추경까지의 예산 규모 604.9조 원에 비교한다면 비슷한 수준일 뿐이다. 코로나-19 위기가 수그러들 기미가 보이지 않는 불확실한 상황에서 이런 수준으로 수립한 예산안이 진정한 의미에서 확장적 재정이라 할 수 있는지 의구심이 든다. 세부적으로 살펴보면 정부는 기초생활보장제

6_시민단체는 실효성 있는 구직 촉진 수당 제도를 운영하기 위해서는 자격 요건의 상한선 요건 개정, 구직 촉진 수당 상향, 지급 기간 연장이 필요하며 이런 점을 반영해 예산을 대폭 증액해야 한다고 주장하고 있다.

도와 관련해 기준 중위 소득을 4인 기준으로 5.02% 인상해 2015년 개별 급여로 제도를 전환한 이후 최고 수준으로 인상했다고 자랑하고 있지만, 그간 기준 중위 소득을 원칙 없이 임의로 낮게 결정해 왔다는 점 등을 감안해야 한다. 또한 코로나-19 위기가 장기화되고 있는 상황에서도 공공 병원의 실질적인 확충, 돌봄의 국가 책임 강화 등의 예산은 찾아볼 수 없다는 점, 시급한 고용 안전망 구축을 위한 예산이 부족한 것 역시 문제이다.

3. 포스트 코로나 시대의 바람직한 조세 재정 정책

1) 경제 위기는 복지를 한 단계 도약시킬 기회

포스트 코로나 시대의 조세 재정 정책은 우리 경제가 코로나-19를 극복하고 새로운 '정상상태'로 잘 안착하도록 '제대로' 지원하는 것이어야 한다. 새로운 '정상상태'는 과거의 구조를 그대로 복원한 상태에서 사회 안전망만 강화되는 그런 경제가 아니라 비대면, 디지털화, 그린화로 인해 새로운 경제구조로 변화한 경제이다. 그런 새로운 경제구조는 산업구조가 크게 변하고 동시에 고용구조가 크게 변하는 구조적 변화를 겪게 될 것이다. 따라서 그런 구조조정을 잘 뒷받침할 수 있도록 기존의 사회 안전망 강화와 더불어 고용 보험, 실업 부조, 적극적 노동시장 정책이 확장적으로 작동해야 한다. 우리 경제는 로봇화가 많이 진전되어 향후 4차 산업 혁명의 영향을 덜 받을 것이라고 이야기되지만 제조업에서 로봇화가 빨랐던 만큼 서비스업에서의 로봇화가 빠를 수 있고 이로 인해 그동안 나쁜 일자리이지만 그나마 대규모로 일자리를 창출하던 부문인 자영업 부문이 구조 조정되어 일자리 위기가 심화될 수 있다. 구조 조정을 피할 수 없다는 점에서 건강한 구조 조정, 정의로운 구조 조정이 일어나도록 정부 정책으로 뒷받침해야 한다. 디지털 뉴딜, 그린 뉴딜이 인간의 일자리를 축소시키는 부분이 있을 수밖에 없지만 새로운 일자리를 창출할 수 있도록 시스템을 잘 관리해야 한다.

〈표 2〉에서 확인할 수 있듯이 대부분의 복지 영역에서 우리나라는 OECD 평균에 비해서 많이 뒤처져 있다. 사회보험 부분인 노령, 유족, 보건, 실업 부문에서도 지출 규모가 작으며 그 외 사회적 투자 부분인 가족, 적극적 노동시장 부분에서도 지출 규모가 작다. 사회보험의 경우 노령, 유족은 고령화와 긴밀하게 관련된다. 따라서 고령화가 아직 덜 진행된 것과 관련이 될 테지만 보장 수준이 낮은 것과 사각지대가 큰 것이 작은 지출 규모를 야기한 주요 요인이다. 국민연금과 고용 보험은 취약 노동자 계층과 자영업자 영역에서 사각지대가 크다. 사회보험 영역에서 사각지대가 넓은 것은 노동시장의 이중화, 과다 자영업 비중과 관련된다. 국민연금은 미가입이 높지만 그래도 기초 연금으로 보완되고 있으나 고용 보험은 사각지대가 상당히 심각하다. OECD 평균과의 격차를 따라잡는 것을 중기 목표로 삼을 수 있다.[7]

표 2. OECD 국가 공공 사회복지 지출의 기능별 배분
: 2017년 기준(GDP 대비 비중)

단위: %

분야	한국(A)	OECD 평균(B)	차이(B-A)
노령	2.7	7.4	4.7
유족	0.3	0.8	0.5
근로 무능력	0.6	2.0	1.4
보건	4.1	5.6	1.5
가족	1.1	2.1	1
적극적 노동시장	0.3	0.5	0.2
실업	0.3	0.6	0.3
주거	0.1	0.3	0.2
기타	0.6	0.5	−0.1
합계	10.1	19.9	9.8

자료: OECD(2017).

고도성장 이후 한국 경제는 현재까지 두 차례의 심각한 경제 위기를 경험했고 지금 세 번째를 경험하고 있다. 1980년대 초반의 외채 위기는 산업구조 조정과 경제 안정화 정책으로 대응했고 3저 호황에 힘입어 극복한 반면, 1997년 외환 위기는 신자유주의적 개혁으로 대응함으로써 한국 경제는 이후 양극화가 심화된 사회를 맞이하게 되었다. 현재의 위기는 양극화라는 구조적 문제에 팬데믹이라는 미증유의 위기가 더해진 것인데, 이에 대한 바람직한 대응책은 제대로 된 복지국가를 위한 '제대로' 된 뉴딜이다. 당장의 코로나

7_물론 OECD 평균이라고 할 때도 고령화율, 경제 발전 수준 등 다양한 국가 특성을 고려한 평균을 사용하는 것이 바람직할 수 있다. 또한 1인당 최소한의 복지 수준이 얼마인지도 중요하다. 우리나라의 경우 고령화가 빠른 속도로 진행되면 개인이 받는 연금액이 충분하지 않아도 GDP 대비 규모는 커질 수 있기 때문이다.

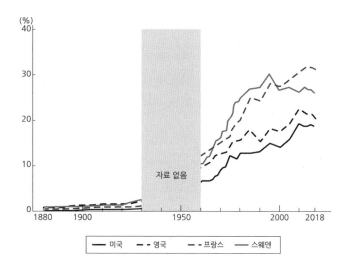

그림 2. OECD 4개 주요국의 정부 총지출(GDP 대비 비중)

자료 없음

━━ 미국　 ﹣ ﹣영국　 ﹣ ﹣ 프랑스　 ━━ 스웨덴

자료: *The Economist*(2020).

-19 위기 와중에는 국채 발행을 통해 넉넉한 복지를 제공함으로써 국민들이 자연스럽게 복지국가의 혜택을 느낄 수 있도록 하고 코로나-19 위기가 극복됨과 동시에 항상적 복지 확대, 제대로 된 복지국가의 전환이 필요하다. 그런데 이 단계가 된다면 결국 대규모의 증세가 필수적이다.

　그런데 경제가 성숙기에 접어들어 저성장 추세에 처하게 된 상황에서 대규모 증세를 통한 복지 확대가 가능할까? 고도성장기에 대규모의 증세를 하지 못했기 때문에 이미 기회를 놓친 것이 아닐까? 이와 관련해서는 1970년대 위기를 맞았던 서구 선진국의 사례

그림 3. 스웨덴 주요 세목 세수 규모의 추이(GDP 대비 비중)

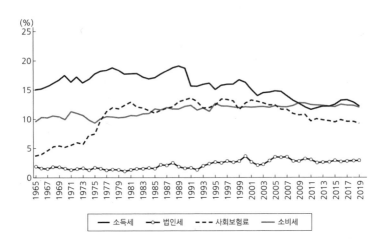

자료: OECD(2022b).

를 살펴볼 필요가 있다. 즉 복지국가 체제가 제2차 세계대전 전후 자리 잡은 것은 맞지만, 전후 호황이 끝나고 스태그플레이션 위기가 발생했던 1970년대 위기 시기에도 유럽 국가들에서 복지가 계속 확대되어 왔다는 점을 놓쳐서는 안 된다. 미국과 영국이 뚜렷하게 복지 지출 증가를 억제한 것과 달리 유럽 국가들은 증세를 통해 복지 지출을 계속해서 늘려 왔다(〈그림 2〉).

당시 유럽 국가들은 탈산업화 시대, 3차 산업혁명의 진행, 인구 구조의 변화, 가족제도의 변화, 노동시장의 변화가.야기한 신사회 위험에 대해 증세(광의)를 통한 복지 확대로 적극 대응했다. 스웨덴의 재정수입 구조를 살펴보면 1970년대, 1980년대 복지 확대 시기에 사회보험료와 소비세의 역할이 증가했다. 물론 그 이전에 직접세의 역할은 이미 충분히 컸다는 것도 주목할 필요가 있다(〈그림 3〉).

2) 엄격한 재정 준칙 도입 시도는 문제

코로나-19 위기에 대한 우리 정부의 대응이 왜 충분한 규모로 이루어지지 않았을까? 경기 부진으로 인해 증세, 지출 구조 조정 방안은 한계가 있을 수밖에 없고 결국 국채 증가가 가장 실효성 있는 정책 수단이지만, 오랫동안 낮은 수준의 국채 유지를 중요한 재정 정책의 목표로 삼아 온 기획재정부로서는 이를 꺼렸기 때문일 것이다. 몇 년 전까지 GDP 40%를 국채 마지노선으로 여겨 왔던 기획재정부로서는 일본과의 무역 분쟁에 대한 대응, 코로나-19 위기에 대한 대응으로 이 상한을 훌쩍 넘긴 현실이 심각하게 우려스러울 듯하다.

이에 기획재정부는 재정 건전성을 지킨다는 명분에 따라 2020년 10월 5일 '한국형 재정 준칙 도입 방안'을 발표했다. '한국형 재정 준칙'의 주요 내용은 국가 채무 비율 기준을 GDP 대비 60%, 통합재정수지 기준을 적자 3%로 하는 것이며 이를 초과할 경우 재정 건전화 대책을 마련하도록 법으로 규정하자는 것이다(〈그림 4〉). 정부가 재정 준칙의 도입을 주장하는 이유는 코로나-19 위기로 인해 국가 채무가 급증한 상태에서 고령화로 인해 시간이 흐름에 따라 복지 지출이 증가해서 장기적으로 국가 채무가 더욱 증가할 것인

그림 4. 한국형 재정 준칙 도입안(2020년 10월 5일)

| 방향 | 재정의 지속 가능성과 역할 측면을 동시 고려한
「한국형 재정 준칙」 도입 |

| 준칙성 | ① 국가 채무 비율 기준을 60%로 설정
② 통합 재정 수지 기준을 ▲3%로 설정
③ 한도 초과시 재정 건전화 대책 마련 의무화 |

데, 국가 채무의 증가는 국가의 신인도를 떨어뜨릴 것이므로 사전에 이를 막을 방안을 세워야 한다는 것이다. 그리고 세계 92개국이 도입해서 운용하고 있는 재정 준칙은 재정 건전성을 지키게 해주는 효과적인 수단이라는 것이다.

한국형 재정 준칙 제안의 배경이 된 것이 바로 2020년 9월 20일에 발표된 2060년까지의 장기 재정 전망 결과이다. 〈그림 5〉는 2015년과 2020년에 수행한 2060년까지의 장기 재정 전망 결과를 보여 주고 있다. 장기 재정 전망은 국가 재정법에 따라 고령화가 장기적으로 재정에 어떤 영향을 미칠 것인가를 매 5년마다 전망하고 이에 대한 적절한 대응책을 강구하는 작업이다.

그런데 2015년에 수행한 전망(그림 a)에 따르면 고령화로 인해 2060년에 GDP 대비 약 62.4% 정도의 국채를 가지게 되는 반면 단지 5년이 지난 2020년에 수행한 전망(그림 b)에 따르면 국채는 2045년에 GDP 대비 약 100%에 이르렀다가 다시 줄어 2060년에

그림 5. 2060년까지의 국가 채무 비율 전망(GDP 대비 비중)

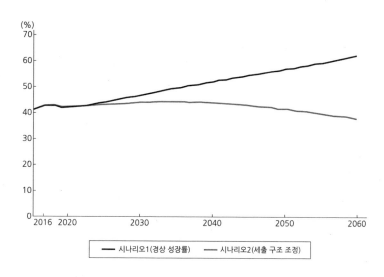

(a) 2015년 전망

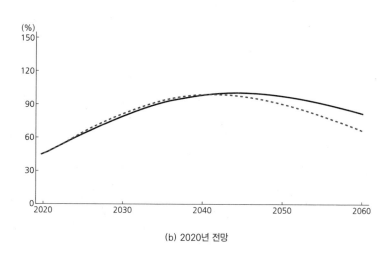

(b) 2020년 전망

표 3. 2020~24년 재정 수지 및 국가 채무 전망

	2020년		2021년	2022년	2023년	2024년
	본예산	추경				
관리 재정 수지	▲71.5	▲111.5	▲109.7	▲123.2	▲128.2	▲127.5
(GDP대비, %)	▲3.5	▲5.8	▲5.4	▲5.9	▲5.9	▲5.6
통합재정수지	▲30.5	▲76.2	▲72.8	▲83.7	▲87.9	▲88.1
(GDP대비, %)	▲1.5	▲3.9	▲3.6	▲4.0	▲4.0	▲3.9
국가 채무	805.2	839.4	945.0	1,070.3	1,196.3	1,327.0
(GDP대비, %)	39.8	43.5	46.7	50.9	54.6	58.3

자료: 기획재정부(2020).

는 GDP 81.1%에 이르게 된다. 이 차이는 여러 요인에서 오겠지만 코로나-19 효과가 클 것이다. 코로나-19로 인한 경제 침체, 적자 재정으로 말미암아 국채는 원래의 전망에 비해 장기적으로 GDP 대비 20%포인트 증가할 것으로 추정된 것이다. 2020년에 발표된 향후 5년간의 중기 재정계획을 보면 국가 채무는 2024년에 GDP 대비 58.3%에 이를 것으로 전망되었다. 코로나로 인해 기획재정부가 재정 준칙에서 상한으로 정한 60%에 육박하는 수준이다(〈표 3〉).

이런 전망에 따르면 국채 상한을 GDP 대비 60%로 정하는 재정 준칙을 도입하게 되면 코로나-19 위기를 극복한 직후부터 재정 운용은 엄격한 제약에 직면하게 된다. 코로나-19 발생 이전이라면 GDP 대비 60%의 국가 채무 수준은 그래도 여유가 있는 상한이었지만 코로나-19 위기로 인해 국채가 단기 급등하게 되면서 상황이 바뀌었다. 60%를 상한으로 한다면 코로나-19 직후에 증세를 해서 고령화 지출을 감당하기에도 바빠 복지 확대는 꿈도 꾸지 못할 상

황에 처하게 된다. 한편 GDP 3%라는 재정 적자 상한도 문제이다. 복지 규모가 큰 국가에서는 경기가 좋지 않을 때 자동적으로 적자가 늘어나는데 그때 3% 상한은 너무 엄격한 기준이 된다. 작은 재정 적자만 용인하는 재정 준칙은 경제 운영에 부정적일 수밖에 없는데, 그 이유는 이런 준칙이 뱀처럼 구불구불하게 나아가는 속성을 가진 경제를 매우 좁은 통로 안에서만 움직이게 하는 족쇄로 작용하기 때문이다. 경기는 후퇴기와 회복기를 반복하기 때문에 후퇴기에 충분히 경기 부양이 되어야 한다.

재정 준칙을 채택해 국채를 관리하고자 했던 국가들이 많은 경우 국채 증가를 막지 못했다. 이 국가들이 준칙을 지키지 않으려 했다기보다 국채를 늘리지 않으려는 긴축적 재정 정책으로 인해 경제가 살아나지 않으니 원하는 목표 달성이 어려웠던 것이다. 효과가 그다지 좋지 않은데 왜 92개국이나 재정 준칙을 도입한 것인가? 92개국이라는 많은 국가들이 재정 준칙을 도입했지만 그것이 이 제도의 긍정적 효과가 확증되었기 때문은 아니다. 재정 준칙을 도입한 국가들은 크게 보면 경제 통합 과정에서 서로를 견제하기 위한 수단으로서 이를 채택한 국가들과 국가 부채가 과다해서 충격요법을 써야 했던 국가들이 대부분이다. 예를 들어 EU 국가들은 EU 통합 과정에서 서로를 견제하는 수단으로서 1992년에 재정 준칙을 도입했다. 개도국 중에서는 아프리카 국가들이 많이 도입했는데 이것도 경제 공동체 형성과 관련된다. 한편 남미 국가들은 국가 채무가 많은 상태여서 이를 도입했다. 우리는 어느 경우에도 해당되지 않는다.[8]

최근에는 국채와 재정 적자 상한을 두었던 기존의 재정 준칙이 오히려 경기 부진을 심화하는 등 부정적인 영향을 미친다는 이유로 이에 대한 대안적 준칙을 제안하는 연구들이 발표되고 있다. 오르자그, 루빈과 스티글리츠(Orszag, Rubin and Stiglitz 2021)는 국채 상한이나 재정 적자 상한을 제시하는 방식이 아니라 위기 시에 재정 지출이 자동적으로 더욱 큰 규모로 집행되도록 하고, 노후 연금과 건강보험 지출이 경기에 적절하게 반응하게 하며, SOC 투자가 적극 이루어지도록 장려하는 것 등을 새로운 재정 준칙으로 제시했다. 즉 기존의 재정 준칙이 경기 부진 시에 국채가 증가하는 것을 막고자 지출 감소를 권장했던 것과 달리 대안적 재정 준칙은 경기 부진 시에 더욱 적극적 지출을 시행함으로써 경기를 빨리 회복시키는 정책을 추구하고 있다. 향후 이런 새로운 재정 준칙에 대한 심도 깊은 검토가 필요하다.

3) 뉴딜 투자에는 국채 증가로 대응하는 것이 적절

〈그림 6〉에 따르면 우리나라의 국채 규모는 다른 OECD 국가

8_재정 준칙은 보수적 재정 이론의 뒷받침을 받았다. 1980년대 신자유주의의 등장 이후, 재정 정책이 효과가 없다는 신고전파 이론의 득세하고 '국가 채무 감축이 경기를 부양한다는 이론'(Expansionary Fiscal Consolidation)이 확산되면서 '채무 관리'를 목적으로 하는 재정 준칙에 대한 기대가 컸다. 유럽 국가들은 유로존, 유럽경제공동체에 가입하기 위해서는 이런 재정 준칙을 받아들일 수밖에 없었는데 몇몇 국가들은 적극적으로 이를 적용하기도 했다.

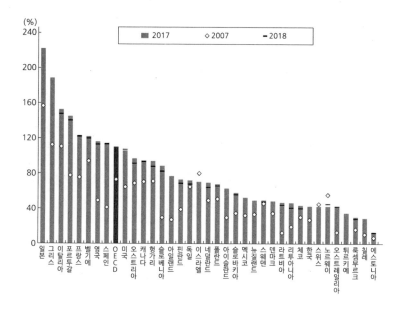

그림 6. OECD 국가들의 총 국채 규모(GDP 대비 비중)

자료: OECD(2022a).

들에 비해 매우 낮은 상황이다. 재정 건전성을 국가 채무 기준으로 판단해야 한다고 생각하지 않지만, 만일 그렇다고 해도 우리나라의 재정 건전성은 매우 양호한 셈이다. OECD나 IMF 등 국제기구, 무디스, S&P와 같은 영향력 있는 다른 국제 신용 평가사들이 우리의 재정에 대해 건전하다고 판단하고 있다.

물론 기획재정부가 우려하는 것은 현재의 국가 채무 수준이 아닐 것이다. 코로나-19와 뉴딜 투자, 고령화 대응으로 급증할 미래의 국채 수준을 우려하는 것이다. 그러나 '60% 국가 채무'가 상한선이 되어야 할 어떤 합리적 이유는 없다. 많은 국가들이 재정 준칙을 도입하면서 60% 상한을 받아들였는데 이것은 EU 국가들이 EU 통합 과정에서 중심국인 독일의 입맛에 맞게 1992년에 재정 수지 적자 3% 상한, 국채 60% 상한 재정 준칙을 도입했고 이후 이것이 특별한 이유 없이 암묵적 기준선으로 유지되어 왔을 뿐이다. 2008년 국제금융 위기 직후인 2010년에 미국의 라인하트와 로고프(Reinhart and Rogoff 2010)가 국가 채무가 GDP의 60%가 되면 경제 성장률이 2%포인트 떨어지고 90%를 넘으면 반으로 줄어든다는 연구 결과를 발표했으나 이후 이 연구에 오류가 있음이 밝혀졌다(Herndon, Ash and Pollin 2013).

60% 상한을 포함한 재정 준칙을 채택한 국가들도 이를 반드시 지키는 것은 아니다. 2008년 국제금융 위기를 거치면서 많은 유럽 선진국들이 60% 상한을 이미 훌쩍 넘었으며 최근의 코로나-19 위기를 거치면서 국채는 더욱 크게 증가했다. 2020년에는 OECD 평균이 GDP의 100%를 넘은 상태였다. 그러나 이런 국채 증가는 경제 위기를 극복하기 위한 것이기 때문에 이것은 오히려 경제에 좋은 영향을 미친다고 볼 수 있다. 코로나-19 위기가 진정되면 다시 선진국들은 이 60%를 기준으로 해서 국채를 줄이고자 할까?

만일 선진국들이 동시에 이 수준에 맞추기 위해 국가 채무를 줄이려 한다면 전 세계 경제는 새로운 위기에 봉착하게 될 것이다.[9]

9_경제 위기 시기에 국가 채무를 줄이려는 정책은 경기 부진을 장기화할 수 있다. 이런 대표적인 사례가 바로 유럽 국가들이다. 2008년 국제금융 위기가 발생한 지 몇 년 뒤에 위

따라서 코로나-19 위기가 끝나더라도 무리하게 국채를 줄이려는 시도는 없을 것으로 보이며 선진국들은 아마도 다른 해결책을 찾을 것으로 보인다. 가장 가능성이 큰 해결책은 과거보다 높은 상한을 받아들이는 것일 수 있다. 단기적으로는 변동성이 관찰되겠지만 장기적으로 저성장과 저금리가 예상되는데 금리가 낮은 상황에서는 대규모의 국가 채무 증가가 큰 문제없다는 주장이 제기되기도 했다(Blanchard 2019). 더욱 손쉬운 방안은 중앙은행이 국가 채무를 인수하고 인수 즉시 탕감해 버리는 방안이다. 아직 논의 중이지만 채택 가능성은 높다(Botta, Caverzasi and Russo 2020).

물론 과거에 적극적인 국채 감축에서 성공한 사례가 없었던 것은 아니다. 대표적으로 독일, 스웨덴을 들 수 있다. 독일은 국채 60% 상한이라는 재정 준칙을 제시한 국가로서 2008년 국제금융 위기 이후 잠시 이런 상한선에서 벗어나기도 했으나 이후 다시 빠르게 60% 수준으로 줄일 수 있었다(〈그림 7〉). 그런데 이런 개혁을 성공적으로 수행할 수 있었던 것은 수출 경쟁력이 높은 독일이 환율이 고정된 상태에서 다른 EU 국가들로의 수출을 늘려 경기를 부양할 수 있었기 때문이다. 대신 상대 교역국들은 경상수지가 악화되어

기 대응으로 인해 증가한 국가 채무를 줄이기 위한 노력이 유럽 전체 차원에서 진행되었는데 그 결과는 매우 부정적이었다. 유럽 경제는 일부 국가를 제외한다면 장기 부진 상태에 빠지게 되었다. 독일, 스웨덴 등 몇몇 국가들은 여전히 수출 호조로 버틸 수 있었지만 긴축을 강요받은 남유럽 국가들은 경기가 급락했고 GDP 대비 국채는 빠르게 증가했다. 최근 퍼먼과 서머스(Furman and Summers 2020)도 이 점을 지적하고 있다. 즉 국가 채무 비율을 낮추려는 긴축 정책이 장기적으로 경제에 악영향을 미쳐 국가 채무 비율을 오히려 높일 수 있다는 것이다.

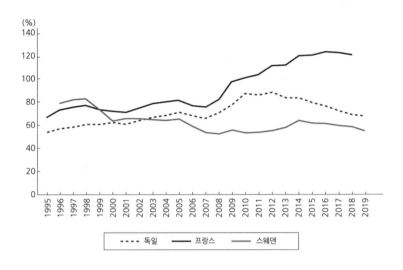

그림 7. 독일·프랑스·스웨덴의 국가 채무 규모(GDP 대비 비중)

자료: OECD(2022a).

경기 부진이 지속됨에 따라 재정 적자를 줄이기 어려웠다.

즉 재정 준칙을 통한 채무 증가 억제 혹은 채무 감축은 유럽 국가들 전체가 동시에 사용할 수 없는 정책이라는 것을 의미한다. 한편 스웨덴도 재정 준칙을 채택한 국가이고 1990년대 하반기에 국가 채무 수준을 크게 줄일 수 있었으며 이후 복지 지출 증가 억제를 통해 60% 상한을 지켜 올 수 있었다. 그러나 1990년대 하반기에 국채 규모를 급감시킬 수 있었던 이유는 공적 연금을 정부 회계에 통합시킴으로써 연금이 보유하고 있는 국채가 더 이상 정부가 민간에 갚아야 할 부채로 인식되지 않게 되었기 때문이다. 즉 재정 준칙의 신비 때문은 아닌 셈이다.[10]

이런 여러 가지 상황을 고려한다면 60%라는 상한선을 도입해서 코로나-19 직후 경기회복의 발목을 잡을 필요가 없다. 지금 정부가 해야 할 일은 재정 여력을 활용해 침체기에 경기가 심각하게 악화되는 것을 막아 경제의 근본 활력을 유지하고 위기 이후 신속히 되살리는 것이다. 이를 기반으로 미래의 경제성장률이 훨씬 높아진다면 GDP 대비 국가 채무 규모는 낮아질 것이며, 노동인구 1인당 생산량은 훨씬 커져 생산 인구가 노인 인구를 부양하는 부담은 줄어들 것이다. 물론 재정 준칙을 도입하지 않는다고 해서 국채 발행에만 의존하는 재정 확대를 추구해야 한다는 것은 아니다. 단지 필요한 투자라면 GDP 60%라는 국채 규모가 반드시 지켜야 할 절대적 기준이 아니라는 것이다.

4. '제대로 된 복지국가'를 위한 증세 전략

1) OECD 주요국의 복지 재원 마련 방안

코로나-19가 종식된 이후 복지를 대폭 확충하기 위해서 증세가

10_https://commodity.com/data/sweden/debt-clock/

표 4. 2018년 한국과 OECD, 주요 세목의 세수 규모(GDP 대비 비중

단위: %

	소득 과세		사회보험료			고용세	재산세	소비세
	소득세	법인세	고용주	종업원	자영업자			
스웨덴	12.9	2.8	6.9	2.6	0.1	5.1	0.9	12.4
덴마크	24.1	2.9	0	0	0	0.3	1.8	14.6
독일	10.5	2.1	6.5	6.7	1.4	0	1.1	10.3
프랑스	9.4	2.1	11.2	3.8	1.1	1.5	4.1	12.2
영국	9	2.6	3.7	2.4	0.2	0.1	4.1	10.7
미국	10	1	2.8	3	0.3	0	3	4.3
일본	6.1	4.1	6.1	6	0.8	0	2.6	6.2
한국	4.9	4.2	3.1	2.9	0.8	0.1	3.1	7
OECD	8.1	3.1	5.4	3.3	0.9	0.4	1.9	10.9

자료: OECD(2022b).

필수적이라는 점에 대해서 이미 이야기했다. 그렇다면 어떤 방식의 증세가 바람직하고 가능할까? OECD 국가들의 조세수입 구조를 살펴보고 적절한 시사점을 도출하도록 하자.

〈표 4〉는 2018년의 OECD 주요국의 광의의 세수입 구조(GDP 대비 비중)를 보여 주고 있다. 이런 세수 구조는 글로벌화라는 경제 환경과 각국의 재정 규모와 복지 제도의 특징을 반영하고 있다. 자본의 국제 이동성이 큰 상황이라는 점에서 법인세, 재산세의 비중은 비슷하게 낮은 수준에 머물러 있는 대신 재정 규모와 복지 제도의 특징에 따라 소득세, 사회보험료, 소비세의 역할이 차이가 큰 편이다. 고복지 국가인 북유럽과 서유럽은 이 세 개 세목의 비중이 모두 크지만 사회보험의 역할이 중요한 서유럽이 사회보험료 의존도가 크다. 그렇지만 그 차이가 매우 크지는 않다. 사회보험에 크게

기대 온 프랑스의 경우 1990년 GDP 대비 4.4%였던 소득세 비중을 2018년 9.4%가 될 정도로 소득세의 역할을 늘리고 사회보험료의 역할을 줄이는 개혁을 진행해 왔기 때문이다. 복지 수준이 작은 미국과 영국, 유럽 국가들의 조세 구조를 비교해 보면, 미국의 경우 소득세의 역할이 크고 영국의 경우 소득세와 소비세의 역할이 크며, 유럽의 경우 소득세, 사회보험료의 역할이 더욱 커지는 것을 알 수 있다.

전통적으로 핵심적인 복지 재원은 사회보험료이다. 노령, 유족, 의료, 실업 등은 사회보험 방식으로 즉 고용주와 종업원이 함께 부담해서 재원을 마련하는 것이 일반적이고, 그 외 공공 부조나 복지 서비스 등은 소득세, 법인세, 소비세 등 조세를 재원으로 사용하는 것이 일반적이다. 그러다 보니 복지가 발달한 국가들은 일부를 제외하고 사회보험료 비중이 매우 컸다. 그런데 탈산업화 시기 들어 노동시장 이중화 경향이 심화됨에 따라 사회보험이 취약 계층을 잘 보호하지 못하는 문제가 발생하게 되었다. 심지어 취약 계층은 보험료를 내기 버거운 상황에 몰려 사회보험에서 잠시 혹은 오랜 기간 배제되기까지 하는 상황이 벌어지게 되었다. 고령화로 인해 사회보험료 수입이 줄어드는 것도 문제가 되기 시작했다.

따라서 사회보험 급여를 사회보험료로만 지원하는 것이 아니라 국고를 투입하는 비중이 점차 증가하게 되었다. 〈표 4〉에서 일반 재원의 비중이 매우 큰 것이 바로 그런 상황을 반영한 것이다. 실제로 우리나라를 포함한 많은 국가들에서 사회보험 영역의 보장을 위해 사회보험료만이 아니라 그 부족한 부분을 일반 재원을 투입해

그림 8. 연금·실업·의료 부문 지출 규모와 사회보험료 부담 규모

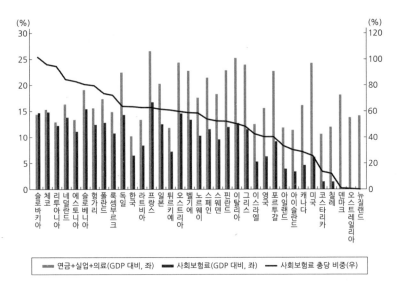

주: 2017년 기준. 사회보험료 충당 비중은 연금·실업·의료 부문 지출 규모/사회보험료 수입.
자료: OECD(2022b).

보완하고 있으며 아예 덴마크, 오스트레일리아, 뉴질랜드와 같이
사회보험료 없이 일반 재원으로만 100% 보장하는 국가도 있다. 〈그
림 8〉에 따라 전통적으로 사회보험료 부과로 충당한다고 여겨지는
은퇴, 의료, 실업에 대한 지출과 사회보험료 수입을 비교해 보면 대
부분의 국가들이 일반 재원을 적지 않게 투입하고 있는 것을 알 수
있다. 우리나라도 2017년 사회보험료 충당 비중이 60%이므로 일
반 재원 투입이 적지 않다는 것을 확인할 수 있다. 기초 연금, 건강
보험 국고 지원의 결과일 것이다.

OECD 국가들과 우리의 조세수입 구조를 비교해 보면 우리나라는 소득세, 사회보험료, 소비세 등에서 세수입 규모가 상대적으로 작은 것을 알 수 있다. 대신 법인세와 재산세에서는 평균보다 다소 많은 세수입을 얻고 있다. 세수 구조 비교로만 본다면 소득세, 사회보험료, 소비세의 증세가 우선이 되어야 할 것이다. 그러나 세수 구조 비교가 중요한 정책적 시사점을 주기는 하지만 세수 구조는 복잡한 요인들의 산물이므로 여러 요인들을 종합적으로 고려해 결정해야 한다.

즉 세수는 세원과 세율이 함께 결정하는데, 세원은 소득(소득에 따른 소비), 재산이 되므로 소득과 재산의 분배 상황에 의해 결정되고 세율은 각 세목의 과세 표준(이하 과표) 구간과 세율 구조에 의해 결정된다. 정부는 소득과 자산의 분배 상태를 감안해 공평하게 세 부담이 나뉘도록 각 세목의 과표 구간과 세율을 결정한다. 공평한 세 부담이란 저소득, 저자산 계층은 낮은 부담을, 고소득, 고자산 계층은 높은 부담을 지는 것을 의미한다. 보수적 경제학자들은 고소득, 고자산 계층에게 높은 부담을 지우면 이들이 소비 활동과 생산 활동을 줄일 것이기 때문에 경제는 위축되고 고용은 줄어들어 오히려 세수입 규모가 줄어들 수 있다고 우려한다. 따라서 세율을 전체적으로 낮추는 것이 오히려 세수입을 늘리는 길이라고 주장한다. 이런 주장이 1980년대 이후 세율 인하의 이론적 근거가 되기도 했다.

따라서 앞서 다른 국가들과 우리나라의 세수 구조를 비교한 것을 염두에 두되 어떤 세목을 조정해 증세할 것인가를 결정할 때에는 현재의 분배 상태, 과표 구간과 세율의 구조 차이, 세제에 대한 경제주체들의 반응 정도를 고려해 결정해야 한다. 분배와 관련해서는 법인세·소득세·재산세와 같은 직접세는 간접세인 소비세보다 소득재분배 기능이 높다고 알려져 있다. 그런데 일부에서는 이런 직접세의 강화는 노동 의욕, 투자를 위축시키므로 바람직하지 않다고 주장하기도 한다. 따라서 이런 여러 요인들을 고려해 바람직한 증세 방안을 모색해야 한다.

2) 바람직한 복지 재원 마련 방안

사회보험료의 경우 다른 국가들과 비교해 보험료율도 낮고 보험 수입 규모도 작기 때문에 향후 사회보험의 보장 강화와 함께 인상되어야 할 것이다. 국민연금은 소득 대체율 상승과 더불어, 건강보험은 보장률 개선과 더불어 보험료가 상승할 것이다. 사회보험 중에서 향후 가장 크게 확대될 부문이 바로 고용 보험이다. 그동안 오히려 안정적 노동자를 중심으로 운영되어 진정한 안전망으로서 기능하지 못하고 있다는 비판을 받아 온 고용 보험은 코로나-19 위기에 자극받아 전국민고용보험으로의 개편이 추진되고 있다.

그런데 말 그대로 전국민고용보험이 되기 위해서는 고용 중심이 아닌 소득 중심으로의 환골탈태가 필요하다. 정부는 2020년 12월에 전국민고용보험 로드맵을 발표했는데 그 내용은 고용 보험의 사각지대에 놓여 있던 취약 계층을 모두 포괄하는 제도로 거듭나는 것으로서, 제도 전환의 핵심은 보험료 납부와 급여 수급이 소득에

표 5. 전국민고용보험 로드맵

2022~23	**임금 근로자 관리 체계 변경** - (적용 기준 변경) "근로시간(월 60시간 이상)"에서 "소득(노동시장에서 얻는 월 소득이 일정 수준 이상)" 기준으로 변경 - (합산 소득에 보험료 부과) 여러 개의 임금 근로자 일자리에 대해 합산 근로소득 기준으로 적용해, 모든 일자리가 가입되도록 변경
2024~25	**소득 기반 인별 관리 체계로 전환** - (다양한 고용 형태 포괄) 자영업 적용 확대 단계에 맞춰, 다양한 고용 형태의 일자리에 대한 포괄적 적용 방안 마련-고용 형태별 적용 기준 또는 수급 요건을 소득 기준으로 통일시키는 방식으로 단계적 접근 - (개인별 관리 체계 도입) 건보·연금과 유사하게 관리 체계를 개인별로 변경해, 생애에 걸친 다양한 취업 형태 변화도 빠짐없이 적용-개인이 상이한 형태의 일자리 간 이동하거나 겸직하는 경우, 고용 보험을 연속 적용할 수 있도록 연계 방안 마련 - (조세-사회보험 정보 연계 강화) 고용 보험 법령과 세법상 소득 정보 파악 주기를 일치시키는 등 업무 프로세스 재설계
모성 보호	**확대 적용 계획** - (출산 전후 급여) 예술인·특고·비정규직·자영업자 등에 대해 출산 전후 모성보호 및 소득 단절에 대한 생계 지원을 강화 - (육아휴직 급여 대상 확대) 임금 근로자로 제한된 육아휴직을 고용 보험 가입 특고, 예술인, 플랫폼 노동자, 프리랜서, 자영업자 등으로 확대

자료: 관계부처 합동(2020).

따라 결정되는 방식으로의 전환이다. 다만 혼란을 줄이기 위해 단계적으로 진행하고 임금노동자와 자영업자 간 보험료율은 여전히 달리 책정하며 기업의 기여도 지금과 마찬가지로 고용 종업원 수에 따라 부과하는 방식을 유지하기로 했다. 전환 방향은 바람직한 것으로 여겨지나 시민단체에서는 가급적 신속히 전환하고, 임금노동자와 자영업자의 보험료율은 동일하게 책정하며, 기업의 기여는 이윤에 따라 부과하도록 제안한 바 있다(참여연대 2020b).

법인세는 세수 규모나 최고 세율 수준이 OECD 평균에 이미 도달한 상태이지만 고용주의 사회보험료 부담률이 낮고 세율이 소득

세율보다 크게 낮은 것이 경제활동에서 왜곡을 가져올 수 있다는 점에서 더 올릴 여지는 있다. 특히 기업 간 양극화가 심각하다는 점에서 당장은 상위 구간의 세율을, 장기적으로는 하위 구간에서의 세율을 올릴 필요가 있다. 여기에 더해 정부가 기업에 부여하는 비과세 및 감면은 정비해야 한다. 법인세 및 비과세 감면을 주면 투자가 확대되어 고용 및 성장에 도움이 된다고 가정하지만 그간 기업들이 인력 감축을 위한 자동화 투자에 열심이었다는 점에서 고용에 긍정적인지 의문이며 비과세 감면 혜택이 대기업에게 주로 돌아간다는 점에서 정비하는 것이 바람직하다. 법인세 강화에 대해서, 자본의 해외 도피, 투자 의욕 저해 등을 꼽지만 현재의 세율이 그런 부작용을 일으킬 정도로 높다고 보기는 어렵다.

　재산세의 경우 GDP 대비 규모로는 OECD 평균보다 많이 걷고 있지만 거래세 세수가 많고 부동산 보유세는 OECD 평균과 크게 차이가 나지 않는다. 그러나 부동산 보유세는 총 부동산 가액 대비로 본다면 OECD 주요국의 1/3에 불과하게 거두어지고 있다는 점에서 증세 대상이 된다(최승문 2018). 특히 부동산 보유세는 부동산 시장 안정화를 위한 중요한 수단이 된다는 점에서 증세 필요성이 더욱 크다. 1가구 1주택, 실거주 기준의 주택에 대해서는 실거주 보장 차원에서 보유세를 약하게 부과하되, 이를 넘는 주택 소유에 대해서는 강하게 부과해야 한다. 마침 2020년 여름에 다주택, 고가 주택에 대한 종합 부동산세 강화안이 제시되었고 공시 가격 현실화도 진행되고 있다. 이런 정책이 흔들림 없이 추진되어야 할 것이다(정세은 2020). 이 둘만 계획대로 집행되어도 부동산 보유세 수입은 적지 않게 들어올 것이다.

부의 대물림 현상이 심각해진다는 점에서 상속세와 증여세도 강화의 대상이 된다. 특히 상속세는 공제 규모가 10억 원 정도에 이르는 등 공제가 많다는 점에서 공제를 줄일 필요가 있다. 증여세는 공제 규모는 작지만 자녀에게 부동산 자산과 주택 담보 대출을 동시에 넘김으로써 증여세를 줄이는 등 왜곡된 문제가 발생하고 있다. 다주택 투기를 하고 이에 대한 세금을 증여를 통해 회피하는 것에 대한 대책이 필요하다. 한편 상속세는 유산세 방식, 증여세는 유산 취득세 방식이어서 조정할 필요는 있다(강성훈 2017)는 주장이 있으나 큰 쟁점은 아닌 것으로 판단된다.

소비세는 역진적 세금이지만 세율을 조금만 올려도 세수 효과가 크므로 그렇게 해서 거둔 세수를 복지에 전액을 사용해 소득재분배 효과 제고를 노리는 것이 나쁘지 않다는 이유를 들어 최근 증세 대상으로 자주 거론된다. 과거에는 소득세 비중이 OECD 평균에 비해 너무 작았으나 그간 소득세 비중이 꾸준히 올라서 최근에는 소득세와 소비세 모두 OECD 평균에 비해 규모가 작긴 하지만 비슷한 정도이고, 소비세는 오래 전에 세율 10%로 부가가치세가 도입된 후 인상되지 않았다는 점에서 이제는 올려도 되지 않겠는가라는 목소리도 있다. 보수적 경제학자들은 소득세에 비해 소비세는 경제주체들의 경제활동에 왜곡을 야기하지 않는 효율적인 세금이라고 주장하기도 한다(우석진 2021). 그러나 소득세와 소비세가 규모로 보았을 때 비슷할 정도로 둘 다 증세 대상이 된다면 소득세를 강화하는 것이 성장과 분배에 모두 유리하다. 소득세가 분배 개선에서는 당연히 소비세보다 유리하고 경제에 미치는 영향에서는 소비세 강화는 소비 위축을 야기할 우려가 크기 때문이다. 최근의 일본이 좋은 사례이다. 따라서 소득세 증세가 소비세 증세보다 우선이어야 할 것이며 소득세 증세를 우선으로 한다는 조건에서, 복지 재원으로 쓴다는 조건에서만 소비세 증세를 허용하는 것이 맞을 것이다.

따라서 소득세도 적극적 증세의 대상이다. 법인세, 재산세를 강화한다면 소득세는 GDP 대비 2~3%포인트 정도 증세를 목표할 수 있다. 보수적 재정 이론은 소득세 세율이 오르면 사람들이 일할 의욕이 줄어들어 소득 창출 활동을 줄여 취업, 노동시간이 줄고 그로 인해 경제가 위축될 것이라고 가정하지만 소득세 세율이 높은 북유럽 국가들에서 우리보다 훨씬 고용률이 높은 것을 보면 현실에서 그럴 가능성은 낮다. 소득세 증세를 통해 복지를 확대하는 것은 소득 양극화 해소와 그로 인한 소비 활성화 효과, 고부가가치 산업과 일자리로의 순조로운 구조 조정을 가져 올 것이다.

그런데 우리나라의 소득세 세수는 왜 작을까? 〈표 6〉은 미국과 우리나라의 소득세 과표 구간과 명목 세율 구조를 비교한 것이다. 이에 따르면 양국의 소득세 체계는 명목 기준으로는 매우 비슷하다. 그런데도 우리나라의 소득세 세수가 미국에 비해서 작은 이유는 다음에 기인하는 것으로 보인다. 첫째, "우리나라 소득세법은 종합 소득 합산 대상의 소득을 이자소득, 배당소득, 사업 소득, 근로소득, 연금 소득, 기타 소득으로 열거하고 있으며 퇴직소득과 양도소득은 이와 별개로 분류 과세로 과세하고 있다. 또한 일정한 금융

표 6. 미국과 한국의 과표 구간과 구간별 명목 세율: 2019년 기준

미국		한국	
과표 구간 (평균임금=1)	구간 명목 세율	과표 구간 (평균임금=1)	구간 명목 세율
0~0.2	0	0~0.03	0
0.2~0.4	13.3	0.03~0.3	6.6
0.4~0.9	15.3	0.3~1.0	16.5
0.9~1.7	25.3	1.0~1.8	26.4
1.7~3.0	27.3	1.8~3.0	38.5
3.0~3.8	35.3	3.0~6.1	41.8
3.8~9.2	38.3	6.1~10.1	44
9.2~	40.3	10.1~	46.2

주: 평균임금은 미국 5만7055달러, 한국 4975만4252원. 기본 공제는 미국은 1만2200달러, 한국은 150만 원.
자료: OECD(2020) 자료를 사용해 필자가 계산.

소득, 일용근로자의 급여 등 일정한 소득에 대해서는 분리 과세를 한다. 그러나 미국은 총소득 계산에서는 배제되는 일정한 소득을 제외하고 보든 소득을 합산해 계산하는 포괄주의를 취하고 있는 것이 특색이다"(한국조세재정연구원 2020, 3). 둘째, 우리나라는 매우 다양한 비과세 감면 제도를 운영하고 있는데 이것이 과표를 줄이고 세액을 줄이는 결과를 낳는다. 미국의 경우 기본 공제를 1인당 평균임금의 20% 정도 충분히 주는 것 외에 다른 비과세 감면 혜택은 없다.

따라서 향후 소득세 개혁에서 중요한 점은 일차적으로 종합 과세화와 비과세 감면의 정리이다. 임대 소득, 금융 소득, 양도소득(자본이득) 등에 대한 종합 과세화가 필요하며 임대 소득의 경우 필요 경비 축소가 필요하다. 한편 비과세 감면 측면에서는 우선 근로

소득에 관한 충분한 기본 공제를 주되 그 외 현재 존재하는 다양한 소득공제, 세액공제를 정리할 필요가 있다. 이 과정에서 면세자 비중도 크게 줄어들 것이다. 자본이득에 대한 과도한 비과세 혜택도 줄여야 한다. 부동산 양도소득과 관련해서는 1세대 1주택 비과세 혜택이 과도한 상태이며 금융 투자 이익과 관련해서는 2020년 세제 개편 과정에서 5000만 원의 기본 공제를 주기로 한 것은 문제이다. 만일 소득세 체계에서 종합 과세화와 비과세 감면 정리를 단행할 수 있다면 조세 정의를 회복하면서 세수를 증가시킬 수 있다. 이런 개편과 함께 소득세 상위 구간을 더 만드는 것, 전체적으로 세율을 소폭 올리는 것도 동시에 진행해야 한다.

이런 세제 개편은 복지 재원을 마련하기 위함이지만 국민들이 증세에 찬성할 것인가라는 우려가 존재한다. 이에 대해서는 프랑스의 목적세 도입이 참고 사례가 될 수 있을 것이다. 프랑스는 다른 OECD 국가들에 비해서 소득세 역할이 매우 작았는데 1990년대 복지 목적세인 일반 사회 보장세CSG를 도입함으로써 소득세의 역할을 획기적으로 제고할 수 있었다.[11] 〈그림 9〉는 다른 OECD 국가들에 비해서 작았던 프랑스의 소득세 세수 비중이 1990년대에 갑자기 증가했음을 보여 주고 있는데 이것이 바로 CSG의 도입 때문

11_자산의 양극화 문제를 해소하기 위한 부유세 논의도 제기되고 있다. OECD의 많은 국가들이 부유세를 운영하고 있으며 최근 자산 양극화에 직면해 부유세 도입 논의는 더욱 활발하다. 부유세가 의미 있는 증세 수단이 되기는 어렵겠지만 자산 양극화를 완화하는 중요한 수단이 될 수 있다는 점에서 향후 적극적인 검토가 필요하다(Advani, Chamberlain and Summers 2020).

그림 9. 프랑스, 독일, OECD 평균 및 한국 소득세 규모의 추이(GDP 대비)

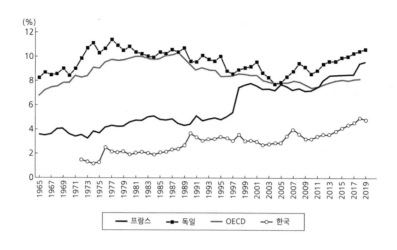

자료: OECD(2022b).

이다.

프랑스 사회당은 가족수당 재원으로 사용하기 위해 1991년 CSG 를 1.1%의 세율로 도입했다. 이후 일반 사회보장세는 그 세율이 점 차 인상되어 복지 재원으로서 역할이 확대되었다. CSG는 다양한 소득에 서로 다른 세율로 부과된다. 2012년 기준으로 경제활동 소 득 및 이와 유사한 소득(임금 소득, 사업 소득 등)에는 7.5%, 은퇴 연 금 및 장애 연금에는 6.6%(소득이 1만104유로보다 작은 경우 3.80%), 복지 소득(실업 급여, 병가 급여)에는 6.2%, 자산 소득과 투자 소득에 는 8.2%, 그리고 도박으로 벌어들인 소득에는 그 종류에 따라 6.9%, 9.5% 혹은 12% 세율이 적용되었다. CSG의 주요한 역할은

'가족수당'을 위한 재원으로 사용하는 것이지만, 노령 연금 기금 지원solidarity fund for old age provision, 병가 급여 재원을 제외한 건강 보험료 대체, 노인 요양 및 장애인 돌봄 연대 기금CNSA 재원 등 전통적으로 사회보험료로 재원을 마련해 왔던 복지 부문에 널리 사용되고 있다.[12]

3) 기본소득과 기본소득 목적세 도입 논의

코로나-19 위기와 전 국민 재난 지원금을 계기로 기본소득에 대한 관심이 매우 높아졌고 기본소득의 도입을 지지하는 전문가와 시민단체, 정치인들도 적지 않다. 기본소득 논의는 국민들로 하여금 복지에 관심을 갖게 하고 바람직한 복지 제도, 바람직한 재원 마련 방안을 논의하게 한다는 점에서 복지 운동 관점에서 볼 때 긍정적인 면이 크다고 생각된다.[13] 그러나 기본소득이 도입될 때 기존 체제와의 재원 마련에서의 충돌 가능성을 있다는 점은 신중하게 검토해 봐야 한다.

기본소득에 대한 반대하는 사람들의 가장 큰 우려는, 기본소득

12_1996년에 복지 부채 상환세(CRDS)도 도입되었다.

13_전 국민 재난 지원금을 기본소득으로 보고 국민들의 지지가 높았고 소비 확대 효과가 컸다는 것을 논거로 전면적 기본소득을 도입하자고 주장하는 것은 납득하기 어렵다. 전 국민 재난 지원금은 일회성으로 빚을 내서 지원한, 말 그대로 재난 지원금일 뿐이다. 이를 기본소득 실험이었다고 봐서는 안 된다.

을 보편적으로 지급하게 되면 그에 소요되는 재원이 워낙 막대해지고, 기본소득 이외의 복지를 실행하기 위한 재원 마련이 어려워지면서 다른 유형의 복지가 필요한 이들에게 충분한 도움을 줄 수 없게 될지 모른다는 것이다. 이에 대해 기본소득 도입을 찬성하는 측에서는 기본소득 도입 이후에도 사회보험과 사회 서비스는 유지될 것이고 기본소득은 기존의 복지 중 사회 수당, 공공 부조 등의 현금 복지 부분이 놓쳤던 사각지대를 메워 줄 것이기 때문에 기존 복지 제도를 보완하는 제도라고 주장한다(강남훈 2020a). 즉 이에 따르면 기존 복지 제도의 수혜자들은 기본소득 제도가 도입된다고 해도 특별히 불이익을 받을 것은 없는 대신 기존 복지 제도의 혜택을 받기 어려웠던 취약 계층은 새롭게 보호를 받을 수 있다는 것이다.[14]

특히 기본소득 도입을 주장하는 이들은 새로운 조세를 도입해서 재원으로 삼을 것이기 때문에 기존 복지와는 독립적으로 설계하고 실행할 수 있다고 주장하고 이를 설계한 세제 개편안을 제시하기까지 했다. 기본소득을 위한 목적세로서 제시된 것은 국민 기본소득세(이원재·윤형중·이상민·이승주 2020), 시민 소득세(강남훈 2020b), 국토 보유세(전강수·강남훈 2017), 탄소세(유영성·금민·김재신 2020), 자

14_기본소득은 행정 비용도 거의 들지 않는다고 주장한다. 그러나 정말 그럴 것인지 의문이다. 만일 기존 수혜자들이 받던 기존 복지를 없애고 그냥 1/n의 기본소득을 준다면 정말로 행정 비용을 줄일 수 있을 것이다. 그러나 완전히 대체하는 것이 아니라면 동일한 선별 비용은 여전히 들어가야 할 것이다. 그런데 기존 수혜자들의 처지나 반발을 고려하면 기존 복지를 완전히 대체하는 것은 가능하지 않을 것이므로 행정 비용을 완전히 없애기 어려울 것 같다.

표 7. 기본소득 재원 방안(월 30만 원 기본소득 기준)

재원 방안	금액
토지 보유세(0.5% 세율)	28.9조 원
시민 소득세(5% 세율)	79.5조 원
세제 개혁안(현실적인 공제 축소안)	46.8조 원
탄소세	27.6조 원
복지 지출 조정	10조 원
확보 가능한 재원	192.8조 원
월 30만 원 기본소득 필요 재원	186.6조 원

자료: 기본소득한국네트워크(2021).

동화세, 로봇세, 데이터세 등 미래세(금민 2020) 등으로서 이런 세금을 새롭게 부과해서 그 세수를 1/n으로 나누어서 기본소득을 주자는 방안이 제시되었다.[15] 〈표 7〉은 미래세를 제외하고 월 30만 원의 기본소득을 줄 때의 재원 마련 방안을 기본소득한국네트워크(2021)가 제시한 것이다. 기본소득 금액이 올라가면 각 세목의 세율이 올라가는 식으로 설계된다.

그러나 앞서 제시한 세제 개편안이 기존 세제와 충돌하지 않는 완전히 새로운 세금이라고 하기 어렵다는 점을 고려할 필요가 있다. 토지 보유세는 현재의 부동산 보유세와, 시민 소득세는 현재의 소득세와, 탄소세는 현재의 교통 에너지 환경세와 어느 정도 겹친

---

[15] _이 중 4차 산업혁명과 관련되는 새로운 세금으로 제시되는 자동화세, 로봇세, 데이터세 등은 아직은 시기상조이다. 이것들은 당장 활용 가능한 형태로 설계하기가 쉽지 않을 것이다. 아직 갈 길이 먼 세금들로서 당장 적용 가능하지 않다(박훈 2020)._

다. 이 중에서 토지 보유세와 탄소세는 그래도 기본소득과 연결됨에 따라 수용성이 높아지고 세수입이 확대되어 기본소득으로 사용될 추가 세수를 만들어 낼 가능성이 있다. 기본소득을 인센티브로 준다면 탄소 사용을 줄이고 토지를 효율적으로 사용하게 하는 효과도 있어서 국민들의 호응을 얻으며 자원의 효율적 이용, 재분배 효과를 이끌어 낼 수 있다. 단, 그 세수를 전액 기본소득 재원으로 사용하기 어려울 것이다. 탄소세는 적지 않게 에너지 전환에서 구조 조정되는 산업, 기업, 계층을 돕는 데 쓰여야 할 것이다. 토지 보유세는 일부는 그동안 부동산 보유세로 재원이 마련되었던 지출 프로그램에 대한 새로운 재원으로 사용될 것이다.[16]

문제가 될 소지를 안고 있는 것은 시민 소득세이다. 시민 소득세는 공제 정리와 함께 기본소득을 주기 위한 핵심적인 재원으로 제시되어 있는데 기존 복지를 확대할 때의 재원으로 제안했던 소득세 개편안과 비슷하다. 즉 동일한 소득을 세원으로 한편에서는 기본소득 재원으로 사용하자고 하고 한편에서는 기존 복지를 확대하는 데 두루두루 쓰자고 제안하고 있는 것이다. 물론 하나의 해결책은 기본소득을 주되 기존에 현금으로 주는 공공 부조, 각종 수당, 기초 연금, 근로 장려금을 모두 기본소득으로 대체하는 것이다. 그러나 기존 복지를 받는 이들의 혜택이 증가하는 것은 아니어서 기

16_소득 창출과 상관없이 토지 보유 자체에 대해서 세금을 부과하는 것에 대해 국민들이 동의할지가 문제이다. 현재의 약한 보유세도 정치권이 국민의 반발을 우려해서 걷지 못하는 상황에서 이보다 강력한 보유세를 거둘 수 있을 것인지, 그 실행 가능성이 의문이다. 기본소득 지급이 돌파구가 될 수도 있다.

존 복지를 충분히 개선한 것이 아니게 된다. 또한 현물 복지 확대를 위한 재원도 필요하다. 두 번째 해결책은 증세를 더욱 강력하게 추진해서 기본소득도 도입하고 기존 복지도 더욱 개선하는 것이다. 그러나 이 경우 저항이 일어날 수 있다. 이것은 기본소득을 반대하는 것이 아니라 그 재원을 현재와 같이 제시하는 것이 문제가 있음을 지적하고자 하는 것이다.

따라서 기본소득은 기존 복지 제도에 더욱 빈틈없는 소득 보장 정책으로서 도입할 수 있지만, 소득 보장 정책만으로 복지 제도가 완성되지 않고 복지 서비스도 확장되어야 하기 때문에, 종합적으로 복지 제도의 개선과 재원 마련 방안을 동시에 설계해야만 기본소득 도입 논의가 정합성을 획득하게 된다. 기본소득 논의만을 하다 보면 복지가 필요한 계층에 대한 혜택 확대와 보편적 복지 서비스 확대 방안은 없이, 여러 가지 이유로 비경제활동인구 상태인 계층에게 조건 없이 현금 소득을 보장해 주어야 할지가 논쟁거리가 될 수 있다.

기본소득에 비한다면 기존의 복지를 개선하고 확대하기 위해 마련해야 할 재원 규모는 작다고 말할 수 있다. 월 30만 원의 기본소득제를 실시할 금액이라면 당장 OECD 평균 수준의 복지를 달성할 수 있다. 따라서 기본소득은 일단 탄소세나 토지 보유세의 일부를 활용하는 방안은 무리 없이 도입될 수 있다는 점에서, 이를 먼저 실행하는 방식으로 기본소득을 시작하는 것은 어떨까 생각한다. 사회보험, 보편적 서비스, 기본소득을 포함한 소득 보장 정책은 한꺼번에 복지 제도 전체와 재원 마련 방안 전체 차원에서 정합적으로 설계될 필요가 있다.

5. 결론

외환 위기 직후 신자유주의 개혁이 시작된 지 벌써 20여 년이 넘어가고 있다. 신자유주의적 개혁이 노동에 미친 영향은 파괴적이다. 제조업에서의 일자리는 자동화로 줄어들고 있고 간접 노동, 특수 형태 고용이 확대될 뿐만 아니라 플랫폼 노동이 확대되면서 불안정한 일자리들이 더욱 많아지고 있다. 코로나-19 위기 중에는 자영업자들의 몰락이 발생하고 있고 디지털 경제로의 전환이 빠르게 일어나고 있다. 산업과 고용에서의 양극화와 불안정한 계층의 증가는 소득의 양극화, 자산의 양극화로 귀결되었다. 그에 비해 문재인 정부 집권 이후 노동권과 복지권은 더디게 개선될 뿐이었다.

그런데 이와 같이 근본적인 개혁이 지체되는 사이 코로나-19 위기가 발생했고, 제대로 복지 안전망이 갖추어지지 않은 상태여서 위기 이후 취약 계층의 삶은 심각하게 어려워졌다. 자영업자, 중소기업들은 정부 재정 지원을 받았으나 지원은 소액에 불과해 저금리 대출로 버티고 있을 뿐이며, 코로나-19 위기에서 완전히 극복되려면 여전히 많은 시간이 걸릴 것이라는 점에서 현재 매우 절망적일 것이다. 그런데 코로나-19 위기를 극복한다고 해도 한국 사회의 구조적 문제들은 여전할 것이다. 구조, 회복을 넘어 복지 중심 경제로의 패러다임 전환을 이루기 위해서는 무엇보다 조세 재정 정책이 제대로 설계되어야 한다.

이 장에서는 문재인 정부의 조세정책의 기조가 원래 증세를 통한 적극적인 복지 확대에 있었던 것이 아니었고, 코로나-19 위기에 직면해서는 적극적으로 추경을 편성했지만, 원래의 기조가 포기된 것이 아니기 때문에 자영업자 손실 보상과 같이 반드시 적극적 대응이 필요한 사안에서도 다소 소극적이라는 문제를 안고 있었음을 지적했다. 그리고 이런 기조로는 포스트 코로나 시대에 한국 경제가 달성해야 할 에너지 전환, 디지털 전환에 제대로 대응하지 못할 것이며, 특히 이런 전환 과정에서 구조 조정의 대상이 될 산업, 기업, 일자리들이 순조롭게 조정되는 것이 어려워질 수 있음에 대해 주의를 환기했다. 따라서 적어도 현재의 전환기 동안에는 국가가 주도하는 투자에서는 재정 건전성이라는 이유를 들어 소극적인 자세를 취해서는 안 될 것이며 국채를 증가시키더라도 국가가 적극적으로 나서야 할 것이다.

전환이 순조롭게 진행되기 위해서는 투자도 중요하지만 사회 안전망과 고용 안전망을 튼튼히 구축하는 것도 중요한데, 이를 위해서는 증세 전략이 필요하다. 물론 경기 침체기에 세율을 올리고 비과세 감면을 축소하는 세제 개편이 바람직한가에 대한 의문이 제기될 수 있다. 경기 침체기에는 확장적 재정 정책을 펴는 것이 맞으므로 오히려 감세를 해주어야 하지 않을까? 그러나 세율을 올리고 비과세 감면을 축소하는 것이 경기를 위축시킬 것이라고 우려할 필요는 없다. 경기 침체기에 어려움을 겪는 기업과 가계는 소득이 줄어들기 때문에 세율을 올려도 세금 납부액이 증가하지 않는다. 한편 비과세 감면 축소로 세금 납부액이 증가할 수는 있지만 그 징수액을 복지로 돌려준다면 저소득층은 낸 것보다 더 많이 받게 된다. 또한 위기 시기에도 더 많은 수익과 소득을 거두는 계층에게 세금을 더 내게 하는 것이 바람직하다. 마지막으로 경기 침체기에 증세 기반을 마련해 두면 경기회복과 함께 자동적으로 복지 확대에 소요될 세입을 확보할 수 있다. 세제 개편의 방향은 소득 양극화, 자산 양극화가 심각하므로 분배를 해소하는 직접세 강화가 필요하다. 마지막으로 기본소득과 기본소득 목적세가 기존 복지 확대 및 이를 위한 세제 개편과 충돌하지 않고 정합적이 되도록 하기 위해서는 충분한 논의가 필요하다.

| 참고문헌 |

1장

그리사드, 이냐시오·맥레오드 그레그. 2016. 『몬드라곤은 어떻게 두 마리 토끼를 잡았나』.
　　　송성호 옮김. 착한책가게.
김성오. 2012. 『몬드라곤의 기적』. 역사비평사.
라이트, 에릭 올린. 2012. 『리얼 유토피아』. 권화현 옮김. 들녘.
　　　　　　　　　. 2020. 『21세기를 살아가는 반자본주의자를 위한 안내서』. 유강은
　　　옮김. 이매진.
마르크스, 카를. 1988[1891]. "고타강령비판." 『마르크스·엥겔스 저작선』. 김재기 편역. 거름.
모어, 토머스. 2007. 『유토피아』. 주경철 옮김. 을유문화사.
백승호. 2020. "더 나은 기본소득 논쟁을 할 권리: 사회정책 분야의 논쟁 분석." 『경제와
　　　사회』 128.
볼테르. 2016. 『캉디드』. 현성환 옮김. 아로파.
아리스멘디아리에타, 호세 마리아. 2016. 『호세 마리아 신부의 생각: 몬드라곤
　　　협동조합의 바이블』. 박정훈 옮김. 칼폴라니사회경제연구소협동조합.
양동휴. 2009. 『대공황 시대』. 살림.
양재진. 2020. "기본소득이 복지국가 발전 요인으로 되기 어려운 이유." 『경제와 사회』 128.
육영수. 2022. 『근대유럽의 설계자: 생시몽·생시몽주의자』. 소나무.
윤태근. 2011. 『성미산마을 사람들』. 북노마드.
주강현. 2012. 『유토피아의 탄생: 섬-이상향/이어도의 심성사』. 돌베게.
클락, 민디 스탠스. 2015. 『아미쉬 생활에 대한 작은 안내서』. 신아인 옮김. 생각과사람들.
힐튼, 제임스. 2004. 『잃어버린 지평선』. 이경식 옮김. 문예출판사.

Corneo, Giacomo. 2017. *Is Capitalism Obsolete?: A Journey through Alternative Economic Systems.* Cambridge, Mass.: Harvard University Press.

Giddens, Anthony. 2013. *The Third Way: The Renewal of Social Democracy.* Cambridge: Polity Press.

Korpi, Walter and Joakim Palme. 1998. "The paradox of redistribution and strategies of equality: Welfare state institutions, inequality and poverty in the Western countries." *American Sociological Review* 63(5).

Rauchway, Eric. 2008. *The Great Depression & the New Deal.* Oxford: Oxford University Press.

Rawls, John. 1971. *A Theory of Justice.* Cambridge, Mass.: Harvard University Press.

_____. 2001. *Justice as Fairness: A Restatement.* Cambridge, Mass.: Belknap Press.

Sen, Amartya. 1992. *Inequality Reexamined.* Cambridge, Mass.: Harvard University Press.

Thomas, Alan. 2016. *Republic of Equals: Predistribution and Property-Owning Democracy.* Oxford: Oxford University Press.

Van Parijis, Philippe. 1995. *Real Freedom for All.* Oxford: Oxford University Press.

Van Parijis, Philippe and Yannick Vanderborght. 2017. *Basic Income: A Radical Proposal for a Free Society and a Sane Economy.* Cambridge, Mass.: Harvard University Press.

2장

고용노동부. 2020. "2020. 6월말 산업재해 현황." 고용노동부.

국민연금공단. 2020. "국민연금 공표통계." 국민연금공단

김낙년·김종일. 2013. "한국 소득분배 지표의 재검토." 『한국경제의 분석』 19(2).

로고프, 케네스·카르멘 라인하트. 2010[2009]. 『이번엔 다르다』. 최재형·박영란 옮김. 다른세상.

로슬링, 한스·올라 로슬링·안나 로슬링 뢴룬드. 2019[2018]. 『팩트풀니스』. 이창신 옮김. 김영사.

맥아피, 앤드루. 2020[2020]. 『포스트 피크 거대한 역전의 시작: 지구 착취의 정점, 그 이후』. 이한음 옮김. 청림출판.

볼드윈, 리처드. 2019[2016]. 『그레이트 컨버전스』. 엄창호 옮김. 세종연구원.

생명보험협회. 2020. "연도별 생명보험 사업개황." 생명보험협회. https://www.klia.or.kr/consumer/stats/yearBook/list.do (검색일: 2020/12/13).

슘페터, 조지프. 2005[1908]. 『경제발전의 이론』. 박영호 옮김. 지식을만드는지식.

오스트리, 조너선 D.·프라카쉬 룬가니·앤드루 버그. 2020[2019]. 『IMF, 불평등에 맞서다』. 신현호·임일섭·최우성 옮김. 생각의힘.

윤홍식. 2013. "분단체제의 한국 복지국가 주체형성에 대한 규정성: 문제제기를 위한

탐색." 『사회복지정책』 40(3).

_____. 2019a. 『한국 복지국가의 기원과 궤적 1: 자본주의로의 이행의 시작, 18세기부터 1945년까지』. 사회평론아카데미.

_____. 2019b. 『한국 복지국가의 기원과 궤적 3: 신자유주의와 복지국가-1980년부터 2016년까지』. 사회평론아카데미.

_____. 2020. "코로나19 팬데믹(pandemic)과 복지국가의 정치경제학: 위기 이후 복지국가의 길'들'." 『비판사회정책』 68.

이병천. 2000. "발전국가체제와 발전딜레마: 국가주의적 발전동원체제의 제조명." 『경제사학』 28(1).

이병천·윤홍식·구갑우 편. 2016. 『안보개발국가를 넘어 평화복지국가로』. 사회평론아카데미.

이제민. 2017. 『외환위기와 그 후의 한국 경제』. 한울.

전병유 편. 2016. 『한국의 불평등 2016』. 페이퍼로드.

정재환. 2020. "한국 복지국가의 정치경제." 미발간논문.

정준호. 2020. "한국 생산체제의 유산과 쟁점." 윤홍식 편. 『우리는 복지국가로 간다』. 사회평론아카데미.

정책기획위원회. 2018. "문재인정부 '포용국가' 비전과 전략: 국민의 삶을 바꾸는 포용과 혁신의 사회정책." 정책기획위원회.

최태욱. 2013. "복지국가 건설과 포괄 정치의 작동을 위한 선거제도 개혁." 최태욱 편. 『복지 한국 만들기』. 후마니타스.

토드, 셀리나. 2016[2014]. 『민중: 영국 노동계급의 사회사, 1910-2010』. 서용표 옮김. 클.

통계청. 2019. "보도자료: 2019년 가계금융복지조사 결과(2019/12/17)."

_____. 2020a. "국내총생산 및 경제성장률(GDP)." https://www.index.go.kr/potal/main/EachDtlPageDetail.do?idx_cd=2736 (검색일: 2020/12/13일).

_____. 2020b. "조세부담률." https://www.index.go.kr/potal/main/EachDtlPageDetail.do?idx_cd=1122 (검색일: 2020/12/13).

플레밍, 피터. 2020[2019]. 『슈거 대디 자본주의: 친밀한 착취가 만들어낸 고립된 노동의 디스토피아』. 김승진 옮김. 쌤앤파커스.

한국보건사회연구원. 2019. 『2019 빈곤통계연보』. 한국보건사회연구원.

홉스봄, 에릭. 1998[1962]. 『혁명의 시대』. 정도영·차명수 옮김. 한길사.

황선웅. 2020. "코로나19 이후 고용동향과 정부정책 평가." 한국노동사회연구소 주최 제146차 노동포럼. 2020년 6월 19일, 프란치스코회관.

황세희. 2020. "글로벌 리더십 공백의 'G0' 시대." 여시재 포스트 COVID-19 연구팀 편. 『코로나 시대 한국의 미래』. 서울셀렉션.

Alesina, A., E. Gleaser and B. Sacerdote. 2001. "Why Doesn't The US Have A European-Style Welfare State?" Brookings Papers on Economic Activity, September 7, 2001.

Washington, DC. http://post.economics.harvard.edu/hier/2001papers/2001list.html.

Baldwin, R. and B. Mauro. 2020. "Introduction." Baldwon, B. and B. Mauro eds. *Mitigating the COVID Economic crisis: Act fast and do whatever it takes.* CEPR Press.

Bremmer, I. 2012. *Every nation for itself: What happens when no one leads the world.* New York: Penguin.

Centers for Disease Control and Prevention. 2017. "Community Mitigation and guidelines to prevent pandemic influenza-United States." https://www.cdc.gov/mmwr/volumes/66/rr/rr6601a1.htm#B1_down (검색일: 2020/04/20).

Choo, H. J. 1993. "Income distribution and distributive equity in Korea." In Krause, L. B. and F. Park eds. *Social Issues in Korea.* KDI.

Freedom House. 2020. "Freedom in the world 2020: A leaderless struggle for democracy." Freedom House.

Furceri, D., P. Loungani, J. Ostry and P. Pizzuto. 2020. "Covid-19 will raise inequality if past pandemics are a guide." CEPR Policy Portal. https://voxeu.org/print/65610 (검색일: 2020/11/20).

Giles, C. 2020. "Global economy: the week that austerity was offically buried." *Financial Times* October 17 2020. https://www.ft.com/content/0940e381-647a-4531-8787-e8c7dafbd885 (검색일: 2020/10/20).

Gournchas, P. 2020. "Flattening the pandemic and recession curves." Baldwon, R. and B. Mauro eds. *Mitigating the COVID Economic crisis: Act fast and do whatever it takes.* CEPR Press.

IDEA. 2020. "A call to defend democracy." https://www.idea.int/news-media/multimedia-reports/call-defend-democracy (검색일: 2020/12/08).

Kwack, S. Y. and Y. S. Lee. 2007. *Income distribution of Korea in Historical and international prospects.* KDI.

Lund, S., J. Manyika, J. Woetzel, J. Bughin, M. Krishnan, J. Seong, and M. Muir. 2019. "Globalization in transition: The future of trade and value chains." McKinsey&Company.

OECD. 2016. "Promoting Productivity and Equality: Twin Challenges." *OECD Economic Outlook*, No. 99.

_____. 2019. "Social expenditure: Aggregated data." https://stats.oecd.org/Index.aspx?DataSetCode=SOCX_AGG# (검색일: 2020/12/13).

_____. 2020a. "Turing hope into reality: A brighter outlook but recovery will be gradual." https://www.oecd.org/economic-outlook/ (검색일: 2020/12/08).

_____. 2020b. "Social expenditure: Aggregated data." https://stats.oecd.org/Index.aspx?DataSetCode=SOCX_AGG (검색일: 2020/12/13).

Ostry, J., A. Berg and C. Tsangarides. 2014. "Redistribution, inequality, and growth." IMF staff discussion note, SDN/14/02.

PBS. 2020. "Economist Ken Rogoff on whether the U.S. has ever experienced a crisis like this one." March 19, 2020. https://www.pbs.org/newshour/show/economist-ke2-rogoff-o2-whether-the-u-s-has-ever-experienced-a-crisis-like-this-one (검색일: 2020/05/10).

Piketty, T. 2018. "Brahmin left vs merchant right: Rising inequality and the changing structure of political conflict." World Inequality Lab.

Schivelbusch, W. 2006. *Three New Deals: Reflection on Roosevelt's America, Mussolini's Italy, and Hitler's Germany, 1933-1939*. Metropolitan Books.

Sedik, T. and R. Xu. 2020. "A vicious cycle: How Pandemics lead to econoic despair and social unrest." IMF Working Paper, WP/20/216.

Swank, D. 2002. *Global capital, political institutions, and policy change in developed welfare states*. New York: Cambridge University Press.

The Economist. 2020. "Global democracy has another bad year." Jan. 22nd 2020. https://www.economist.com/graphic-detail/2020/01/22/global-democracy-has-another-bad-year (검색일: 2020/11/26).

The World Bank. 2020. "GDP growth(annual %)." https://data.worldbank.org/indicator/NY.GDP.MKTP.KD.ZG (검색일: 2020/12/11).

Thompson, E. P. 1966[1963]. *The making of the English working class*. New York, NY: Vintage Book.

Varieties of democracy. 2020. "Pandemic Backsliding." https://www.v-dem.net/en/our-work/research-projects/pandemic-backsliding/ (검색일: 2020/12/08).

WTO. 2020. "Global trade growth loses momentum as trade tensions persist." https://www.wto.org/english/news_e/pres19_e/pr837_e.htm (검색일: 2020/05/24).

3장

강선주. 2015. "중견국 이론화의 이슈와 쟁점."『국제정치논총』55(1).

박병걸·노민재. 2019. "세계 성장과 교역간 연계성 약화 배경 및 시사점."『국제경제리뷰』2019-6호.

이남주. 2020. "동아시아 질서의 변화와 새로운 지역협력의 모색: 샌프란시스코체제의 동학(動學)을 중심으로."『경제와사회』125.

이남주·문익준·안치영·유동원·장윤미. 2020.『중국 국가전략의 변화와 한중관계에 대한 함의』. 대외경제정책연구원.

『경향신문』. 2019/12/22. "성불평등 지수 10위·성격차 지수 108위⋯한국, 큰 격차 왜."

『한겨레』. 2020/12/13. ""한국 이산화탄소 배출량 세계 9위"…전년보다 한계단 내려와."

_____. 2021/08/31. "내년도 국방예산 전년보다 4.5% 오른 55조2277억원."

傅瑩. 2020. 「新冠疫情后的中美关系」. *China & US Focus* (2020/06/29).

章百家. 2021. 「中美有望逐步建立良性"竞合关系"」. 『中国新闻周刊』 (2021/01/18).

Allison, Graham T. 2017. *Destined for War: Can America and China Escape Thucydides's Trap?*. Houghton Mifflin Harcourt.

Bremmer, Ian and Nouriel Roubini. 2011. "A G-Zero World: The New Economic Club Will Produce Conflict, Not Cooperation." *Foreign Affairs*, 90(2).

Campbell, Kurt M. and Ely Ratner. 2018. "The China Reckoning: How Beijing Defied American Expectations." *Foreign Affairs*, 97(2).

Campbell, Kurt M. and Jake Sullivan. 2019. "Competition Without Catastrophe: How America Can Both Challenge and Coexist With China." *Foreign Affairs*, 98(5).

Campbell, Kurt M. and Rush Doshi. 2021. "How America Can Shore Up Asian Order: A Strategy for Restoring Balance and Legitimacy." *Foreign Affairs* (online), January 12, 2021. https://www.foreignaffairs.com/articles/united-states/2021-01-12/how-america-can-shore-asian-order (검색일: 2021/01/25).

Chhibber, Ajay. 2020. "Global Solutions to Global 'Bads'." Brookings Institute, April 22, 2020. https://www.brookings.edu/blog/future-development/2020/04/22/global-solutions-to-global-bads-2-practical-proposals-to-help-developing-countries-deal-with-the-covid-19-pandemic/ (검색일: 2020/07/10).

Department of Defense. 2019. *Indo-Pacific Strategy Report*. Department of Defense.

EU. 2021. *Joint communication on the Indo-Pacific*. EEAS. https://eeas.europa.eu/headquarters/headquarters-homepage/104126/joint-communication-indo-pacific_en (검색일: 2021/09/18).

Farrell, Henry and Abraham Newman. 2020. "Will the Coronavirus End Globalization as We Know It? The Pandemic Is Exposing Market Vulnerabilities No One Knew Existed." *Foreign Affairs* (online), March 16, 2020, https://www.foreignaffairs.com/articles/2020-03-16/will-coronavirus-end-globalization-we-know-it (검색일: 2020/04/20).

Fu, Ying. 2020. "Cooperative Competition Is Possible Between China and the U.S." *The New York Times*, November 24, 2020.

Jones, Bruce. 2020. "Can Middle Powers Lead the World Out of the Pandemic? Because the United States and China Have Shown They Can't." June 18, 2020, https://www.foreignaffairs.com/articles/france/2020-06-18/can-middle-powers-lead-world-out-pandemic (검색일: 2020/07/10).

Kupchan, Charles A. 2021. *How Enemies Become Friends*. Princeton University Press.

Momtaz, Rym. "Macron: EU shouldn't gang up on China with US." Politico, February 4, 2021, https://www.politico.eu/article/macron-eu-shouldnt-gang-up-on-china-with-u-s/ (검색일: 2021/02/10).

NPR. 2021/01/19. "Secretary Of State Nominee Blinken Promises A Reengaged America Abroad." https://www.npr.org/sections/biden-transition-updates/2021/01/19/958289975/secretary-of-state-nominee-antony-blinken-promises-humility-and-confidence (검색일: 2020/01/20).

Nye, Joseph. 2020. "Globalization and Managing a Cooperative Rivalry." *China & US Focus*, July 6, 2020.

Sevastopulo, Demetri, Jim Brunsden, Sam Fleming, and Michael Peel. 2020. "Biden team voices concern over EU-China investment deal." *Financial Times,* December 23, 2020.

Shambaugh, David. 2020. "Dusting Off Cold War Tools for US-China Competition," *China & US Focus*, July 2, 2020.

Varas, Antonio and Raj Varadarajan. 2020. "How Restricting Trade with China Could End US Semiconductor Leadership." Boston Consulting Group. https://www.bcg.com/publications/2020/restricting-trade-with-china-could-end-united-states-semiconductor-leadership (검색일: 2020/10/10).

White House. 2015. *National Security Strategy of America 2015*, February, 2015.

_____. 2017. *National Security Strategy of America 2017*, December, 2017.

_____. 2020. *United States Strategic Approach to the People's Republic of China*, May 20, 2020.

Zoellick, Robert. 2005. "Whither China? From Membership to Responsibility-Remarks to the National Committee on U.S.-China Relations." September, 21, 2005, https://www.ncuscr.org/sites/default/files/migration/Zoellick_remarks_notes06_winter_spring.pdf (검색일: 2020/07/30).

4장

관세청 수출입무역통계. 2020. 국가별수출입 실적 (검색일: 2020/12/01).

권순우·김경원 외. 2003. 『외환위기 5년, 한국경제 어떻게 변했나』. 삼성경제연구소.

기획재정부. 2019. "보도자료: 2018년 연간 및 4분기 해외직접투자 동향(2019/03/08)."

김기찬. 2008. "산업 I : 자동차, 철강산업의 상생협력." 기업생태계 경쟁력과 상생협력 국제 컨퍼런스 자료집. 전경련중소기업협력센터.

김기찬 외. 2006. "대·중소기업 상생협력의 이론적 모형 설계." 『중소기업연구』 28(3).

김종호·남종석·문영만. 2019. 『한국 산업생태계의 구조와 특징』. 형설출판사.

남종석. 2017. "대중소기업간 거래관계가 중소기업 투자에 미치는 영향." 부경대학교 박사 학위논문.

남종석·송영조·김진근. 2020. 『경상남도 고용위기 제조업 산업생태계 연구: 자동차산업·조선업을 중심으로』. 경남연구원.

브레너, 로버트. 2002[2002]. 『붐 앤 버블: 호황과 그 이후, 세계 경제의 그늘과 미래』. 정성진 옮김. 아침이슬.

_____. 2001[1999]. 『혼돈의 기원: 세계 경제 위기의 역사 1950~1998』. 전영복·백승은 옮김. 이후.

윤소영. 2009. 『마르크스의 자본』. 공감.

_____. 2011. 『현대경제학 비판』. 공감.

이군락. 2001. "경쟁력 향상을 위한 완성자동차업체의 모듈화에 관한 연구." 울산대학교 석사 학위논문.

이대상. 2019. 『기업구조조정의 새로운 방향성: 경쟁력 제고와 생태계 혁신 모색』. 포스코경영연구원.

이병천. 2015. "외환위기 이후 한국의 축적 체제: 수출 주도, 수익 추구 성향과 저진로 함정." 『민주 정부 10년, 무엇을 남겼나』. 후마니타스.

이정동. 2017. 『축적의 길』. 지식노마드.

이종욱. 2009. "산업 Ⅱ: 한국 전자·IT산업의 기업생태계와 상생협력." 기업생태계 경쟁력과 상생협력 국제 컨퍼런스. 전경련중소기업협력센터.

이찬근. 2007. "한국 경제시스템의 위기와 대안정책." 이병천 편. 『세계화 시대의 한국자본주의: 진단과 대안』. 한울.

장하준. 2007. "경제 '개혁'의 방향을 다시 생각한다." 『세계화 시대의 한국자본주의: 진단과 대안』. 한울.

장하준·신장섭. 2004. 『주식회사 한국의 구조조정: 무엇이 문제인가』. 창작과비평사.

장하준·정승일·이종태. 2012. 『무엇을 선택할 것인가: 쾌도난마 한국경제』. 부키.

전병유·정준호. 2016. "자산과 소득불평등의 총수요효과와 성장체제." 『사회과학연구』 55(1).

정준호. 2016. "한국 산업화의 특징과 글로벌 가치사슬." 민주화운동기념사업회 편. 『한국의 민주주의와 자본주의: 불화와 공존』. 돌베개.

_____. 2019. "상생과 연대를 위한 우리나라 산업체제의 평가와 과제." 『상생과 연대를 위한 사회개혁 비전 수립 정책연구: 한국사회가 풀어야 할 쟁점』. 공공상생연대기금.

조성재. 2014. "한국 산업의 경쟁력 기초: 현대자동차의 사례." 이병천·신진욱 편. 『민주 정부 10년, 무엇을 남겼나』. 후마니타스.

조형제. 2016. 『현대자동차의 기민한 생산방식』. 한울.

조효래. 2005. "대기업 노사관계와 노동조합의 전투성." 『산업노동연구』 11(2).

폴리, 던컨 K. 2015[1986]. 『자본의 이해: 마르크스의 경제이론』. 김덕민 옮김. 유비온.

한국수출입은행. 2020. 해외직접투자 (검색일: 2020/12/01).

한국은행 경제통계시스템. 2020 (검색일: 2020/12/01).

홍장표. 2011. "하도급 거래에서 구매업체의 기회주의가 공급업체의 연구개발투자에 미치는 영향."『사회경제평론』37(1).

_____. 2014a. "대·중소 기업과 저진로 양극화 함정."『민주 정부 10년, 무엇을 남겼나』. 후마니타스.

_____. 2014b. "한국의 기능적 소득분배와 경제성장: 수요체제와 생산성 체제 분석을 중심으로."『경제발전연구』20(2).

_____. 2015. "계층적 공급네트워크에서 기업간 준지대의 이전과 수익격차."『사회경제평론』28(2).

_____. 2016. "한국 전자산업과 자동차산업 대기업의 글로벌 생산네트워크 비교연구."『동향과 전망』96.

홍장표·남종석. 2016. "대·중소기업간 거래관계가 협력 중소기업의 연구개발투자에 미치는 영향."『중소기업연구』38(1).

황선웅. 2009. "비정규직 고용의 확대, 소득분배, 경제성장."『동향과 전망』77.

<Redian>. 2017/09/21. "87년체제와 노동운동: 회고·성찰·전망."

Callinicos, Alex. 2014. *Deciphering Capital: Marx's Capital and its destiny*. Bookmarks Publications.

Callinicos, A, Rosenberg, J. 2008. "Uneven and combined development: The social relational substratum of the international? An exchange of letters." *Cambridge Review of International Affairs,* 21(1).

Gereffi G., Humphrey J. and T. Sturgeon. 2005. "The governance of global value chains." *Review of International Political Economy,* 12(1).

Gerschenkron, Alexander. 1962. *Economic Backwardness in Historical Perspective*. Havard University Press.

Hirschman, Albert. 1958. *The Strategy of Economic Development*. Yale University Press.

Iansiti M. and R. Levien. 2004. *The Keystone Advantage*. Boston: Harvard Business School Publishing Corporation.

IFR. 2020. "World Robotics 2020." IFR REPORT (검색일: 2020/12/01).

Itoh, Makoto. 1990. *The World Economic Crisis and Japanese Capitalism*. London.

Levy, Briab and Won-Jeng, Kuo. 1991. "The Strategic Orientations of Firms and the Performance if Korea and Tiwa in Frontier Industries: Lesson from Comparative Case Studies of Keyboard and Personal Computer Assembly." *World Development*, 19(4).

OECD. 2018. "Oslo Manual 2018-Guidlines for Collecting, Reporting and Using Data on Innovation." OECD Eurostat.

_____. 2020. OECD Stat (검색일: 2020/12/01).

Smith, Tony. 2000. "A Reply to Fine, Lapavitias amd Milonzkis." *Historical Materialism*, 5.

Tirole, Jean. 1999. "Incomplete Contracts: Where do We Stand?" *Econometrica*, 67(4).

Williamson, Oliver E. 1985. *The Economic Institution of Capitalism.* New York: The Free Press.

World Bank Open Data. "the Annual Growth Rate of World GDP." (검색일: 2020/12/01).

5장

강두용·박성근. 2019.『산업구조 변화와 집계 생산성 추세의 장기 패턴에 관한 연구』.
　　산업연구원 연구보고서 2019-910.

고영선 외. 2009.『전문자격사제도 개선방안 연구』. 연구보고서 2009-02. KDI.

이만우. 2018. "'사회서비스진흥원' 설립의 쟁점 및 과제."『이슈와 논점』제1469호.
　　국회입법조사처.

이서원. 2007. "저생산성의 서비스산업, 해법은 없나."『LG 주간경제』.

이철승. 2017. "결합노동시장지위와 임금불평등의 확대(2004~2015년)."『경제와 사회』115.

정이환. 2007. "기업 규모인가 고용형태인가."『경제와 사회』73.

정준호. 2006. "한국 서비스산업의 구조와 발전방향."『동향과 전망』68.

_____. 2018. "서비스산업의 혁신방안." 조성재 편.『소득 불평등과 임금 격차 해소를
　　위한 전방위적 제도개선 방안』. 한국노동연구원.

정준호·남종석. 2019. "근로자의 결합노동시장지위가 임금 분포에 미친 효과."『동향과
　　전망』106.

조성재 외. 2004.『자동차산업의 도급구조와 고용관계의 계층성』, 한국노동연구원.

조성재 편. 2018.『소득 불평등과 임금 격차 해소를 위한 전방위적 제도개선 방안』.
　　한국노동연구원.

차문종. 2007. "Korea's Service Sector and Future Development Directions." KDI.

하준 외. 2015.『산업정책의 실효성 제고를 위한 경쟁 및 구조조정 정책의 개선방안』.
　　산업연구원 보고서.

Bakshi, H., J. Edwards, S. Roper, J. Scully, D. Shaw, L. Morley and N. Rathbone. 2013.
　　"Creative Credits: A Randomized Controlled Industrial Policy Experiment." *Nesta*.

Baumol, W. J. 1967. "Macroeconomics of Unbalanced Growth: The Anatomy of Urban Crisis."
　　American Economic Review, 57(3).

Britton, N. 1990. "The Role of Services in Production." *Progress in Human Geography*, 14(4).

Clark, C. 1940. *The Conditions of Economic Progress.* London: Macmillan.

EU. 2003. "The Competitiveness of Business-Related Services and Their Contribution to the

Performance of European Enterprises." EU.

Freeman, R. B. 1995. "Are your wages set in Beijing?" *The Journal of Economic Perspectives*, 9(3).

Fuchs, V. R. 1980. "Economic growth and the rise of service employment." *NBER Working Paper*, 486.

Inman, R. P. ed. 1985. *Managing the Service Economy: Prospects and Problems.* Cambridge MA: Cambridge University Press.

Jeong, Jun Ho and Sun Bae, Kim. 2002. "Boosting enterprise-support services for regional industrial development in Korea." *Journal of the Korean Geographical Society*, 37(5).

Labor. 2018. *Richer Britain, Richer Lives: Labour's Industrial Strategy.* London.

Marshall, J. N. 1985. "Services and Regional Policy in Great Britain." *Area*, 17(4).

OECD. 2000. "The Service economy." *STI Business and Industry Policy Forum Series. OECD.

_____. 2005. "*Growth in services: fostering employment, productivity and innovation.*" Meeting of the OECD council at Ministerial Level. OECD.

Peck, B. and A. Traub. 2011. "Worth Working for: Strategies for Turning Bad Jobs into Quality Employment." *Demos.*

Tait, C. 2017. *At the Crossroads: the Future of British Retail.* London: Fabian Society.

Thompson, S., C. Colebrook, I. Hatfield and P. Doyle. 2016. *Boosting Britain's Low-Wage Sectors: a Strategy for Productivity, Innovation and Growth.* London: Institute for Public Policy Research.

Wood, A. 1995. "How trade hurt unskilled workers." *The Journal of Economic Perspectives*, 9(3).

6장

고용노동부. 각 연도. "사업체 노동실태 현황." 고용노동부.

공공상생연대. 2020. 『상생과 연대를 위한 사회개혁 비전 수립 정책연구: 한국사회가 풀어야 할 쟁점』. 공공상생연대기금.

권현지 외. 2017. 『21세기 디지털 기술변동과 고용관계』. 한국노동연구원.

기획재정부. "경제활동인구조사 근로형태별 부가조사." 기획재정부.

김대일·이정민. 2019. "2018년 최저임금 인상의 고용효과." 『경제학연구』 67(4).

김영미·한준. 2008. "내부노동시장의 해체인가 축소인가." 『한국사회학』 42(7).

김유선. 2018. 『비정규직의 규모와 실태』. 한국노동사회연구소.

반가운 외. 2018. 『한국의 기업은 왜 교육훈련에 투자하지 않는가?』. 한국직업능력개발원.

이기쁨. 2019. "최저임금 미만율에 따른 근로조건의 차이." 『노동리뷰』 169.

이상직·김이선·권현지. 2018. "변한 것과 변하지 않은 것: 남녀 대졸자 노동이력으로 본
　　　위기 전후 한국 청년 노동시장의 구조 변화."『경제와사회』118.
이우영 외. 2019.『2019 일터혁신지수로 본 한국기업체 진단평가』.
　　　노사발전재단·(사)한국실천공학교육학회.
장홍근 외. 2019.『일터혁신의 이론 및 실천에 관한 기초연구』. 한국노동연구원.
정홍준. 2020. "플랫폼 노동 및 포스트 코로나 시대의 비정규직 정책 방향."
　　　국민경제자문회의·한국노동연구원 공동 정책포럼 발제문(2020/10/27).
전병유. 2020. "한국 노동시장 구조의 변화와 정책 평가."『상생과 연대를 위한 사회개혁
　　　비전 수립 정책연구: 한국사회가 풀어야 할 쟁점』. 공공상생연대기금.
정이환. 2013.『한국 고용체제론』. 후마니타스.
통계청. 2007. "지역별고용조사." 통계청.
＿＿＿. 2017. "지역별고용조사." 통계청.
＿＿＿. 2020. "경제활동인구조사." 통계청.
＿＿＿. 2021. "사회조사." 통계청.
홍민기. 2018. "2018년 최저임금 인상의 고용 효과."『노동리뷰』158.
황선웅. 2019. "2018년 최저임금 인상이 고용감소를 초래했는가?: 비판적
　　　재검토."『경제발전연구』25(2).

<슬랩>. 2020/11/12. "조용한 학살이 시작됐다." https://www.youtube.com/watch?v=qyXWt
　　　E7Osrg&feature= youtu.be
『한겨레』. 2020/11/30. "'20대 여성 '조용한 학살', 첫 대책이 나왔다."
　　　http:// www.hani.co.kr/arti/society/women/972163.html#csidx82c54b9a2c203b
　　　fab6304e0e77eb4d0

Bauman, Z. 2000. *Liquid modernity*. Cambridge: Polity Press
Bourdieu, P. 1998. *Acts of resistance: Against the tyranny of the market* (R. Nice, Trans.).
　　　Cambridge: Polity Press.
Butler, J. 2015. "Foreward." In Lorey, I. ed. *State of insecurity: Government of the precarious*(pp.
　　　vii-xi). London: Verso.
Fligstein N. and D. McAdam. 2013. *A Theory of Fields*. New York: Oxford University Press.
Kalleberg, A. L. 2018. *Precarious lives: Job insecurity and well-being in rich democracies*. John
　　　Wiley & Sons.
Kalleberg, A. L. and S. P. Vallas. 2018. "Probing precarious work: Theory, research, and
　　　politics." *Research in the Sociology of Work*, 31(1).
OECD. 2022a. "Average wages." doi: 10.1787/cc3e1387-en (검색일:2022/08/28).
＿＿＿. 2022b. "Suicide rates." doi: 10.1787/a82f3459-en

_____. "OECD Stat." http://stats.oecd.org

Thelen, K. 2018. *Regulating Uber: The Politics of the Platform Economy in Europe and the United States*. Cambridge University Press.

The New York Times. 2020/02/10. "Judge Refuses to Block California's Gig Worker Law During Suit."

7장

강남훈. 2020a. "기본소득과 복지정책의 관계."『복지이슈 포커스』특별호 3.

_____. 2020b. "시민소득세 시민배당." 제8차 기본소득한국네트워크 쟁점토론회(2020/09/12).

강성훈. 2017. "상속·증여세제의 주요 쟁점 및 이슈."『조세재정 브리프』52.

관계부처 합동. 2020. "전국민 고용보험 로드맵." 관계부처 합동.

국정기획자문위원회. 2017. "문재인정부 국정운영 5개년 계획.

금민. 2020. "기본소득과 빅데이터 공동소유권." 기본소득한국네트워크.

기본소득한국네트워크. 2021. "한국 사회 전환: 리얼리스트들의 기본소득 로드맵." 기본소득한국네트워크.

기획재정부. 2017. "2017-2021년 국가재정운용계획." 기획재정부.

_____. 2020. "2020-2024년 국가재정운용계획 주요내용." 기획재정부.

_____. 2021. "2021년도 제2회 추가경정예산 국회 확정." 기획재정부.

김진석. 2020. "복지 분야 평가, 누구를 위한 한국판 뉴딜인가?: 사회안전망 중심으로." 보건의료단체연합·참여연대·민주노총 부설 민주노동연구원· 코로나19시민사회대책위 주관토론회(2020/07/20).

박용석. 2020. "노동·일자리 분야 평가, 참여연대 토론회-누구를 위한 한국판 뉴딜인가?", 보건의료단체연합·참여연대·민주노총 부설 민주노동연구원· 코로나19시민사회대책위 주관토론회(2020/07/20).

박훈. 2020. "로봇세 도입방안." 기본소득 재원마련을 위한 세제 개혁방안 세미나(2020/12/17).

우석진. 2021. "멀어지는 복지국가를 위한 세제개편."『정책의 시간』. 생각의힘.

유영성·금민·김재신. 2020. "기본소득 재원으로서 탄소세 도입 검토." 경기연구원.

이원재·윤형중·이상민·이승주. 2020. "국민기본소득세: 2021년부터 재정적으로 실현 가능한 모델 제안."『솔루션 2050』4.

전강수·강남훈. 2017. "기본소득과 국토보유세-등장 배경, 도입 방안, 그리고 예상 효과."『역사비평』8.

정세은. 2018. "문재인정부 조세재정정책의 평가 및 바람직한 정책의 모색."
『사회경제평론』 57.

_____. 2020. "지속 가능한 복지국가를 위한 누진적 보편증세 전략."『촛불 이후, 한국
복지국가의 길을 묻다』. 한울.

참여연대. 2020a. "코로나19의 최대 피해자 취약계층의 어려움 외면한 2021년
기획재정부." 12월 3일 사회복지위원회 논평.

_____. 2020b. "모든 일하는 사람들의 고용·소득안전망 이렇게 만들자!."
이슈리포트(2020/10/06).

최승문. 2018. "부동산 보유세 현황과 쟁점."『재정포럼』.

한국은행. 2021.『금융안정보고서』 6월호.

한국조세재정연구원. 2020.『주요국의 소득세 제도 제2권』. 세정연구센터.

황선웅. 2020. "코로나19 이후 고용동향과 정부정책 평가." 제146차 노동포럼-코로나19
영향과 포스트 코로나 과제 모색(2020/06/19). 한국노동사회연구소.

Advani, Arun, Emma Chamberlain and Andy Summers. 2020. "A Wealth Tax for the UK." the
Wealth Tax Commission.

Blanchard, Olivier. 2019. "Public Debt and Low Interest Rates." *American Economic Review*,
109(4).

Botta, Alberto, Eugenio Caverzasi and Alberto Russo. 2020. "Debt Monetization and EU
Recovery Bonds Fighting the COVID-19 Emergency and Relaunching the European
economy." FEPS COVID Response Papers #1.

Furman, Jason and Lawrence Summers. 2020. "A Reconsideration of Fiscal Policy in the Era of
Low Interest Rates." PIIE.

Herndon, T., M. Ash and R. Pollin. 2013. "Does High Public Debt Consistently Stie Economic
Growth? A Critique of Reinhart and Rogoff." *Working Paper Series,* 322.

OECD. 2017. "Social Expenditure." https://stats.oecd.org/viewhtml.aspx?datasetcode=SOCX
_AGG&lang=en

_____. 2020. "Taxing Wages." OECD.

_____. 2022a. "General government debt." https://data.oecd.org/gga/general-govern-
ment-debt.htm

_____. 2022b. "Tax revenue." https://data.oecd.org/tax/tax-revenue.htm

Orszag, Peter R., Robert E. Rubin and Joseph E. Stiglitz. 2021. "Fiscal Resiliency in a Deeply
Uncertain World: The Role of Semiautonomous Discretion." PIIE.

Reinhart, Carmen M. and Kenneth S. Rogoff. 2010. "Growth in a Time of Debt." *American
Economic Review*, 100(2).

The Economist. 2020/03/26. "Rich countries try radical economic policies to counter covid-19."